오디오 믹싱 핸드북

I BECAME A SERVANT
OF THIS GOSPEL BY
THE GIFT OF GOD'S
GRACE GIVEN ME
THROUGH THE WORK-
ING OF HIS POWER
EPHESIANS 3:7

오디오 믹싱 핸드북
Audio Mixing Handbook

초판 1쇄 펴낸날 - 2017년 3월 1일
초판 2쇄 펴낸날 - 2023년 3월 1일
글/그림/표지/편집 디자인 - 장호준
교정 - 장호준, 김동기, 김세준
펴낸이 - 김대희
펴낸곳 - BIC 미디어북스
　　　　(출판사 신고번호 제 398-2009-000005호)
　　　　경기도 하남시 미사대로 510, 10층 1032호
　　　　031-791-5680

판권소유 ⓒ 2017, 2023 장호준
ISBN 978-89-962506-9-2

정가 35,000원

저자와의 상의 없는 무단 전제 및 복제를 금합니다.
특정 상표/그림의 저작권은 각 회사에 있습니다.

References

Handbook of Sound Engineers by Glen M. Ballou
Mixing Audio by Roey Izaki
음향시스템 핸드북 4판 by 장호준
그외 제조사 참고자료

사랑하는 아내 민선, 아들 필립,
그리고
많은 엔지니어와 지망생에게 드립니다

공식 스터디 사이트
장호준 TV | www.youtube.com/hj0102
www.hojoonchang.com
www.themixschool.com
facebook.com/groups/SoundWorkshop

초판을 펴내며.

믹싱 기술은 1970년 이후의 프로 오디오 역사에서 각자가 마치 득도의 과정처럼 수련해서 익혀가야만 하는 기술로 알려져 있다. 아무리, 랩탑에 헤드폰만으로도 충분히 믹싱을 할 수 있는 시대에 살고 또 수많은 동영상과 각종 블로그, 강좌로 얼마든지 필요한 정보가 널려있는 정보의 바다가 앞에 있지만, 진짜 중요하고 도움이 될 정보들이 쉽게 찾아지는 경우가 아주 드물다는 것을 이미 독자들은 알고 있으리라 본다.

게다가 완벽하게 기본기라고 이야기할 부분을 다루는 곳도 진짜 드물다. 유명 대학의 과정에서도 기초 실습 과목으로 2학점, 2학기 정도로 다룰 뿐이고, 그것이 해당 교육과정의 다른 부분이 더 중요한 기초과정이기 때문이라는 부분도 이해는 간다. 어쨌든, 그렇게 졸업을 하고 현장에서 10년 이상의 시간 동안 수련을 해야 상업 믹스라 말할 수 있는 수준의 믹스에 대한 구성을 이해서 만들 수 있다는 것이 업계의 보편적인 공식이다. 그 이전의 기간에 만들어 내는 믹스가 문제가 있다는 것보다는, 그만큼 기술과 경험이 정리되어야 예술을 만들 수 있는 수준이 된다고 보기 때문이다.

그러한 이유로, 대부분 엔지니어들이 아주 비슷한 수련의 과정을 거친다. 혼자서 처한 환경과 기회를 통해 진짜 득도를 향해 맨땅에 헤딩을 해야 하는 과정을 가진다는 것인데, 이 부분 역시 구체적인 기술의 이론 배경보다는 선배들과 자신의 경험에 의존한 방법으로 기술을 익히게 된다. 구체적으로 고수의 레벨에 올라간 유명 엔지니어들의 강의를 통해서도 언급된 득도의 과정을 쉽게 유추해볼 수 있다. 왜냐하면, 대부분 강의의 이야기가 본인들의 경험 이상을 넘어가는 경우가 아주 드물기 때문이다. 아주 유명한 엔지니어의 동영상 강좌에 'I don't know why but it works'라는 이야기가 당연하게 언급된다. 그래서, 진짜 믹싱에 대한 구체적 교육의 기회가 거의 지구 상에 존재하지 않는다는 것은, 그러므로 공부할 곳을 찾지 못한 필자가 스스로 클래스를 만들었다는 것으로 업계의 믹싱에 대한 현주소를 이야기할 수 있다고 본다.

믹싱을 가르친다는 것이나 믹싱에 대한 책을 쓴다는 부분은 진짜 어렵다. 필자가 가지고 있는 다수의 믹싱에 대한 책을 봐도 구체적인 내용을 기술하기보다는 원론적인 내용에서 머무는 경우가 많다. 즉, 공학, 음악, 음향학적인 설명이 아닌, 실제적인 기술에 대한 부분을 정리해서 이론과 함께 책으로 만든다는 부분이 어렵다는 결론이 내려진다. 그렇다고, 이 책을 만든 필자의 기술적 수준이 언급한 유명 엔지니어들을 능가할 만큼은 절대 아니라 본다. 단지, 30년 정도의 기간동안 꾸준히 고민하고, 연구하고, 그렇게 활동을 하면서 나름대로 정리한 부분이 다행히 합리적이고 논리적이라는 결론을 필자가 내리고, 또 그 부분을 계속해서 온라인과 오프라인 코스를 통해 교육하고 있다.

2014년도 부터 구체적으로 믹싱의 교육에 대해 고민하고 연구하며 실제 클래스를 통해서 가르쳐 본 경험이 이 책의 아주 중요한 요소가 되어 있다. 그리고 감히 어떤 책도 시도하지 못한 구체적이면서도 절대적으로 기본 이론에 충실한 실기 실습이 이 책에 담겨져 있다. 그냥 경험에 의하면 이런 사운드는 이 플러그인을 이렇게 썼을때 나온다. 또는 어떤 음반의 어떤 킥 소리는 이렇게 해서 저렇게 해야 나온다와 같은 내용은 그저 도움이 될 만한 팁인것이지, 공부를 위한 도구가 안된다고 생각한다. 그래서 이 책에 다루어지는 대부분의 기술적 부분은 보유하고 있는 아주 기본적인 DAW의 플러그인으로 충분히 반복 재현 가능한 기술이 된다.

이 책을 통해서, 독자들에게 딱 3년 정도의 시간을 절약해줄 수 있다면 좋겠다. 그리고, 음향 교육을 하는 분들도 구체적인 기준을 가지고, 스스로 본인의 기술로 정리해서 가르칠 수 있는 도구가 되면 좋겠다. 정해진 메뉴를 반복적으로 만들어내는 요리사가 아니고, 매번 창조를 통해 세상에 하나 밖에 없는 명품 요리를 만들어내야만 하는 것이 믹싱 엔지니어의 기본이기 때문에, 정확하게 알지 않으면 오로지 경험에 의해서 그만큼 더 오래 걸리게 된다. 그리고, 타고난 천재적인 소질이라는 부분도 절대 가능한 부분이 아니다. 그것은 필자의 30년을 통해서 증명이 된다. 누구나 가능한 일이다. 다만 오랜시간 꾸준하게 수련을 해야만 한다는 전제가 있다.

출판사의 김대희대표, Mix Master Class를 수료한 많은 수료생들, 페북 그룹인 장호준음향워크샵의 열정적인 회원분들께 감사의 말씀을 드린다. 그리고 교정으로 수고해준 김동기, 김세준군에게도 감사를 드린다. 50이 넘어가는 시점에, 더더욱 좋은 글과 자료로 어려운 음향 기술의 습득에 좋은 도움이 되도록 노력하겠다. 그것이 앞으로 30여년해야 할 필자의 과제라 믿으며...

2017년 초
장호준

V1.1을 펴내며..

한국 음향관련 서적에서 개론 위주의 서적이 아닌 한 단계 위의 전문서적은 저자들의 노력과 반비례하는 판매실적을 낸다. 더욱이 유튜브 시대라는 관점에서 단편적인 지식의 습득이 우선인 세대로 변해가는 것이 더욱 더 아쉽긴 하다.

믹싱은 믹싱 엔지니어의 노력에 의해서 만들어지는 새 창조물이다. 당연히 음악가의 노력이 들어가지만, 믹싱 엔지니어의 손길에 의해 마무리되는 예술이라는 이야기이다. 그리고 그 배경은 기술의 완성도가 있어야만 한다. 이제는 가까운 서울 서초구 양재의 필자 스튜디오 BLUESONO에서 오프라인으로, 그리고 온라인 theMixSchool.com과 유튜브로 만날 수 있는 준비를 해놓았다. 기술 습득은 누구나 노력만 하면 가질 수 있게 만들어 놓았다는 것이다. 단편적인 기술은 그냥 Tip일 뿐이다. 효과적인 공부로 본인이 원하는 꿈을 앞당기기 바란다. 가장 중요한 것은 분인들의 시간이니까...

Index

서문 ---------- 6

1. 기초 훈련

1.1 믹싱이란 ---------- 13

1.2 청음 훈련 ---------- 16

    1.2.1 레퍼런스 음악 ---------- 16

    1.2.2 음악적인 훈련 ---------- 18

    1.2.3 음향적인 훈련 ---------- 21

    1.2.4 실제적인 청음훈련 ---------- 25

1.3 믹싱의 순서 ---------- 28

1.4 레벨 믹싱 ---------- 31

1.5 로컬라이제이션 ---------- 34

    1.5.1 팬텀 이미지 ---------- 35

    1.5.3 3차원 공간 ---------- 37

1.6 음색 조정 ---------- 39

1.7 엔벨로프 ---------- 41

2. 믹싱 도구

2.1 모니터링 ---------- 47

2.2 믹서 ---------- 54

    2.2.1 써밍 ---------- 54

    2.2.2 페이더 ---------- 57

2.3 미터 ---------- 57

2.4 패닝 ---------- 61

2.5 익스팬더/게이트 ---------- 64

    2.5.1 드레숄드 ---------- 64

    2.5.2 레인지 ---------- 65

    2.5.3 레이시오 ---------- 66

    2.5.4 어택 타임 ---------- 67

    2.5.5 릴리즈 타임 ---------- 69

    2.5.6 홀드 타임 ---------- 70

    2.5.7 히스테리시스 ---------- 73

    2.5.8 그 외 ---------- 73

2.6 컴프레서 ---------- 74

    2.6.1 검출 ---------- 75

    2.6.2 드레숄드 ---------- 76

    2.6.3 레이시오 ---------- 77

    2.6.4 어택 타임 ---------- 78

    2.6.5 릴리즈 타임 ---------- 80

    2.6.6 Knee ---------- 81

    2.6.7 출력 게인 ---------- 82

    2.6.8 구현 방식 ---------- 83

    2.6.9 그 외 ---------- 85

2.7 디에서 ---------- 87

- 2.8 이퀄라이저 ----- 88
  - 2.8.1 조언 ----- 92
  - 2.8.2 드럼 ----- 95
  - 2.8.3 베이스 ----- 97
  - 2.8.4 피아노 ----- 98
  - 2.8.5 어쿠스틱 기타 ----- 98
  - 2.8.6 일렉트릭 기타 ----- 99
  - 2.8.7 보컬 ----- 100
  - 2.8.8 그 외 ----- 101
- 2.9 리버브 ----- 102
- 2.10 딜레이 ----- 105
- 2.11 컨트롤 서페이스 ----- 106
- 2.12 오토메이션 ----- 107
- 2.13 위상 ----- 110
- 2.14 페이져 ----- 111
- 2.15 플렌져 ----- 112
- 2.16 코러스 ----- 113
- 2.17 그룹, 억스, 버스 ----- 113
- 2.18 바운싱, 디더링, 노이즈 쉐이핑 ----- 115
- 2.19 플러그인 ----- 117
  - 2.19.1 LA2A ----- 117
  - 2.19.2 1176 ----- 118
  - 2.19.3 CL1B ----- 119
  - 2.19.4 dbx 160 ----- 120
  - 2.19.5 SSL G Bus Compressor ----- 121
  - 2.19.6 Neve 33609 ----- 122
  - 2.19.7 SSL E Strip ----- 123
  - 2.19.8 Neve 88RS ----- 125
  - 2.19.9 Neve 1073 ----- 126
  - 2.19.10 PuigTec MEQ5 ----- 127

3. 톤 쉐이핑
- 3.1 톤 쉐이핑 ----- 133
- 3.2 킥 드럼 ----- 134
- 3.3 베이스 기타 ----- 141
- 3.4 스네어 드럼 ----- 144
- 3.5 하이 햇 ----- 149
- 3.6 탐탐 ----- 152
  - 3.6.1 하이 탐 ----- 152
  - 3.6.2 미들 탐 ----- 155
  - 3.6.3 플로어 탐 ----- 155
- 3.7 오버 헤드 ----- 156
- 3.8 피아노 ----- 158
- 3.9 일렉 피아노 ----- 162
- 3.10 오르간 ----- 162
- 3.11 기타 솔로 ----- 163
- 3.12 리버브 ----- 164
- 3.13 보컬 ----- 165

4. 믹싱실습
- 4.1 믹싱실습 1 ----- 171
  - 4.1.1 믹싱 개요 ----- 171
  - 4.1.2 믹싱의 실제 ----- 173
- 4.2 믹싱실습 2 ----- 181
  - 4.2.1 믹싱 개요 ----- 181
  - 4.2.2 믹싱의 실제 ----- 181
- 4.3 믹싱실습 3 ----- 193
  - 4.3.1 믹싱 개요 ----- 193
  - 4.3.2 믹싱의 실제 ----- 193

Mix Master Class ----- 200

1장. 기초 훈련

1.1 믹싱이란?

먼저, 음향에 대한 모든 기본적인 지식과 기술은 필자의 개론 서적인 음향시스템 핸드북에서 다루었다. 이 책을 읽기 전에 반드시 필독하시길 권한다.

믹싱의 앞 단계에서 벌어지는 수많은 작업은 실제 만들어진 음악, 음향을 듣는 일반인의 귀에는 전혀 짐작 안 될 작업이다. 즉, 노래를 어떻게 불렀거나, 연주자가 틀린 음을 연주해서 수정했거나, 아니면 믹싱 단계에서 완전히 다 뒤집었다고 해도, 최종 결과물은 그저 믹싱된 사운드가 마스터링 단계를 통해서 정리된 음악과 음향으로 들려지게 된다는 것이다. 이 이야기는 믹싱 엔지니어의 역할이 얼마나 중요한 부분인가를 이야기해주는 부분이기도 하다. 마치, 만들어져서 식탁에 오른 중국집 요리의 맛은 요리사의 역량을 100% 표시한다고 생각하는 것이지, 식재료를 재배한 농부나 판매한 도매상, 그런 부분을 해당 음식을 사 먹는 일반인의 관점에서 알아낸다는 것은 거의 불가능한 것과 같다. 물론 쉐프들은 다 안다. 역시 상업 믹싱 엔지니어도 음악을 들으면 대강 답이 나온다.

라이브가 진짜 안 된다고 평가되는 가수의 음반이 상냥한 퀄리티가 나올 수 있는 것도 낭연히 이 믹싱의 난계, 성확하게는 그 앞 단계에서 벌어질 편집의 부분과 믹싱 엔지니어의 기술적인 요소가 어우러져 상업 음악이라는 수준으로 만들어지기 때문이다. 이 정도의 이야기는 조금이라도 관심 있는 일반인이라면 알 수도 있는 이야기이다. 오토튠이라는 단어가 예능 프로그램에서도 자주 나오기도 한다.

자, 적어도 필자의 생각에는 이 책을 지금 읽고 있는 독자라면 이미 믹싱이라는 것이 스스로 해결 나지 않는다는 결론에 도착한 경우가 많을 것이다. 물론 공부를 시작한 관점에서 기본적인 절차로 공부하는 분들도 많을 것이다. 믹싱은 반드시 누가 해야만 한다고 정해진 것이 아니다. 믹싱 엔지니어의 역할을 하는 관점에서 아무리 믹싱은 전문 상업 믹스 퀄리티를 내는 엔지니어의 영역이라 말하고 싶어도, 실제 현장에서는 그렇게 진행되지 않는 경우가 많기 때문이다. 뮤지션의 관점에서는 한 단계 더 거쳐서 마무리되는 자신의 음악이 맘에 들지 않을 수도 있고, 비용적인 부분에서 따로 믹싱 엔지니어를 고용할 방법이 없는 경우도 많고, 맡겨보니 별거 아니더라는 경험상의 이유도 있을 것이다. 더러는 수년에서 수개월, 열심히 작업해서 만든 음악을 몇 시간 누군가 만져서 모종의 답을 만들어 낸다는 부분의 부담도 있을 수 있다고 본다.

전문적인 믹싱 엔지니어의 30분 시간에 벌어지는 작업량이 이 책을 읽으시는 분들의 실력으로 나오길 필자는 원한다. 그러는 데 필요한 이론적, 실제 기술적, 그리고 경험적인 내용을 이 책에서 다룰 것이다. 그다음 30분 이상의 시간에서 나올 내용은 아주 집중적인 공부와 숙련이 필요하게 된다. 물론, 이 책을 다 읽고 하나씩 다 경험해봤다고 믹싱 엔지니어가 되었다고 말할 수는 없다. 상당수의 많은 전문 음향 과정이 대학과 대학원, 직업 훈련 과정에 있지만, 사실 믹싱에 관해서 전문적으로 다루는 과정은 그렇게 많지 않다. 전체 커리큘럼의 편성에서도 그렇게 많은 시간을 부여하지 않는다. 그 이유는 당연히 믹싱 이전의 상당한 음향 공부의 비중을 기본 교육에 부여해야만 하기 때문이다.

뮤지션의 관점에서 믹싱을 배워 스스로 상업 믹스의 퀄리티를 낸다는 부분이 불가능한 것도 아니다. 가끔 듣는 음악 중에, 또는 언급되는 엔지니어의 글 속에서 엔지니어링에 대한 교육이나 경험이 없는 아티스트 중에 엄청난 작품이 나오는 것도 본다. 당연히 그 부분은 그만큼 엔지니어링 차원의 고민을 정해진 자신의 한계 속에서 오랫동안 했다는 것이지, 어제 피아노를 처음 배우기 시작한 사람인데, 오늘 리스트를 연주하고, **라흐마니노프**를 연주한다는 것이 가능할 수 있는 일이 아니기 때문이다.

자, 믹싱이란 무엇인가? 필자의 음향시스템 핸드북을 읽어봤다면 기본적으로 다뤄지는 이야기를 이해할 것이다. 간단히 그 부분을 포함해서 이야기해 보면, 보라색을 보고 그 안에 있는 파란색과 빨간색의 조합을 이야기해야 하는 것, 사실 필자가 언급한 부분은 파란색과 빨간색을 섞어서 보라색이 되는 부분을 이야기했다. 파란색의 특성을 가지면서 그것이 빨간색을 만나 보라색이라는 특성을 가지게 한다는 것이다. 다르게 말하면, 1+1의 결과가 2라는 양적인 결과가 나오는 것이 아닌 또 다른 1을 만드는 것이다.

교향곡을 하나 틀어보자. 들리는 음악에 있는 풀 오케스트라 중 각각 악기를 설명된 1이라고 보고, 다 더한 결과가 1이라 이해해보자. 이것이 믹싱이다. 이것은 이론적으로도 증명이 된다. 그 부분도 차근차근 다루게 된다. 귀에 들리는 음향의 구성요소 자체가 각각 1인 음원의 복합음이라는 것을 고려해보면 어떻게 이 각각의 1을 더해서 전체적인 1이 되게 만들어야 하는지, 그 방법에 대한 부분이 믹싱이라는 결론으로 내려지게 된다.

성공적인 믹싱이 가져야 하는 요소 가운데 중요한 부분은 객관성이라는 부분이다. 쉽게 대중성이라 말할 수 있는 부분인데, 대중적인 기준에 맞는 믹싱이 되어야 일단 상업 믹스라 불릴 수 있는 퀄리티가 된다고 본다. 쉽게 말하면, 중국집에서 파는 짜장면을 먹었는데 음식값을 받을 수 있는 퀄리티가 기본적으로 나와야 영업이 가능한 음식점이지, 안 그렇다면 아무리 음식점 간판을 달고 허가를 받았다고 해도 운영이 안 될 것이다.
이 부분은 아주 중요한 원칙을 의미할 수도 있다. 그것은 언제나, 어떤 재료로 만들어도, 기본적인 퀄리티 자체를 내야만 한다는 게 믹싱 엔지니어의 기본이 된다는 것이다. 주방장이 쉬는 월요일이라 사장님이 조리할 때에도 팔 수 있을 만큼의 음식이 나와야만 영업일이라 할 수 있지, 그렇지 않으면 그날 방문한 손님과 그 주위 사람들에게는 맛없는 음식점이라 평가가 내려지게 될 것이다.

프로야구선수는 3할만 쳐도 직업이 보장된다. 결과만 보면 그렇다는 이야기이다. 하지만, 믹싱 엔지니어를 전문적으로 한다면 3할만 친다는 것은 당연히 말도 안 되는 결과라 본다. 앞서 말한 짜장면의 기본 맛이라는 것이 4타석 4안타를 쳐야 한다는 것과 같은 부분이라 본다는 것이다. 그렇게 만들어진 음악이 히트를 치건, 망하건, 그것은 엔지니어의 역량을 떠난 부분이기에, 마치 대박이 나는 중국집과 그렇지 않은 것은 요리사 면허의 유무와는 또 다른 이야기는 것이다. 요리의 예를 들었기 때문에 한 가지 더 중요한 요소를 언급해본다면, 음식점은 거의 100% 정해진 메뉴 때문에 영업을 한다. 프랜차이즈 음식점 상황에는 더더욱 정해진 레시피대로 정확하게 조리를 해야 상품성이 유지될 수 있다. 그런데, 우리 믹싱 엔지니어가 일하는 결과물은 마치 방송에 나오는 초대 손님의 냉장고 속 재료만을 이용해서 최고로 만족할 수 있는 처음 창조될 수도 있는 요리와 같기 때문이다. 인류 역사상 처음으로 시도될 수도 있는 요리가, 사실 우리 믹싱 엔지니어가 매일 만들어내야 하는 마스터와 같다는 것이다. 그것이 **믹싱**이다.

1.2 청음훈련

일단, 음악적인 부분의 청음훈련에 관해서 알아보겠다. 청음훈련의 주목적은 사실 듣는 것이 아닌 분석하는 부분에 있다. 이미 소리는 평생 들어온 부분이고, 단지 우리가 훈련해야 할 부분은 그 들어온 것들도 중요하지만, 앞으로 들어야 할 음악을 어떻게 분석하느냐에 중요도가 있기 때문이다. 그렇게 분석해서 정확하게 이해를 해야만 다시 그 사운드를 만들어낼 수 있고, 또 그 과정 가운데 필요한 조작을 할 수 있기 때문이다.

1.2.1 레퍼런스 음악

청음훈련을 위해서 먼저 선택되는 부분이 레퍼런스 음악이다. 음향을 공부하는 데에만 사용하는 것이 아니고, 나중에 실제 작업하는 상황에서도 항상 참조하며 확인해봐야 하는 것이 레퍼런스 음악인데, 다음과 같은 목적으로 활용할 수 있다.

1. 공부를 위해서

   이미 수십 년 동안 만들어진 많은 음악이 좋은 선생이 될 수 있다. 본인의 믹스도 포함될 수 있다. 비교를 통해서, 모방을 통해서 기술적 발전이 될 수 있다. 물론, 모방 단계를 넘어선 창조의 단계가 당연히 필요한 부분이다.

2. 구원 투수

   몇 시간에서 며칠까지 한 곡을 믹스하는 상황에서 쉽게 경험하는 부분이, 벽에 부딪히는 상황이다. 마치 7회 말에, 투수의 힘은 남았는데 구질, 순서, 작전 파악이 끝나 안타 맞고 만루 주자 만들어 놓은 선발 투수의 위기 상황에서, 적합한 레퍼런스가 상상력의 탈출구가 된다.

3. 모니터 확인

작업하던 스튜디오가 아닌 경우, 공연장 세팅을 다 끝내고 믹스를 시작하기 전, 구매하기 전 모니터를 선택할 때 이미 귀에 익고 친숙한 레퍼런스 믹스를 각각 재생해 들어보며 확인할 수 있다.

레퍼런스 음악은 당연히 마스터링이 완료된 음악이다. 그리고 당연히 객관적인 믹스도 있고, 주관적인 믹스도 있을 것이다. 쉽게 참조하는 방법은 그동안 나온 많은 음악 중에서 빌보드차트 상위권, 그리고 그래미상 수상작, 유명 엔지니어의 작품들을 우선으로 참조하면 좋다. 객관성이라는 부분을 많이 고민해봐야 한다. 엔지니어의 작품이 특정 환경이나 특정 마니아층에서만 선호하게 된다면, 그건 주관적일 수 있기 때문이다. 1000명이 있는 공연장에서 믹스를 하는 상황에서 최소 7~80% 이상의 관객이 호응할 수 있는 좋은 믹스를 만들어야 할 것이다. 음반도 마찬가지겠다.

몇 가지 레퍼런스 음악을 선택하는 기준을 이야기해보자.

1. 검증된 믹스

상당수의 엔지니어가 공통으로 사용하는 아티스트와 음반이 있다. Fourplay, Diana Krall, Michael Jackson,, 등의 음반이 간단히 필자가 추천하는 리스트이다.

2. 시대적 변화를 생각하게 하는 믹스

지난 40년 정도의 대중음악에는 아주 다양한 기술적 요소가 담겨 있다. 특히 디지털 기술이 도입되면서 엄청난 발전을 보인 90년대 이후의 음악, 그리고 요즘의 믹스는 각기 다른 특성을 가진다. 80년대 록음악에 쓰인 스네어와 요즘의 스네어는 전혀 다른 경우가 많다.

3. 튀지 않는 믹스

아티스트와 믹싱 엔지니어에 따라 보편적이지 않은 믹스가 있는 경우가 있다. 앞서 언급한 객관성의 부분보다 다소 주관성이 많은 믹스라고 할 수 있는데, 이런 믹스는 배제하는 것이 좋겠다.

4. 너무 복잡하지 않은 믹스

글자 그대로 너무 복잡하면 레퍼런스 역할을 하기 어렵겠다.

1.2.2 음악적인 훈련

음악을 어떻게 듣는가 하는 것에 관하여는 많은 의견과 주장이 있을 수 있다. 그러나 음향 엔지니어로서 다음과 같은 사항들을 고려하면서 가장 좋아하는 음악을 선택하여 몇 번이고 반복하여 들어보자.

1. 전체 분위기, 감동, 그리고 리듬

   음악은 당연히 예술로 들려지고, 그렇게 되어야 한다. 감성이 담겨 있는 음악은 만든 사람과 듣는 사람을 감동으로 연결한다. 베토벤 이후 만들어지는 거의 모든 음악은 우리의 삶의 중요한 부분으로 자리를 잡게 되었다. 같은 가수의 노래도 장르에 따라, 장조냐 단조냐에 따라, 템포에 따라 아주 다양한 변화를 만든다. 필자는 ABBA의 노래를 들으면 초등학교 겨울 방학 때 야외 스케이트장이 떠오르고, 먹었던 어묵꼬치가 떠오른다. 음악은 그런 감성을 가진다. 어떤 음악인지?, 무엇을 전달하려는 것인지?, 어떤 사람들이 좋아하는지? 영화 죠스 포스터를 보면 반음 차이로 들리는 다단 다단 음악이 귀에 들리지 않는가?

2. 보컬의 멜로디 선율

   보컬이 있는 음악이면 보컬의 멜로디 라인이 들릴 것이다. 연주 음악이면 솔로악기가 들리게 되겠다. 반복되는 코러스, 화음,, 들어야 할 부분은 많다.

3. 보컬의 가사, 아티스트가 전달하고픈 주제

>   음악은 담기는 메시지를 위해 존재한다고 믿는다. 우연한 조합으로 만들어지는 음악도 있겠지만, 아티스트의 메시지가 담겨 그것이 감동되는 감성의 부분이 음악이라 믿기 때문이다. 메시지를 담은 음악, 그런 음악을 이해해보자.

4. 솔로 악기의 선율

>   연주 음악의 주 멜로디 라인도 있겠지만, 음악 자체에 흐르는 여러 가지 솔로 악기의 선율을 들어보자.

5. 드럼과 베이스의 리듬 진행

>   우리가 듣는 상당한 퍼센트의 음악이 이 리듬 파트를 가진다. 리듬을 안다는 것은 엔지니어의 관점에서 아주 좋은 장점을 가질 수 있다. 계속해서 많은 음악을 구체적으로 들어보자. 펑키, 하드록, 발라드, 힙합, 재즈,, 각 음악의 리듬 파트에 관해서 많이 연구하고 알아야 한다.

6. 드럼의 필(Fill)

>   드러머의 기교 같은 부분도 해당되고, 필인(Fill-in)이라 불리는 반복되는 리듬 가운데 채워지는 양념도 잘 들어보자. 연주자마다 특징적인 부분이 있을 수 있고, 음악이 장르마다, 또는 아예 주된 리듬이 되는 부분도 존재한다.

7. 편곡자와 연주자의 기교

>   클래식을 제외한, 대부분 대중음악 편곡자의 편곡보는 정해진 코드와 몇 가지 약속의 기호로 마무리된다. 꼭 원하는 솔로 라인, 특별히 유니즌처럼 다른 악기와 같이 연주돼야 하는 선율, 맞춰야 하는 리듬의 부분만이 악보에 추가로 표시되는데, 그것을 바탕으로 개별 연주자의 기량과 전체적인 구성을 끌고 가는 편곡자의 기교에 의해 음악이 만들어진다.

8. 한 연주자의 연주에 대한 다른 연주자의 반응

>   전문 연주자들이 연주한 곡은 연주자 간의 호흡이 들리게 된다. 서로 뭉치고, 보완하고, 끌어주고, 밀어주는 그런 반응을 음악에서 찾아볼 수 있겠다.

9. 개별적인 음색

음향적인 부분에 몰두하게 되겠지만, 음악적인 음색의 부분을 집중해보자.

우리가 그동안 들어온 음악은 지극히 개인적인 취향 때문에 선택된 음악일 수 있다. 정식적으로 클래식 음악을 한 번도 안 들어본 경우도 당연히 많고, 90년대 이전의 가수를 이름만 전설로 들어본 세대들이 20대의 나이에 있기도 하다. 믹싱 엔지니어를 꿈꾼다면, 당연히 가능한 모든 음악을 가리지 말고 다 들어봐야만 한다. 물론, 나는 중국 음식 요리사니까 중국요리만 하겠다는 이야기를 할 수도 있다. 소위 힙합 전문 믹싱 엔지니어, 재즈 전문 믹싱 엔지니어, 그렇게도 일할 수 있겠지만, 그건 나중에 정할 수 있는 부분이고, 공부하는 관점에서는 강력히 잡식성의 음악 성향을 가지길 강력히 추천한다.

특히 클래식 음악은 반드시 들어야만 한다. 음향적으로도 아주 중요한 요소를 그 가운데에서 찾아야 하지만, 먼저 음악적인 부분에 초점을 두고, 피아노 솔로곡, 이중주, 삼중주, 실내악, 교향곡, 합창곡,, 아주 다양한 음악에 익숙해 보자. 스트리밍 서비스를 이용하거나, 아니면 가까운 중고 음반 매장을 가서 70년대부터 90년대까지 황금기에 나왔던 여러 장르의 음반들을 구해서 들어보자. 앞서 설명된 9가지 항목도 고려해보고, 그냥 아무 생각 없이 빠져보기도 하고, 그렇게 해서 음악을 다양하게 들어보면서 각 음악을 이해하는 버릇도 들여야 한다. 클래식 음악은 대부분 공간 자체의 울림과 섞임(블렌딩)으로 만들어지는 레코딩인 경우가 많다. 따라서 앞으로 우리가 공부할 음향적인 믹싱에서도 아주 중요한 도움을 얻을 수 있기도 하다.

음악을 들어야 하는 가장 중요한 이유는 믹싱 엔지니어가 해야 하는 일 중에서, 감성을 기반으로 한 예술적인 부분이 중요하기 때문이다. 음악을 즐기지 못하고, 음악이 그저 음향으로만 들리게 되고, 그래서 정해 놓은 규칙 때문에 작업하게 된다면, 예술적 창조는 측면에서의 한계점이 분명 일찍 다가오게 될 것이다. 그리고 음악을 아는 엔지니어가 음악을 만드는 뮤지션과의 관계 가운데 감성적인 연결성을 조금 더 가질 수 있다. 편곡자, 연주자, 가수들이 나누는 음악에 대한 이야기를 못 알아듣거나, 용어를 모른다면, 그냥 장비 조작자에 그치게 될 것이기 때문이다.

더 정확하게 뒤에 설명이 되지만, 음악을 듣는 방법도 중요한 훈련의 방법이 된다. 같은 모니터링 상황에서 다른 음악을 들어보고, 다른 모니터링 상황에서 같은 음악을 또 들어보면서 음향적인 부분과 함께 음악적인 부분을 분석하자.

옆 QR 코드의 음악을 들어보자. 고 신해철 님의 일상으로의 초대라는 곡인데, 인트로에서 끝까지 단순한 사인파 음원의 연결이 음악으로 자리를 잡고 있다. 사인파는 신디사이저에서 음원을 만들기 위한 소스, 또는 신호 확인을 위한 소스로만 사용되는 소리지만, 이 소리가 그대로 음악적인 요소로 활용되고, 그게 이 음악의 중요한 역할을 담당하고 있다. 왼쪽 QR 코드의 음악을 들어보자. 듣기 전, 독자의 감성적인 부분과 관계없이, 작곡자의 의도 때문에 대부분 듣는 이들의 감성이 정해지게 된다. 그리고 오른쪽 QR 코드의 음악을 바로 들어보자.

음악 자체가 지니는 목적과 그 목적을 이루기 위해서 행하는 모든 활동에, 엔지니어도 같은 공감대를 가지고 임할 수 있도록 스스로 음악적인 분석 훈련을 많이 해야 한다고 필자는 결론을 내린다. 잘못하면 음악이 일로만 끝날 수 있다는 것을 명심하자.

1.2.3 음향적인 훈련

음악에 따라 조금씩 다르겠지만, 음향의 궁극적인 목표는 자연 그대로의 자연스러운 소리를 만드는 일이다. 물론 영화 음향 믹싱이나 음악 믹싱에서도 의도적으로 강조하고자 인위적인 조작으로 소리를 만들기도 하지만, 역시 이 부분도 자연스럽게 처리되어야만 하겠다. 그래서 마이크에 입력된 소리 신호에 공간성을 부여하고, 음색을 다듬고, 다른 효과를 더하는 하나의 제작이 믹싱의 과정이 되며, 그것은 재창조의 부분이라 정의된다.

여기까지의 이야기는 목적에 대한 부분이고, 일단 그렇게 만들어진 소리이거나, 아니면 그냥 들리는 원음이거나 어떻게 그 소리를 우리가 분석해야 한다는 것을 아는 것이 이 훈련의 주목적이 된다.

다음의 문장들과 그 의미에 관해 생각해 보자. 음향시스템 핸드북에서 역시 언급했던 부분이다.

1. 믹싱이 잘 되었다.

    밸런스와 레벨이 너무 크거나 작지 않다. 다시 말하면 듣기 편하다. 음악에 집중할 수 있다.

2. 음색이 고르다.

    주파수 응답 상 너무 크거나 작은 부분이 없다. 저역대나 고역대가 부드럽게 들린다.

3. 깨끗하다.

    잡음과 찌그러짐이 들리지 않는다. 생각하고 있는 소리만 들린다.

4. 생동감이 있다.

    고음이 깨끗하다. 맑다. 깔끔한 맛이 느껴진다. 고음이 많다는 것과는 다르다.

5. 공간감이 있다.

    직접음 이외의 공간성이 나오는 앰비언스, 리버브가 존재한다. 그래서 자연스럽다.

6. 스테레오 감이 좋다.

    좌우의 밸런스가 고르고, 악기의 배치가 자연스럽다.

7. 답답하다.

    고음 대역의 레벨이 적다.

8. 너무 멀다

직접음보다 앰비언스음이 크다. 음원의 고음이 잘 안 들린다.

9. 음역이 넓다.

고음과 저음의 범위가 넓다.

이상 언급된 내용에 동의하지 않을 수도 있다고 본다. 앞으로 공부할 부분에서 더 세부적인 부분을 다루어보면 여기 언급된 9가지 내용은 그렇게 집중해서 생각하거나 고민해야 할 부분이 되지 않는다. 그 이유는, 언급된 9가지 내용은 믹싱 엔지니어의 관점에서 주의를 기울이지 않아도 무의식적으로 반응해서 원하는 방향으로 자연스럽게 조치를 취해야 하는 부분이기 때문이다. 즉, 깨끗하지 않은 소스가 있다면 고민할 필요도 없이 먼저 정리를 하게 될 것이고, 고음이 잘 안 들려서 답답하다면, 역시 그 부분도 해결할 것이기 때문이다.

좋은 청음훈련은 많이 듣고 분석하는 것이다. 무조건 주파수별 사운드를 외우고, 그걸 빨리 알아맞히게 하고, 변형된 주파수가 무엇인지 파악하게 하는 훈련 프로그램도 도움이 되겠지만, 필자가 생각하는 훈련의 방법을 같이 익혀보도록 하자.

자, 가장 많이 듣는 음악을 재생하고, 앞에서 언급한 음악에 대한 부분이 아닌 다음에 열거되는 음향적인 차원에서 구체적으로 분석을 해보자. 가능하면 본인만의 노트를 만들어 보는 것도 좋은 방법이다. 그리고 처음 들어보는 아티스트의 음악을 재생하고 똑같은 방법으로 분석을 해보자.

1. 다른 음악보다 전체적 볼륨이 어떤가?

2. 가장 큰 레벨로 나오는 부분에서도 깔끔하게 음악이 들리는가? 아니면 찌그러짐이 느껴지는가?

3. 들리는 음악을 구성하는 각 악기를 집중하지 않아도 들리는가?

4. 좌/우 스테레오 이미지 가운데 어떤 모양으로 배치되는가?

5. 전체 음색의 주파수 스펙트럼 상에서 각 악기들이 어떻게 배치되는가?

6. 의도적으로 컴프레서를 걸어놓은 악기는?

7. 들으려고 노력해야 들리는 악기가 있는가?

8. 음악과 비교하여 보컬(연주곡이면 솔로 악기)이 어느 정도 밸런스를 가지는가?

9. 음향의 분석 가운데, 음악이 어떻게 들리게 되는가?

10. 불필요한 잡음이나 편집의 실수 같은 기술적으로 아쉬운 부분이 있는가?

이렇게 스스로 정리해 놓은 분석 노트가 쌓여가면 신기하게도 그동안 들어온 음악과 전혀 다른 방법으로 음악을 듣고 있는 자신을 발견할 수 있고, 또 스스로 만들어가는 믹스에 중요한 레퍼런스 역할을 하게 된다는 것을 느낄 수 있다. 앞서 언급한 객관성의 정의도 점차 익숙해져 가게 된다. 내가 생각했던 킥 드럼의 크기가 들어보고 분석해보는 여러 음악에서 공통으로 정해져 있는 크기로 익숙해질 것이고, 어디에 소리를 놓아야 할지, 어떻게 처리를 해야 대중이 인정하는 맛이 나오는지도 알게 된다.

1.2.4 실제적인 청음훈련

자, 필자가 생각하는 진짜 청음훈련에 관해서 이야기해보자. 물론 앞서 언급한 내용을 제대로 이해하고 훈련하는 것이 우선돼야 하는 조건이다. 그리고 앞의 훈련방법은, 아! 이 정도 하면 된 것 같다고 하기 어려운, 그래서 계속 평생 해야 하는 기초 연습과 같은 부분이다.

레퍼런스 음악을 옆 QR 코드의 곡으로 정해보자. 링크를 재생해본다. 일단 음악을 들어보자. 퓨전재즈 그룹인 *Fourplay*의 *Cape Town*이라는 곡이다. 끝까지 들어보면서 아래에 느끼는 내용을 적어보자.

들리는 음악 가운데, 머릿속으로 킥 드럼 소리만 솔로 버튼을 눌러보자. 이미 알고 있는 **칵테일 파티 효과**를 사용해 보자는 것이다. 신기하게도 들리는 많은 음원 중에서 킥 드럼 소리만 들리게 된다. 다른 소리에 방해가 되어 잘 들리지 않는다면 뚜렷하게 킥 드럼 소리가 구분될 때까지 반복하면서 들어본다. 대강 들린다는 느낌 정도가 아닌, 뚜렷하게 밟아 연주하는 드러머의 킥 페달이 실제 연상될 정도로 집중해본다. 반복하면서 들어보면 그냥 쿵 하고 들리던 소리가, 저역과 고역의 음색, 킥 드럼 자체의 울림에 의한 깊이까지 들리게 된다.

이번에는 트라이앵글 소리를 찾아보자. 어려울 수 있지만, 역시 찾아서 머릿속으로 솔로 버튼을 잘 눌러보면 뚜렷하게 어디에 위치하는지, 어느 정도 레벨로 있는지 구분할 수 있다.

이 연습이 재미있어야 한다. 이번에는 코러스 가운데 베이스 파트를 찾아보자. 좌우 패닝의 위치에서 어디에 놓이는가? 기본 보컬의 위치와 레벨보다 어느 정도의 크기로 자리를 잡고 있는가?

몇 가지 건반 악기가 연주되고 있는가?

아프리카 퍼커션들이 반복되며 연주되는데, 각각 악기를 솔로로 들어보자. 몇 가지 악기가 있는가?

무그라고 불리는 모노 신디사이저 연주가 들리는가?

스네어 드럼이 연주되는가? 언제부터 연주되는가?

전체적으로 깔려있는 스트링 패드를 들어보자.

자, 앞에서 질문한 음색 외에 상당히 다양한 음원이 믹스되어 있다. 일반적으로 공연이나 믹싱하다 보면 가장 많이 반복해서 하는 작업이 개별 솔로 버튼을 눌러서 해당 음색을 조정하는 작업이다. 트랙이 30채널이라면 같은 작업을 30번 반복해서 기본적으로 해야 하고, 그리고 그렇게 작업한 이후 더해진 소리를 다시 묶어서 솔로처럼 작업하게 된다. 당연히 그렇게 섞여진 믹스를 들어보면서 또 앞서 작업한 그런 조정을 반복하게 된다. 전문 믹싱 엔지니어는 대강 한 프로라 말하는 3시간 30분 정도의 시간에 믹싱을 마무리할 수 있다. 믹싱이 그렇게 되려면 재생 버튼을 한 번

누른 상황에서 한 가지 작업만 해야 하는 방법으로는 어려워진다. 킥, 스네어, 하이 햇, 탐탐 하나씩, 오버헤드, 베이스,,,, 악기당 한 번에 하나씩 작업 하는 것은 전문적인 작업이 아니다.

이 작업을 통해서 훈련해야 할 부분은, 의식적으로 소리를 듣는 것보다도 들리는 소리를 무의식적으로 분석할 수 있는 능력을 키우는 것이다. 이 훈련이 극대화된다면 라이브 공연할 때 FOH 위치에서도 무대 위 모니터 상태를 확인할 수 있게도 된다. 그것은 그 소리를 들으려고 귀를 모아서 노력해서 들려지게 되는 것이 아니고, 들리는 소리 가운데 발생하는 변화를 인지하는 능력이 극대화되는 것이다. 계속 그 훈련을 반복하자.

앞으로 배워가며 자신의 것으로 만든 믹싱 기술에 아주 중요한 부분을 이 훈련을 통해서 배우게 된다. 물론 앞서 언급한 분석력을 키워서 아주 정확하게 먹어본 음식의 식재료를 열거하고, 사용된 양념장의 비법을 유추해내고, 불맛이라는 것까지 구분해내는 능력을 배양하는 것도 아주 중요하지만, 우리의 당면한 과제는 직접 요리를 맛있고 잘 팔리게 만드는 부분이기 때문에, 어떻게 그런 사운드가 만들어졌는지까지 알아내고, 내가 원하는 목표를 만들어내는 과정이기 때문이다.

머릿속으로 솔로 버튼을 눌러보는 훈련은 뒤에 다루게 되는 레벨 믹싱을 하면서 각 음원 간의 적절한 레벨 설정 작업에 중요한 부분으로 사용되기도 한다.

자, 다시 앞장으로 돌아가서 무한 루프 반복 연습을 하자. 충분히 레퍼런스로 선택한 Fourplay의 곡을 다 분석했으면, 다른 곡을 선정한다. 가지고 있는 수천 곡이 이 훈련에 아주 잘 사용될 수 있다.

1.3 믹싱의 순서

멀티 트랙을 DAW에 풀어놓거나, 라이브 공연할 때 무대의 악기 입력이 콘솔에 들어오게 되면 믹싱을 시작하게 된다. 어떤 순서로 어떻게 믹스를 하는 게 가장 좋은지는 앞으로 공부해야 할 부분이겠고, 또 어떤 소스를 어떻게 만드는지는 레코딩과 마이킹의 부분에서 먼저 또 당연하게 정리되어야 할 부분이다. 그리고 레코딩의 상황에는 믹싱의 앞 단계에 편집의 부분도 믹싱 이전의 순서로 진행이 된다.

1. 준비 단계

    DAW상에 멀티 트랙을 풀어놓거나, 이전 레코딩 단계의 세션 파일을 오픈했다면, 미리 준비해야 하는 부분들이 있다. 각자 익숙한 트랙의 순서로 정리하고, 빠른 작업을 위해서 컬러코드로 정리도 하고, 곡의 각 부분에 마킹이 되어 있지 않다면 전주, 1절, 2절, 후렴, 간주, 후렴,, 등의 표시를 하게 된다. 편집 단계의 세션 파일 자체와 따라온 세션에 관련된 노트가 있다면 그 부분도 충분히 검토해서 실제 믹스가 수월하게 진행되도록 준비한다.

2. 러프 믹스와 분석

    레코딩 단계에 참여했거나, 공연 믹스는 연습을 같이 참여하면 음악을 충분히 알 것이다. 하지만, 그게 아니라면 일단 음악을 이해하는 것이 우선돼야 하겠다. 물론 선수들은 음악을 이해하면서 바로 믹스에 들어간다. 그들에게 시간은 무엇보다도 중요한 부분이기도 하고, 또 그렇게 두 작업을 분리해서 해야 할 이유가 없기도 하겠다. 더러, 러프 믹스가 제공되기도 한다. 편곡자나 작곡자의 바램 같은 부분으로 참고해야 할 필요가 있다. 물론, 이 러프 믹스 자체가 믹싱 엔지니어의 상상력을 제한하는 것이 될 수도 있다. 어느 것이 중요한지도 확실하게 알고 결정을 하는 것이 능력이겠다.

3. 믹스 계획

    이제 시작해야 할 부분은, 어떤 목표를 가져야 하는지 결정하는 것이다. 중국요리로 만들어야 할지, 분식으로 할지, 한정식으로 할지를 결정해야 한다. 식재료와 손님이 원하는 요리가 중국요리인데, 그걸 요리사가 임의로 양식을 만들어 버리는 것도 맞지 않는 방법이겠다. 만약, 진짜 타당한 이유가 있어서 그렇게 해야만 한다면, 또 그렇게 해서 걸작이 나올 수 있다면 그것을 잘 설득해서 끌고 가는 것도 능력이다. 일정 수준의 믹싱 엔지니어가 되기 전에는 이 계획 단계 자체가 감이 안 잡히게 된다. 그냥 페이더를 올려보고, 이렇게 저렇게 만져가며 시간만 보내게 된다. 그러면서 또 믹스를 해야 할 음악에 대한 부분도 더 헷갈리게 되는 경우가 반드시 발생한다. 이렇게 되면, 자연스럽게 믹스는 4타석 4안타를 친다는 것은 아예 불가능한 작업이라 생각하게 될 것이다. 그런 부분을 정확하게 이야기를 해보면, 실력보다는 이래저래 만지다 우연히 만들어지는 작업이 될 수 있다는 것이다.

4. 구체적 방법

크게 두 가지 방법으로 믹스를 진행할 수 있다. 첫째는 직렬적인 방법인데 하나씩, 그리고 각 그룹씩 만들어 가면서 믹스를 해나가는 방법이다. 두 번째는 병렬적인 방법이라 할 수 있는데, 전체 페이더를 다 올려놓고 정리와 조화를 만들어가는 방법이 되겠다. 둘 중에서 뭐가 정석이라 말하기는 어렵겠지만, 필자는 직렬적인 방법을 우선으로 하게 한다. 대부분 음악의 믹싱은 코러스 부분을 반복하게 해놓고 믹스를 하는 것이 좋다. 가능한 최대의 트랙이 사용되는 부분이기도 하고, 이 부분에서의 믹싱이 완료되면 앞부분의 믹스가 웬만큼 자연스럽게 해결이 되기도 한다.

5. 평가

평가는 작업이 다 끝나고 난 다음 믹스를 들어보면서 해야 하는 부분이 아니다. 모든 작업이 진행되는 동안 끊임없이 반복되어야만 한다. 머릿속에 그려놓은 사운드와 실제 작업한 내용, 그래서 그 둘을 비교하면서 반복 수정과 조정을 해야 하는 작업이 되어야 한다. 그렇게 해서 믹스가 마무리 단계에 들어가면, 다른 모니터 환경에서 들어보면서 또 평가와 수정 작업을 반복하게 된다. 초보의 상황에는 이 평가 자체가 어려울 수 있다. 앞서 다루었던 레퍼런스와 훈련의 방법을 반복하며 숙달시켜 보자.

믹싱은 고도의 집중력을 요구하는 작업이다. 따라서 장시간 집중해서 작업을 연속적으로 하는 것은 바람직하지 않은 방법이 된다. 일정 음압으로 계속 듣는 상황에서 놓치는 부분이 반드시 발생하게 되고, 반복되는 상황에서 기준 자체가 흔들리게 되는 경우도 쉽게 발생한다. 그래서 일정 시간 작업하다 의도적으로 휴식을 가지는 것도 중요하다. 아예 타이머를 정해놓고, 30분 동안 목표를 정해서 믹스하고, 잠깐 쉬고 반복하는 버릇을 가지는 것도 좋다.

좋은 믹스를 만들기 위해서 고려되어야 하는 부분 몇 가지를 생각해보자. 음향시스템 핸드북에도 명시된 부분이다.

1. 믹스는 예술이며, 믹싱 엔지니어는 예술가적 임무를 수행해야 한다.

    똑같은 메뉴를 찍어내듯 요리하는 요리사도 분명 요리사이지만, 믹싱은 똑같은 재료와 메뉴는 없다고 보면 정확하다. 모든 음악이 다르고 모든 연주와 만들어내야 하는 예술품이 다르게 된다.

2. 자연스러움을 가져야 한다.

    믹스의 모든 요소는 서로 잘 어울려야 하고, 또 원래 그런 모습인 것처럼, 마치 원래 보라색이었던 것처럼 빨간색과 파란색을 어울리게 해야 한다.

3. 음악에서 해결 못 한 부분들을 해결한다.

    편곡자와 연주자들의 목표 가운데 분명한 것이 음악적 하모니이지만, 그 중추적 역할을 믹싱에서 담당할 수 있다.

4. 쌓는 것보다는 비는 공간을 서로 채워야 한다.

    믹스를 하다 보면 공간을 채우기에 급급할 수 있다. 차곡차곡 소리를 쌓아가는 것이 우선이 아니라, 공간의 위치에 정확하게 위치를 잡을 수 있게 하는 것이 중요하다.

5. 레벨 믹스가 가장 중요하다.

    많은 믹싱의 기술 중에서 가장 우선적이며 최종적인 부분이 페이더와 팬만으로 결정하는 레벨 믹스이다.

6. 나무만 보는 것이 아니고 숲도 같이 봐야 한다.

숲을 바라보는 것처럼 세부적인 것에서부터 전체까지 조화롭게 믹스를 해야 한다.

7. 강요하지 않아야 한다.

완성된 믹스를 듣는 이들에게 강요하지 않아도 자연스럽게 각각 사운드가 정확하고 편하게 들려야 한다.

1.4 레벨 믹싱

이 레벨 믹싱은 필자가 가장 중요하게 생각하는 믹싱의 원칙이다. 아무리 처리를 잘해 환상적인 톤을 만들어 낸다고 해도, 그렇게 작업된 각각 소리가 다른 소리와 아주 완벽하게 붙어져야 믹싱이 되는데 그때 필요한 기술이 이 레벨 믹싱이기 때문이다. 앞서 이야기한 것과 같이 완벽한 보라색을 만들려면 빨간색과 파란색을 똑같은 비율로 섞어야 할 것이다. 만약, 진보라색을 만들려면? 아니면, 연보라색을 만들 상황에는? Grape, Violet, Lilac, Plum, Lavender, Jam, Raisin, Orchid, Wine,, 이렇게 다양하게 다른 보라색을 각각 만들려면 어떤 비율로 섞여야 할 것인가? 또는, 정해진 파란색에 빨간색을 어느 정도 더할 것인가에 의해 합쳐진 색상은 또 다른 보라색이 나오게 될 것이다.

레벨에 관해서 우리가 확실하게 훈련해야 할 부분이 있는데, 믹싱에서의 레벨이라는 것은 어디까지나 상대적인 기준점을 가진다는 것이다. 그리고 그 상대적인 기준점은 절대적인 조건들 때문에 늘 변화될 수 있으므로, 그만큼 상대적인 범주 안에서 믹싱을 하는 엔지니어의 역량이 중요하다. 쉽게 말하면, 모니터 스피커 때문에, 믹싱하는 공간 때문에, 모니터링 하는 스피커 레벨 때문에 정해놓은 레벨 자체가 변한다.

또, 절대적인 레벨 밸런스는 이미 작업이 완료되어 내부적으로 수정 하지 않는 믹스라 말할 수 있겠다. 레퍼런스 음악으로 사용하는 음악이나 모든 음악이나 믹스되어 모니터링하는 레벨이 해당된다. 음악을 들으며 레벨을 키우고 줄인다는 것이 구체적인 음악 안의 밸런스를 변화시킬 수 없다. 따라서, 절대적인 레벨이 아닌 상대적인 레벨 밸런스를 만든다는 것이 우리가 하는 레벨 믹싱이다.

좋은 믹싱에 우선되는 요소는 앞서 공부한 것과 같이 자연스러움을 잊어버리지 않으면서 각각 요소가 분명하게 들리게 하는 것이다. 그냥 모니터링 레벨을 키웠더니 선명하고 분명하게 잘 들렸더라면, 그것은 믹싱의 부분은 아니다. 뭐든지 크면 자연히 잘 들린다. 문제는 그 안에 상대적으로 자리 잡아야 하는 각 소스의 밸런스가 어떤가에 우리가 공부하는 믹싱의 목표가 있다.

레벨 믹싱의 기본은 기준점을 먼저 정하는 부분에서 시작한다. 즉, 앞에서 설명된 직렬적인 믹스 방법이다. 예를 들어보면, 마치 일정량의 파란색을 미리 준비해 놓고, 섞여지는 빨간색의 양을 조절하면서 원하는 색상을 만드는 것과 같은 작업이다. 마스터 페이더는 항상 0의 위치에서 시작한다. 그래서 표준라인레벨로 정하는 크기의 물리적인 조정이 가능하게 된다. 쉽게 말하면, 전체 믹스의 출력이 크면 줄일 수 있고, 작으면 키울 수 있다.

자, 곡의 코러스 부분을 반복하게 해놓고, 페이더를 전부 다 내려놓은 다음 킥 드럼 페이더를 0dB 포지션에 둔다. 그렇게 킥 드럼 소리를 들어가면서 베이스 기타 트랙의 페이더를 올려보자. 페이더의 위치에 따라 들리는 소리가 달라진다. 여기서 들어야 하는, 그리고 들리는 소리는 킥 드럼 소리가 아니고, 킥과 베이스가 더해진 소리가 된다. 킥 베이스라 이름 붙여보자. 앞서 말한 보라색의 색감을 가진다는 이야기이다. 어떤 색을 원하는지가 이 조합 때문에 정해진다. 아주 단순한 작업이라 생각이 되겠지만, 상당한 시간이 투자해야만 하는 작업이다. 그 이유 가운데에는, 우리가 원하는 보라색이 앞서 설명된 다양한 종류의 보라색이 아닌 객관화된 대중적인 보라색이라야 하기 때문이다. 그러면 그냥 똑같은 0dB 위치에 두면 되지 않겠냐 생각이 될 수도 있지만, 두 소스의 레벨 자체가 똑같을 수도 없고, 객관적이라는 차원에서 둘의 비율이 똑같으면 안 되기 때문이기도 하다.

보편적이라 할 수 있는 객관화된 킥 드럼과 베이스 기타의 공식은, 킥 드럼 소리인데 음정을 가지게 하는 킥 베이스라 이름 붙인 소리를 만드는 것이다. 즉, 원래 소스의 빨간색과 파란색은 더 보이지 않고, 보라색의 새로운 모습을 가진 소리의 성격을 세밀하게 규정된다. 기술적으로 킥 드럼 위에 베이스가 얹어져 있는 소리의 느낌이 대부분 음악에서 사용하고 있는 이 둘의 관계이다. 예외가 되는 부분이 있는데, 그것은 정통 재즈의 상황에 그렇게 된다. 퓨전 재즈의 경우는 사실 다른 록이나 팝과 다를 부분이 없지만, 정통 재즈의 상황에는 킥 드럼의 역할이 다른 음악에서 가지는 기둥과 같은 중심이 아니고, 악센트의 역할만을 하기 때문이다.

절대 이 레벨 믹스는 쉬운 작업이 아니다. 그것은 앞에서 말한 대로 4타수 4안타, 전 타석 출루를 해야만 하기 때문이다. 곡에 따라서 안 될 수도 있고, 분위기에 따라서 잘 될 수도 있고,, 그건 절대 실력이 아니다.

킥 베이스가 만들어졌다면 거기에 스네어를 붙여보자. 그리고 하나씩 추가하면서 만들고자 하는 요리를 만들어간다. 똑같이 한 묶음씩 식재료를 모아놓았는데, 어느 요리는 엄청난 맛을 내고, 또 어느 요리는 먹기 참 곤란한 잡탕일 수 있다. 레벨 믹싱의 역할이 이 맛을 좌우하는 양의 부분이라는 이야기겠다. 요리가 완성단계인데 후추를 조금 많이 넣었다면? 아니면 물이 조금 많았다면? 우리의 귀는 혀보다 엄청 세밀하고 확실하게 그 변화를 인지한다. 절대로 구분 못 하는 1dB의 소리 차이가 이 레벨 믹싱의 상황에서는 쉽게 구분된다. 킥 드럼의 위치를 0dB 위치에 놓고, 베이스를 정해놓은 크기에서 1dB 키웠다, 줄였다 해가면서 킥 베이스의 색깔을 비교해보면 분명히 차이가 난다.

이렇게 하나씩 더해가다 보면, 분명히 전체적인 레벨이 커지기 시작할 것이다. 마스터 레벨에서 피크가 뜨기 시작할 것이고, 더하는 트랙 수가 늘어날수록 언급된 색깔을 만들던 작업이 계속 힘들어질 수 있다. 마스터 페이더를 0에 두고 시작했으니까, 만약 피크 레벨이 뜨고 찌그러지는 소리가 들린다면 다시 각 트랙의 페이더로 돌아가지 말고 마스터 페이더를 줄여보자. 마스터 페이더와 마스터 믹스의 다이내믹 레인지도 중요한 요소가 되지만, 그보다 더 중요한 부분은 현재 믹스되고 있는 전체의 밸런스이기 때문이다. 페이더의 위치가 다이내믹 레인지 내의 레벨 컨트롤이라는 것을 잊지 말자.

특정 소스의 선명도와 존재감을 키우기 위해서 레벨을 키우게 되는데, 레벨만 키운다고 그 부분들이 드러나지 않을 수가 있다. 예를 들어, 다른 대역보다 문제점으로 등장할 공진이나 날카로운 주파수 대역이 있는 소스는 아무래도 필요한 레벨만큼의 증폭이 더 문제를 만들 수도 있기 때문이다. 그래서 프로세싱의 부분이 우선되거나, 같이 되어야 한다.

칵테일 파티 효과 때문에 들려질 부분도 있지만, 키워진 레벨 때문에 가려질 마스킹 효과도 나올 수 있다. 그러한 이유로 전체 사운드가 안정적이면서도 타이트하게 짜여진 좋은 믹싱은 쉽지 않다. 아주 잘 꾸며진 가구점의 전시장을 보는 것처럼, 원래부터 그 자리에 있던 것처럼 각각 크기가 조정되어야 하는 게 레벨 믹싱의 부분이다. 이 레벨 믹싱은 믹싱의 마지막 단계로 바운스되기 전까지 끊임없이 분석, 평가되고 조정해야 하는 부분이다. 그래서 가장 중요하게 생각한다.

동영상이나 실습으로 이 부분을 이해해야 하는 것이 가장 효율적이겠지만, 구체적인 이론적 배경을 가지는 게 원칙이라서, 문자화된 이 내용을 아주 정확하게 이해하는 것이 중요하다고 생각한다. 즉, 계속 줄을 그어가면서 머릿속에 뚜렷하게 이해를 하는 것이 실제 기술의 습득 시간을 줄일 것이다.

1.5 로컬라이제이션

음향시스템 핸드북 4판에서 간략하게 다루었던 부분을 좀 더 구체적으로 다루어보자. 로컬라이제이션은 처리된 소스를 작업하는 가상의 공간 가운데 놓아야 하는 위치를 정하는 작업을 의미한다. 가상이라 표현한 부분이 잘 이해되어야 한다. 헤드폰을 끼고, 좌우에 배치한 스피커를 통해서 실제로 들리는 소리가 왜 가상이라는 단어로 표현되는지를 먼저 생각해보자.

1.5.1 팬텀 이미지

가상이라 표현한 의미를 음향에 관해서 지식을 가지고 있거나, 음향시스템 핸드북을 이미 공부한 독자라면 소제목에서 그 답을 찾았을 거라 본다. 조금 더 구체적으로 알아보자.

먼저 우리의 뇌에 관해서 생각을 해보자. 기본적으로 어떻게 소리가 들려서 인식하느냐에 대한 부분은 생략하고, 인식되어 데이터로 변환된 후, 소리는 신경을 타고 뇌간으로 전달이 되어 분석된다. 이 분석의 과정에서 좌우 귀에 들어오는 정보 가운데, 같다고 결론 내려지는 소리는 뇌 속의 가상적 공간 가운데에 실제 음원의 위치에 해당하는 곳에 위치가 정해지게 된다. 전화기를 꺼내서 음악을 스피커 폰으로 들리게 하고, 그것을 얼굴 좌우로 움직이면서 소리의 위치가 어떻게 변하는지 알아보자. 그리고 눈을 감고 똑같이 움직이면서 같은 내용을 확인해 보자. 뇌 과학에 관한 더 심오한 내용은 더 공부해봐도 좋다. 물론 지금 공부하고 있는 믹싱의 구체적 부분과는 관계가 없어서 더 깊게는 나가지 않는다.

전화기를 앞에 놓고 음악을 재생하면 실제로 소리를 만들어 내는 음원이 앞에 있지만, 뇌 안에서 구현하는 가상의 공간 가운데에 정하는 소리는 가상의 위치에 있게 된다. 이 가상의 소리 모양을 팬텀 이미지라 정의한다. 유령을 뜻하는 팬텀의 의미처럼 실재하지 않는 이미지가 만들어져서 존재하게 된다는 이야기다. 즉, 똑같이 전화기를 앞에 놓고 음악을 재생하는데, 이번에는 헤드폰을 연결해서 귀에 직접 꼽고 소리를 들어보면 코 앞, 두 귀 사이에 놓여있던 음원의 소리가 두 귀 사이에서만 들리게 되겠지만, 실제 위치는 코 앞에 놓이게 될 수 있다는 이야기이다. 물론 음원 자체가 모노로 믹스된 음원이라야 정확한 테스트 효과를 볼 수 있다.

자, 조금 더 깊게 들어가 보면, 스피커를 하나 앞에 놓고 음악을 재생하면 가상의 팬텀 이미지도 그 위치에서 만들어진다. 우리의 기본 작업실 환경처럼 스피커를 좌우로 두 개 설치하고 팬을 중앙에 놓은 모노 이미지의 소리를 재생시켜보면, 가상의 공간에서 소리는 중앙부에 놓이게 된다. 실제로 소리를 내는 음원이 좌우에 있지만, 그 소리의 이미지가 중앙에 만들어져 있다는 것이다. 즉, 우리가 믹싱을 통해서 소리의 위치를 마음대로 가능한 범위의 위치에,

유령과 같은 모습으로 놓을 수 있다. 좌측의 레벨이 우측의 레벨보다 크면 그 차이만큼 음원의 이미지는 좌측으로 이동한다.

1.5.2 3차원 공간

음향시스템 핸드북 4판에서 나왔던 옆 그림을 보자. 소리의 위치를 정하는 공간이 이 3차원의 공간에서 구현된다. 반대로 3차원의 공간으로 정해진 가상의 공간에 X, Y, Z 3개의 축이라는 범위 가운데 믹싱을 통해서 자유롭게 소리의 로컬라이제이션을 정할 수 있다는 이야기다.

X축은 패닝으로 정해진다. 좌우 스피커에서 출력하는 레벨의 차이와 시간의 차이 때문에 바뀐다. 흔히 레벨만 생각하게 되는데, 시간도 관련이 있다. 좌측의 스피커에 관해서 우측의 스피커에서 시간차를 두고 나오는 음원이 있다면 좌측 스피커에서 나온 소리가 우측으로 이동하게 된다. 그만큼 뒤에 소리가 나오니까 그렇게 이미지의 이동(패닝)이 이루어진다.

Y축은 음색에 대한 부분을 임의로 정해놓았다. 실제 또는 가상적으로 소리의 위치가 변한다는 것보다는 믹싱의 과정에 음색적 표현의 방법으로 활용하는 축이다. 귀의 귓바퀴를 통해서 소리의 실제와 가상의 위아래 위치가 파악되고 존재하지만, 여기서 말하는 Y축은 그 소리의 위치가 아닌, 음색적인 조정만을 위해 정한 축이라 이해하자. 실제로 좌우 두 스피커에서 나오는 소리 자체로 위아래의 위치를 패닝하기는 어렵다.

Z축은 앞과 뒤의 공간을 구현하게 되는 부분인데, 일반적으로 공간감이나 소리의 선명도만으로 오랫동안 이야기됐다. 하지만, 실제로 공부를 하고 연구를 해보면 공간감이나 선명도만으로 해결이 안나는 부분이 Z축이다. 소리를 그림의 Z-쪽으로 밀어 넣는다는 것은 그동안 이야기해왔던 직접음을 줄이고, 간접음(공간성)을 늘리는 것으로도 해결 나지 않는다. 소리의 고음을 줄여서 선명도를 줄인다고 하는 것도 실제적 Z축의 방향을 정하지 않는다. 그냥 선명한 다른 소리보다도 잘 안 나타난다는 것이지, 뒤로 미는 것도, 앞으로 당기는 것도 아닌 것을 쉽게 알 수 있다. 실제로 Z축을 컨트롤 하는 방법은 시간차이다. 소리는 Z-방향에서 Z+쪽으로 나오면서 우리 귀에 들리게 된다. 물론 Z-축으로도 소리는 나간다. 그래서 벽을 통해서 반사된 후, Z+쪽으로도 들리게 된다. 일단 우리가 컨트롤 하는 Z축의 방향은 -에서 +방향으로 직접 나오는 축의 범위 한계 내에서 정의 해보자. 조금 더 구체적인 내용은 아래 음향시스템

핸드북 4판에서 언급된 내용을 가져와 본다.

많이 울리는 체육관 저쪽 끝 문을 열고 누가 들어오면서 계속 이야기를 한다고 생각해보자. 반사음이 되는 공간의 울림은 그다지 변하지 않는다. 다만 떠들면서 걸어오는 친구의 목소리가 커지게 된다. 문제는 친구의 목소리 레벨 자체가 커지는 것이 아니고, 친구와 나와의 시간(거리) 차이가 줄어들면서 내 귀에 그 직접음이 커지게 된다.

Z축을 얼마나 잘 이용하냐가 요즘 유행하는 믹스의 특징이다. 다른 사운드보다도 보컬이 완전히 앞에 나와 있거나, 킥이 좀 멀리 있는 것 같은 부분들이 이 Z축이라는 시간차를 이용하는 방법이다. 언급한 바와 같이 이것을 음색 때문에, 즉, 조금 더 앞에 놓으려면 고음을 키우고, 조금 뒤로 밀어놓으려면 고음을 줄이고 하는 방법으로 이해하는데, 그러면 기본 소스의 음색 변화가 커지게 되니까 맞는 방법이 되긴 어렵다. 따라서 이 책에서 설명하는 방법을 잘 익혀 보도록 하자. Z축은 시간차에 관련되었다고 이야기했다. 스피커를 중심으로 사운드는 엔지니어 쪽으로 나오게 된다. 선형(Linear)으로 지속적인 사운드는 음악이라는 기준점으로 본다면 박자를 맞추어 앞쪽으로 전진해서 나온다. 시간차를 가진다는 것은 당연히 기준점을 기준으로 어느 정도의 시간차가 있는가에 따라서 전혀 달라지는 용어가 된다. 사운드를 Z축의 방향에서 Z+로 앞 페이지 그림에서 표시된 방향의 반대쪽인 뒤쪽(Z-)으로 민다는 의미는 그만큼 시간차를 가지고 나중에 들리게 한다는 것이다. 그러면서도 일반적으로 딜레이를 걸어놓은 것 같이 나오거나, 박자를 틀리게 연주나 노래를 한 것처럼 들리게 한다면 그건 완전히 다른 이야기라는 것이다. 시간차가 그렇게 난다면 그건 편집에서 정박자에 맞추어야만 하는 문제이다.

자, 그러면 어떻게 이 Z축을 조정할 수 있는가? 일단 가장 기본적인 부분은 정박자에 관계성을 가지는 시간차를 만들어야만 한다는 것이다. 즉, 앞서 말한 박치와 같은 오류로 들리지 않는 아주 짧은 시간 내에, 정박자에 들려야 하는 사운드를 정박자로 허용되는 시간차로 지정해서 그 깊이를 만들어야 한다. 구체적 부분은 게이트와 컴프레서 설명에서 나온다. 물론 고음역을 조정하는 것으로도 Z축을 조정하는 느낌이 들 수 있다. 아무래도 선명도가 떨어지면 소리가 멀어지게 되는 느낌이기 때문이다.

이렇게 3차원의 공간 가운데서 믹싱하는 각 소스의 로컬라이제이션을 결정한다. 좌우는 패닝, 위아래는 음색적 컨트롤, 앞뒤는 시간차, 이 세 가지 요소를 잘 기억한다.

1.6 음색 조정

일반적으로 믹싱에 있어서 가장 우선으로 고민하는 부분이 음색 조정의 부분이다. 이미 언급한 바와 같이 레벨 믹싱이 가장 중요하다. 공부하면 할수록 그것을 느끼게 된다.

음색을 조정하는 목적은 당연히 원하는 색깔과 맛을 구현하기 위해서인데, 그러려면 당연히 원래 가지고 있는 소스를 제대로 파악하는 것이 중요해진다. 그래서 스네어의 몇 kHz를 얼마만큼 키우고, 어디를 줄이고, 어느 악기는 어떻게 한다고 공식처럼 만드는 것은 무의미해진다.

들리는 소리의 음색을 음색 밸런스의 개념으로 생각해보자. 그냥 피아노 소리, 플루트 소리라고 하지 말고, 해당 소리의 구성적인 각각 요소의 밸런스를 생각해보자는 이야기이다. 이렇게 생각해보면, 음색 조정의 부분이 아주 쉬워지고 또 확실해진다.

쉽다고 한 부분은 뭐가 뭔지 정확하게 아는 상황에 해당하는 이야기인 거고, 아직 그 정도에 이르지 못한 경우의 독자들은 듣고, 분석하는 부분을 먼저 익혀야만 한다.

먼저 각 주파수 대역별로 어떤 소리가 나오고, 어떤 기능을 하는지 알아야 한다. 100Hz 대역의 레벨이 적당할 상황에는 소리가 두꺼워지고, 단단해지고, 그래서 파워가 나타난다. 그러나 그 사운드의 5kHz가 부족하면 소리가 무디어지고 어두워진다. 또 1kHz 대역이 초과하면 코막힌 것 같은 소리가 만들어지고, 500Hz 대역이 커지면 기본적인 소리의 정체성이 불분명해진다. 아무 소스나 재생해놓고, 이큐를 걸어서 해당 대역을 키우거나 줄이면서 확실하게 그 특성을 이해해보자. 반드시 확인하면서 각 대역대의 특성이 다른 악기들에서 어떻게 표현되는지 확인해본다. 결과는 비슷하다.

    한 가지 중요한 점은, 무조건 모든 소스의 5kHz 대역을 선명도를 높이기 위해서 다 키운다고 해보면, 그렇게 섞여진 전체 믹스의 음색 밸런스는 당연히 깨져 있다. 즉, 음색 조정의 중요한 목적은 해당 음색의 자연스러운 모습을 만드는 부분이 우선되어야 한다는 것이다. 많은 숙련 과정의 믹스 결과물이 너무 초과하는 특정 주파수 대역의 레벨로 믹스가 지저분해진다. 아니면 힘이 없는 경우도 있다.

    숲 그림을 보면서, 그 안에 있는 토끼를 같이 그린다면, 토끼가 지녀야하는 색상이 추상화가 아닌 이상 토끼의 이미지를 나타내야만 토끼인 거지, 파란색이 두드러지면 자연스러움은 이미 물 건너가 버린 추상화가 될 것이다. 객관성, 즉 누구나 토끼인지 알아야만 한다. 누가 봐도 토끼인지 알아야 하는 것, 그것이 음색 조정의 기본 단계이다.

    음색 조정에 또 하나 중요한 요소는 배음의 부분이다. 100Hz를 키우면, 배음 관계인 200Hz, 400Hz, 800Hz 대역의 색깔도 변하게 된다. 뒤에 배우겠지만, 저음의 웅웅거림이 싫어서 HPF로 제거해버린 150Hz 이하의 대역은 그 다음 단에 걸리는 EQ에서 키우는 125Hz 이하의 쉘빙 이큐에 아무 반응을 보이지 않아야 하지만, 실제 해보면 존재하지 않는 대역을 키웠음에도 실제 음색의 저역대가 키워진다는 것을 느낄 수 있다. 왜 그런지는 나중에 설명한다.

1.7 엔벨로프

음색과 아울러, 음원의 성질을 나타내는 또 하나의 요소가 **엔벨로프**(Envelope)이다. 음원의 시간별 레벨 변화를 분석해보면, 다음 페이지 그림과 같은 어택, 디케이, 서스테인, 릴리즈의 4개의 부분으로 구분된다는 것이고, 이 4부분을 변형해 원하는 소리로 바꿀 수도 있다. 믹싱을 하는 관점에서는 소스를 이 4부분에 관해서 정확히 이해해야, 그 후 이 4부분을 변경해서 원하는 소리를 만들 수 있다.

음원의 음색은 처음 절반 정도는 음색이, 그리고 후반부 절반은 이 엔벨로프에 의해서 만들어진다. 이 두 부분은 실제 음원의 발생 과정을 생각해 보면 이해가 갈 것인데, 모든 소리는 기본적인 음색적 성격이 초기 어택 부분에 해당하는 트랜지엔트(Transient)에서 나오게 된다. 그렇게 구현된 소리는 그 뒤 디케이, 서스테인, 릴리즈의 시간 대비 레벨의 변화로 정의된다. 그런데, 이 부분을 악기별로 구분하는 경우가 많은데, 그것은 악기의 연주 방법에 따라 또 다른 엔벨로프가 만들어지기도 하고, 또 기술적으로 이 엔벨로프의 시간과 양을 조절하는 방법이 나오면서 더 다양하게 사용된다. 그래서 반드시 원칙적이라 말할 수 있는 기본적 시간 대비 레벨 변화의 양에 관해서 분명한 이해를 해야만 한다.

어택, 디케이 타임의 레벨 변화는 언급된 음원의 형태를, 서스테인은 음원의 몸통, 릴리즈는 음원이 위치한 공간을 음향적으로 의미한다고 생각하면, 그 각각 부분을 조정하면서 원하는 소리를 만들어가는 것이 수월해진다. 조금 다를 수도 있겠는데, 가능하면 신디사이징을 공부해보는 것도 좋다. 주어진 기본 시그널 제네레이터를 활용해서 만들어진 파형을 엔벨로프를 지정해가면서 소리를 만들어가는 작업을 이해한다면, 나중에 설명될 톤 쉐이핑이라는 면에서의 엔벨로프 활용을 훨씬 더 이해하기 쉽기 때문이다. 다음 페이지 하단 그림은 킥의 엔벨로프이다.

엔벨로프의 4가지 기본 정의를 다음과 같이 정리해보자.

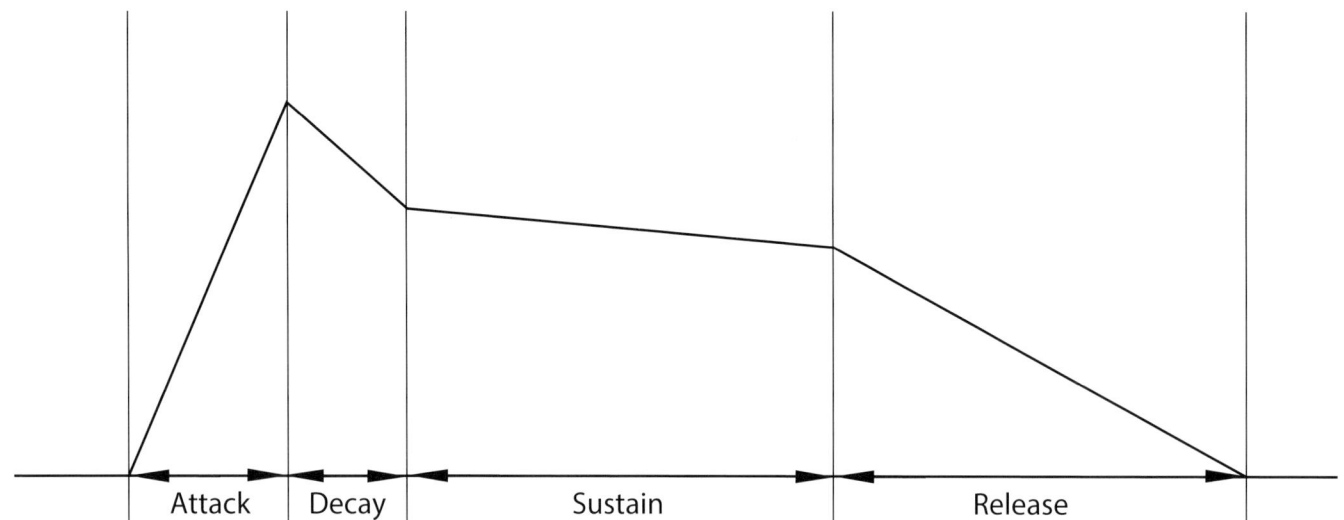

어택(Attack) - 음원이 발생해서 음원의 특성이 나타나는 양까지의 시간. 타악기의 경우 짧아지고, 스트링 패드처럼 점차 커지는 음원들은 이 어택 시간이 길다.

디케이(Decay) - 음원의 특성이 지속하는 시간, 뒤에 나올 서스테인까지 길게 늘어지는 시간. 역시 기본적인 음원의 특성을 표현한다.

서스테인(Sustain) - 음원이 지속하는 동안 계속 유지되는 시간.

릴리즈(Release) : 음원이 끊어진 후 없어지기까지의 시간

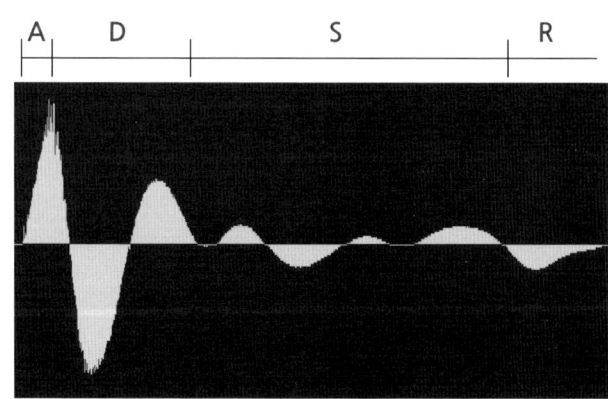

오디오 믹싱 핸드북
AUDIO MIXING HANDBOOK

2장. 믹싱 도구

2. 도구

60년대 이전의 레코딩에는 따로 구체적인 도구가 사용되기 어려웠다. 그 이전의 레코딩은 마이크가 흡음한 정보를 레코드판에 직접 기록을 하는 방식이었다. 그 이후에 테이프에 기록하고, 그에 관련된 이런저런 도구들이 등장하면서 조금 더 다양하고 많은 부분의 조절이 가능하게 되었다. 이퀄라이저나 컴프레서 같은 도구들은 원래 기본 신호 전달에 발생하는 왜곡이나 변형을 최소화하기 위해서 개발되고 사용된 도구들이다. 그러면서 그 기능이 조금씩 발전했다.

상당히 다양한 도구들이 믹싱에 사용된다. 당연한 이야기이지만, 좋은 도구는 쓰는 사람이 잘 써야 좋은 도구가 된다. Neve, SSL 같은 어마어마한 하드웨어와 Waves 최고의 번들처럼 엄청난 양의 플러그인을 가지고 있다고 무조건 그래미상을 수상할 퀄리티의 믹싱을 만들어낼 수 없다는 것은 이미 독자들이 잘 알고 있을 것이다.

2.1 모니터링

믹싱할 때 아무래도 가장 먼저 고민을 하는 부분이 모니터 스피커이겠다. 자주 가는 녹음실에 설치된 것이 무조건 필요한 아이템인지? 검색해서 리뷰를 찾아보고, 친구나 전문 엔지니어의 추천을 받은 제품이 진짜 좋은 것인지, 과연 어떤 기준으로 어떻게 모니터링을 해결해야 할지를 공부해 보자.

모니터 스피커가 지녀야 할 우선 조건은 얼마나 정확하게 재생할 수 있는지에 대한 부분이다. 최대한 투명할 수 있다면 그것이 가장 좋은 스피커이다. 원 소스에 포함된 500Hz 대역의 공진이 그대로 모니터 스피커를 통해 나타나야

들어보면서 확인해 조정할 수 있을 것이다. 그런데, 스피커가 500Hz 대역이 다른 대역보다, 예를 들어 3dB 덜 나오는 제품이라면, 그 환경에서 0dB의 크기로 확인되어 믹스된 결과물의 500Hz 대역은 당연히 3dB 다른 대역보다 크게 된다.

기본적으로 어느 회사, 어떤 모델이 가장 좋고 어떤 것은 별로라는 이야기를 언급하는 것보다는, 어떻게 활용할 것인가의 이야기를 하고, 더 집중해서 살펴보는 것이 좋다.

많은 상황에, 모니터 스피커를 선택하는 기준이 고성능의 고가 제품으로 정해진다. 오래전 스튜디오에서도 이런 기준으로 설치되고 사용되었는데, 시간이 가면서 엔지니어가 경험한 내용은 그렇게 작업한 음질이 일반인들이 듣는 스피커 환경에서 제대로 나오기 어려웠다는 점이다. 따라서 무조건 고성능, 고음질 제품만으로 구성하는 모니터링 환경이 부적합하다는 결론이 나오고, 그러면서 따로 음색적인 조정의 필요성이 나오면서, 기능적으로 모니터 스피커를 구분하게 되었다. 여기서 등장한 구분이 니어 필드(Near-Field), 미드 필드(Mid-Field), 파 필드(Far-Field), 그리고 클로즈 필드(Close-Field)이다. 이 구분의 기준점은 당연히 엔지니어 포지션에서의 거리가 되며, 그에 따라 적합한 사이즈와 기능이 부여된다. 옆 사진 녹음실에는 2가지의 니어 필드와 파 필드로 모니터링 시스템이 구성되어 있다.

녹음실 기본 스피커로 불리는 YAMAHA사 NS10M(왼쪽 사진 중앙 콘솔 위) 경우와 AURATONE의 오른쪽 5C와 같은 스피커는 절대 고음질을 위한 하이파이 오디오에서 사용될 수 없는 특성을 가진다. 많은 엔지니어가 이 스피커에서 듣기 좋으면 무조건 다른 모든 스피커에서 듣기 좋다고 말할 정도로 엉망일 수 있는 특징을 가진다. 그렇다면, 그냥 최악의 상황을 재현하는 목적으로 이들 스피커를 사용할까? 답은 사실, 각 스피커 개발자들의 목표와는 전혀 다르게, 엔지니어가 발견한 중음 대역에서의 명료도와 음색적 부분의 모니터링에 대한 기준 때문이다. 고역과 저역의 깔끔한 처리가 어려운 스펙이, 되려 중음 대역의 모니터링에 유리한 특성으로 활용된다. 따라서, 믹싱을 이 두 스피커로만 해결하는 것은 웬만한 내공이 쌓이기 전에는 시도하지 않는 것이 좋다. 다른 기준을 하나 더 가지고 비교해가며 스스로 믹스의 객관성을 완성해가자. 그것이 모니터링의 기준이다.

파 필드 모니터 스피커의 주목적은 음악적인 밸런스의 모니터링이다. 물론 고사양의 스피커가 사용되면서 아주 세밀한 모니터링이 가능하기도 하다. 특히 저역대와 고역대의 충실한 재생을 목적으로 하기에, 객관적인 믹스를 위해 잘 쓰인다. 물론, 한편으로 고사양과 고해상도의 모니터가 기본적으로 지니는 주관성을 배제해야 기술적 객관성을 가질 수 있다. 이 부분은 옆 사진의 마스터링 스튜디오처럼 고가의 하이엔드 스피커만을 전용 모니터로 사용하는 환경에서도 엔지니어가 숙지해야 하는 중요한 요소다. 당연한 이유가, 저렇게 수천만 원짜리 스피커의 고해상도 모니터링 환경에서만 듣기 좋은 소리라면, 그것은 절대적으로 주관적인 결과가 되기 때문이다. 그래서 저런 환경에서 작업 하는 엔지니어는 이미 저 환경 가운데 스스로 객관성을 만들어 놓은 셋업이 자신의 뇌에 프로그래밍 되어 있다고 보면 된다. 그냥 일반인의 관점에서 저런 스피커를 모니터링으로 쓴다는 것은 바람직하지 않다.

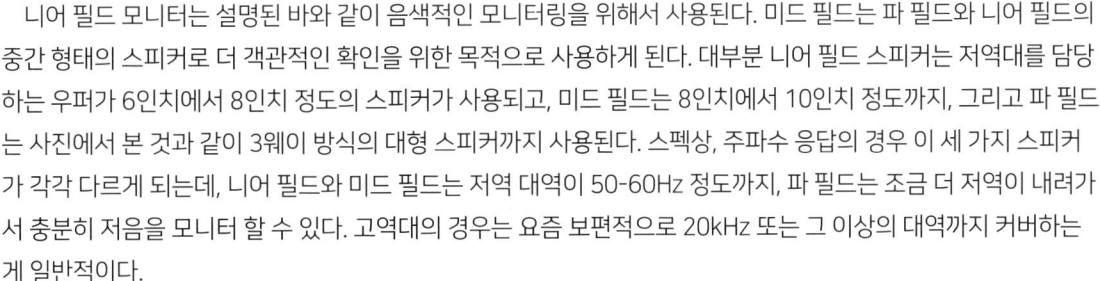

니어 필드 모니터는 설명된 바와 같이 음색적인 모니터링을 위해서 사용된다. 미드 필드는 파 필드와 니어 필드의 중간 형태의 스피커로 더 객관적인 확인을 위한 목적으로 사용하게 된다. 대부분 니어 필드 스피커는 저역대를 담당하는 우퍼가 6인치에서 8인치 정도의 스피커가 사용되고, 미드 필드는 8인치에서 10인치 정도까지, 그리고 파 필드는 사진에서 본 것과 같이 3웨이 방식의 대형 스피커까지 사용된다. 스펙상, 주파수 응답의 경우 이 세 가지 스피커가 각각 다르게 되는데, 니어 필드와 미드 필드는 저역 대역이 50-60Hz 정도까지, 파 필드는 조금 더 저역이 내려가서 충분히 저음을 모니터 할 수 있다. 고역대의 경우는 요즘 보편적으로 20kHz 또는 그 이상의 대역까지 커버하는 게 일반적이다.

액티브와 패시브 두 가지 방식을 모니터링 시스템에 사용하게 되는데, 디지털 앰프의 발달로 점차 액티브 방식이

늘고 있다. 액티브 방식의 장점은 믹스 되는 출력을 그대로 스피커에 연결하여 사용할 수 있으므로 추가로 필요한 앰프와 연결을 위한 케이블이 필요하지 않다. 그리고 더 좋은 장점은 이미 제조사가 개발 단계에서 해당 스피커에 맞는 셋업이 계산되어 적용되어 있다는 점이다. 그리고 요즘은 내부에 DSP까지 장착해서 USB나 네트워크를 통해 세부적인 튜닝을 할 수도 있다. 반면 패시브 방식의 스피커는 액티브 방식의 스피커보다 가격면에서 유리해지기는 하지만, 연결되는 앰프에 따라 조금씩 다른 사운드가 나올 수 있다는 단점을 가진다. 이 부분은 각각 앰프가 다르게 가지는 트랜지엔트 응답, 댐핑 팩터, 저역대 재생능력, 그리고 THD와 같은 부분이 다르기 때문이다. 물론 제대로 게인 스트럭쳐를 어떻게 설정하느냐에 따라 다른 소리가 나오기도 한다. 이 문제는 액티브 경우도 마찬가지이다.

그리고 패시브 스피커의 상황에는 앰프의 스피커 출력단에 연결되는 케이블의 길이, 극성, 종류를 똑같이 해야만 정확한 좌우 밸런스를 얻을 수 있다. 다시, 길이도 똑같아야만 한다. 객관적인 판단의 기준이란 모니터링 시스템을 통해서 하게 된다는 것을 잊지 말자.

아예 디지털 시대에 걸맞게 디지털 오디오 규격인 AES/EBU 또는 SPDIF, 아니면 아예 USB 오디오 인터페이스까지 장착한 액티브 스피커들이 나오고 있다. 이 상황에는 당연히 그라운드 루프나 디지털 도메인에서 벌어지는 모든 작업의 AD 컨버팅 부분까지 줄일 수 있다.

스피커의 형태에 대한 부분을 알아보자. 옆의 스피커는 Equator사의 Q10이라는 액티브 스피커인데, 이 스피커는 고음부가 저음부의 중앙에 설치가 되어 있다. 이런 방식을 동축(Coaxial) 방식이라고 하는 데, 같은 축에 저음과 고음 스피커가 놓여 있다는 것이다. 이런 동축 방식은 사진의 화살표에 해당하는 축에 고음과 저음이 같이 들리게 되어, 2웨이, 3웨이 스피커에서 발생하는 각 유닛 간의 위상 문제가 원천적으로 발생하지 않는 장점이 있다. 그리고 이 부분은 같은 위치에서 고음과 저음을 같이 듣게 되기 때문에 조금 더 정확한 스윗 스팟을 가지게 된다.

대부분 스피커는 오른쪽 NS10M과 같은 고음과 저음이 분리된 방식으로 구성된다. 한 가지 더 생각해 볼 부분은 왼쪽 페이지 Q10 스피커의 앞면에 있는 구멍, 정확하게는 포트(Port), 또는 덕트(Duct)라고 하는 부분을 가지는 디자인인데, 이 부분은 스피커 내부를 외부로 연결하는 목적을 가진다. 기본적으로 스피커가 작동하면, 소리 에너지는 Q10 사진의 화살표 방향으로만 나오는 게 아니라, 같은 양의 에너지가 내부로도 전달이 된다. 일반적으로 스피커 내부에는 왼쪽 사진과 같이 흡음재가 들어가 있어서 내부로 유입되는 압력을 흡수한다. NS10과 같은 외부로 포트가 만들어지지 않은 스피커를 밀봉식 인클로저 방식, 또는 모노폴(Monopole) 디자인이라고 한다. 이 방식은 저역대의 컨트롤이 더 좋다는 장점을 가진다. 그 이유는 저역대의 댐핑에 대한 반응이 빠르기 때문인데, 밀봉된 디자인안에서 동작되는 에너지와 내부에서 소멸하는 에너지 운동의 한계가 있기 때문이다. 반대로 포트가 설치된 다이폴(Dipole) 디자인 방식의 스피커는 같은 신호가 들어갔다 중단되는 경우, 모노폴 디자인보다 조금 더 저역의 에너지가 외부와의 공간 연결 때문에 에너지의 소멸이 느려져 0.1초까지 더 움직인다. 물론, 다이폴 방식은 그만큼 저역대의 공명 공간을 더 만들기 때문에 저역대가 더 낮은 주파수까지 재생한다.

스피커를 선정할 경우 가장 먼저 사양을 확인하게 된다. 물론 내부분의 경우, 이름값과 깊은 유명세에 의해 선택되는 방법, 주어진 예산에서 이런 저런 추천을 받아서 선택하는 방법, 그리고 판매점에 가서 비교 청취해서 선택하는 방법 가운데 하나를 사용한다. 문제는, 직접 모니터링을 위한 스피커의 목적과 활용에는 언급된 방법이 그렇게 좋은 방법으로 생각하지는 않는다. 그 이유는 객관화에 목적을 두어야 한다는 근본 원칙에 근접하는 방식이 아니기 때문이다.

자, 그렇다면 객관화에 의한 선택은 어떻게 해야 하는가? 스피커의 선택에 스펙을 확인하는 것은 기본적으로 해야 하는 작업이다. 스펙을 통해서 제조사가 디자인하고 튜닝한 결과를 파악할 수 있다. 하지만, 문제는 스피커 자체의 문제보다 주어진 환경과 세팅 때문에 전혀 다른 결과가 나올 수 있으므로, 무조건 스펙만 믿고 제품을 선정하는 것은 실패할 가능성이 크다. 그리고 스펙이 실제 재생되는 소리를 표시하지도 않는다. 스펙의 주파수 응답은 같은 레벨의 기준 주파수 사인파 신호를 입력했을 때 가장 저역에서 고역까지 출력되는 레벨을 측정하여 연결한 그래프이다. 즉, 엄청나게 복잡한 복합음의 모음인 소리 신호가 전달되어 재생되고, 그 과정 가운데 앰프와 스피커 자체가 만들어내는 추가적인 배음과 불가피한 잡음, 설명된 포트와 같은 물리적 환경 등의 조건 때문에 전혀 다른 소리로 나올 수 있다는 것이다. 그래서, 실제 비슷한 주파수 응답 특성을 보이는 스피커를 같이 놓고 비교해보거나, 같은 스피커를 다른 공간에서 사용해볼 때 나타나는 차이는 많이 차이가 날 수 있다.

40Hz까지 재생한다고 나온 스피커와 65Hz까지로 표시된 스피커를 실제 비교해 들어보면 종류에 따라 65Hz까지 재생하는 스피커의 저역이 더 타이트하게 들려서 맘에 드는 경우도 있다. 필자의 경험이기도 하다. 그래서, 스피커를 선정할 때 필자가 권하는 최고의 방법은, 브랜드, 대중성, 스펙 등을 종합해서 부담 가지 않는 재정 범위, 즉 구매 가능한 범위의 제품을 골라보고, 그 후 본인 귀에 제일 익숙한 레퍼런스 음악을 재생해서 특정 대역의 과도한 재생이 느껴지지 않는 자연스러운 소리가 만들어지는 제품을 선정하도록 해본다. 반드시 기억해야 할 부분이, 모니터 스피커는 자체 특성이 나타나면, 작업하는 엔지니어가 객관성을 가지기 어렵다. 가능한 최대한 원래 소리가 그대로 투명하게 나온다면 그 제품이 가장 좋은 모니터링 스피커다.

이 이야기는, 이미 보유한 스피커를 그대로 사용해야 하는 상황에서도 똑같이 적용된다. 일반적인 용어 가운데 에이징(AGING)이 있는데, 대부분 모든 장비를 구매하고 일정 기간 해당 장비가 가장 좋은 성능을 발휘하기 위해 길들이는 부분을 말한다. 필자는 장비가 에이징의 시간을 가지게 하는 것보다는 사용자의 귀가 해당 장비에 에이징 되어야 하는 것이 더 좋은 방법이라 생각한다. 저역대가 약간 더 부스트되는 스피커가 있다면, 그 사실 자체도 본인이 익숙한 음악을 재생하며 파악해야 하고, 그래서 그 모니터링 환경에서 작업 되는 상황에서는 저역대의 추가 부스트되는 양을 고려해서 작업해야 한다는 것이다. 고음도 마찬가지이다. NS10과 같은 니어 필드 모니터에서 발생하는 고역대의 과도한 재생이, 그 부분을 인지 못하고 작업 되는 상황에 실제 믹스는 고역대가 답답한 현상이 당연히 발생한다. 객관성이 떨어지는 환경이 된다는 이야기이다. 다시 말해, 장비는 사용자의 사용방법이 훨씬 더 중요하다고 고려되어야 한다. 물론, 비싼 제품일수록 언급된 오차의 범위가 줄어들 가능성이 크다.

다른 녹음실에 가서 믹스를 해야 할 경우, 자신의 모니터링 스피커를 가지고 다니는 경우가 많다. 아무리 똑같은 모델의 스피커가 있는 녹음실이라고 해도 자신의 스피커를 가지고 가는 엔지니어들이 있다. 스스로 정해놓은 객관성을 그대로 지켜가는 것이 객관화를 유지하는 방법이기 때문일 것이다. 공간에 따라서 달라진다는 이야기를 할 것인데, 니어 필드 모니터는 거의 공간적 요소를 무시할 수 있는 용도로 사용한다. 물론 작업할 공간이 니어 필드 스피커의 직접음이 변형될 만한 작은 공간은 절대 아니므로 무시할 수 있다고 말하는 것이다. 개인 작업실의 작은 공간은 당연히 영향을 준다.

음향시스템 핸드북 4판을 보면 공간에 대한 부분과 특히 필자 개인 스튜디오에 대한 내용이 포함되어 있다. 공간과 구성에 대한 부분은 그 부분을 참조하자.

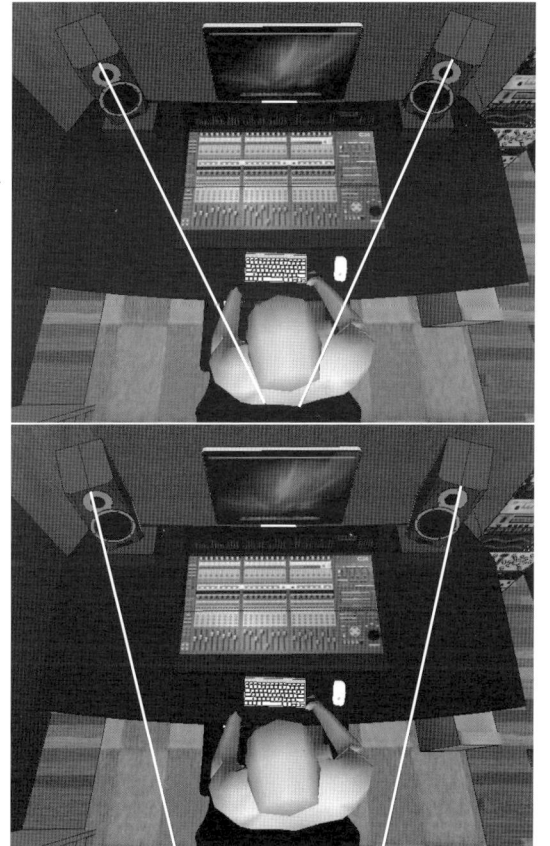

스피커를 어떻게 설치하는가에 대해 다양한 의견들이 있다. 교과서적 방법이라고 대표적으로 말하는 방법은 왼쪽 상단 그림과 같은 두 스피커와 엔지니어간 정삼각형 형태이다. 문제는 이 경우 좌우 스피커 재생의 정확한 90도 축에 엔지니어의 귀가 놓여서 아주 좋은 스윗 스팟의 장점을 가지게 되지만, 징답이라고 말하기는 이렵다. 필지의 세팅은 하단 그림과 같이 조금 더 각도를 바깥쪽으로 벌려놓는 형태를 취한다. 그 이유는 이 세팅에서의 스테레오 이미지가 정삼각형의 스테레오 이미지보다 조금 더 자연스럽게 느껴지기 때문이다. 두 방법과 조금씩 변형된 방법을 사용하면서 최대한 자연스러운 이미지의 세팅을 찾아보자. 물론, 레퍼런스 음악을 활용해야 하는 것은 당연한 부분이다. 니어 필드의 주 목적상, 가장 가깝게, 그래서 가능한 최대한의 직접음이 들리게 하는 것이 좋다.

앞 어딘가에서 언급한 것과 같이, 믹스를 하는 과정에서 그림처럼 정하는 스윗 스팟의 위치를 벗어나 믹스를 확인해보는 습관도 들여보자. 고개를 아예 숙여서도 들어보고, 뒤로 젖혀서도 들어보고, 좋은 밸런스의 믹스는 스윗 스팟을 벗어나도 좋은 밸런스가 되어야 한다. 헤드폰도 좋은 도구가 된다. 따로 헤드폰에 관해서는 언급 안 한다.

객관성을 위해서는 두 가지 요소를 생각해볼 수 있는데, 첫 번째는 모니터 앰프 앞단에 그래픽 EQ나 파라메트릭 EQ를 연결해서 가능한 최대한도로 플랫한 주파수 응답 특성을 만들게 하는 것이고, 두 번째는 둘 이상의 스피커를 왼쪽과 같은 모니터 스피커 컨트롤러를 통해 비교해가면서 믹싱을 하는 방법이다. 모니터 컨트롤러에는 스피커 셀렉터 이외에도, 헤드폰 믹스 출력을 위한 부분과 모노 모드, 20dB를 줄여주는 PAD 기능이 포함되어서, 한 번의 조작으로 모노 믹스 상태와 다른 레벨에서의 모니터링을 확인할 수 있다. 이 베린저 CONTROL2USB는 아예 USB 오디오 인터페이스까지 포함이 되어 있어서 컴퓨터에서 바로 디지털로 출력을 받을 수도 있다. 적절한 모니터링 레벨은 85dB SPL이다. 등청감곡선에 관련된 내용을 음향시스템 핸드북에서 참조하자.

2.2 믹서

믹싱이라는 과정에서 가장 중요한 기본 요소가 믹서이다. DAW 기반의 스튜디오라서 소프트웨어 믹서를 사용하게 되던지, 아니면 정식적인 하드웨어 믹서를 통해서 믹싱을 하게 되던지, 또는 써밍 믹서라 불리는 아무런 다른 기능 없이 단순하게 들어온 라인 입력만을 더해 주는 믹서와 같이 대부분 3가지 방식으로 믹싱을 하게 된다. 기본적인 믹서의 각각 부분의 기능은 역시 필자의 음향시스템 핸드북 4판에 아주 상세하게 기술되어 있으니 참조하자.

2.2.1 써밍

써밍(Summing)은 기본적으로 여러 가지 채널의 신호를 더해서 하나의 신호로 만드는 것이다. 아날로그와 디지털의 써밍은 다른 방법으로 처리된다. 먼저 아날로그 부분을 알아보자.

오디오 신호가 담겨있는 라인 두 가닥 A, B를 그대로 납땜을 해버려서 신호를 더한다면, 그 출력 C 자체에 문제가 있기 이전에 각 A, B 출력단의 임피던스가 다른 출력 때문에 변하게 된다. 예를 들어 한 채널의 출력부 임피던스가 50Ω일 경우, 그 채널을 10개 그대로 땜해서 이어버리면 병렬 연결 계산 때문에 각 채널의 출력 임피던스가 5Ω으로 줄어든다. 이렇게 되면 그 뒤에 연결되는 장비와의 매칭이 어렵게 된다. 각각 채널을 직접 연결하면 맞지만, 더해진 채널의 신호 처리에는 신호가 너무 적어졌다는 것이다. 따라서 옆 그림과 같이 각 채널의 출력에 저항(R)을 추가해서 써밍된 출력의 임피던스 값이 실제 필요한 적절한 값이 되게 만들어야 하는 것이 써밍 앰프의 기본이다. 그렇게 더해진 신호의 출력단에 증폭 부분이 더해지는데, 이 증폭 회로의 형식에 따라 *ACN(Active Combine Network)*, *PCN(Passive Combine Network)*으로 구분된다. 액티브 방식은 옆 그림과 같고, 패시브 방식은 써밍 출력 앞의 회로가 다르게 되어 있다. 이 정도면 기본적으로 각 채널의 신호가 어떻게 더해지는지 하드웨어적으로 알아볼 수 있다.

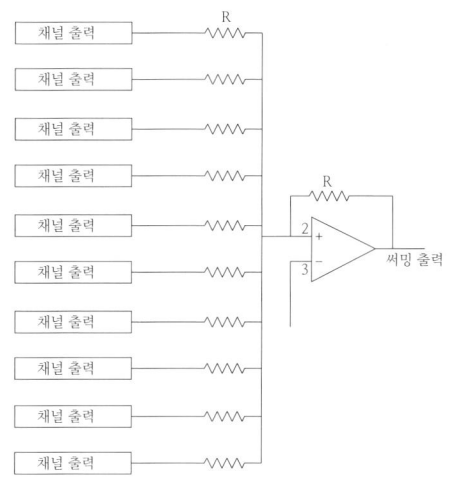

디지털 써밍의 경우는 데이터를 그대로 더하여 채널 수 만큼 나누는 방법을 사용하는데, 그냥 간단히 1/n으로 나누는 방법이 아닌 여러가지 변수의 다양한 알고리즘이 사용된다. 왜냐하면, 특정 주파수 대역에 1000이라는 데이터 값을 가지는 신호 A와 신호가 없어서 Zero상태의 값인 신호 B를 더한 다음 그대로 나누어 버리면 신호가 500으로 줄어버리는 결과가 나오기 때문이다. 그것은, +극성의 100과 -극성의 100이 더해져서 위상 소멸이 되는 것, +극성의 100과 -극성의 50이 더해져 +25와 같이 되는 부분과는 다르기 때문이다.

또, 24비트 디지털 오디오의 상황에서 데이터가 2^{24}인 16,774,216의 최대값을 가지게 될때, 이 최대값이 디지털 프로세싱에서 0dBFS니까 해당 디지털 시스템에서 처리가 가능한 최대값이 된다. 그렇다면 만약 10,000,000의 값인 데이터 두 개를 더하게 되면 합은 20,000,000이 되지만, 이야기한 24비트에서는 16,774,216 이상의 값은 처리 자체를 처리할 수 없음으로 그 이상 값은 잘라버리게 된다. 이 상황에서 발생하는 현상이 디스토션으로 들리게 된다. 믹스되는 더하기 상황이 아닌 동일 채널 신호의 증폭 상황에서도 같은 상황이 벌어진다.

부동소수점(Floating-point, 浮動小數點) 방식이 언급되는데, 바로 앞에서 언급한 더하기 상황 같은 연산에서 유용한 방식으로 이용하게 된다. 4324라는 숫자라고 하면 맨 앞자리 4가 숫자 끝에 붙게 될 0000을 의미하게 해서 실제 값은 3,240,000을 표현하는 숫자로 만든다는 것이다. 그것이 작은 숫자(小數)로 숫자의 위치를 표시한다는 의미의 부동소수점이다. 실제 운영되는 데이터 양이 아주 적어지기 때문에 더 빠른 처리 속도가 컴퓨터에서 가능하게 된다. 요즘 DAW는 대부분 32비트 부동소수점 방식으로 운영되기 때문에 앞에 디스토션으로 언급한 부분과 같은 정수 계산 방식의 결과가 나타나지 않는다. 즉, 최소에서 최대인 0dB까지의 풀스케일(FS, Full Scale)를 1.0이라는 정수 값으로 본다면 그 두 배인 2.0이나 그 이상의 결과를 부동소수점 시스템에서는 처리할 수 있다는 것이다. 즉, 1.0 이상이 넘어가는 경우의 클리핑과 디스토션이 부동소수점 연산 과정에서는 발생하지 않는다.

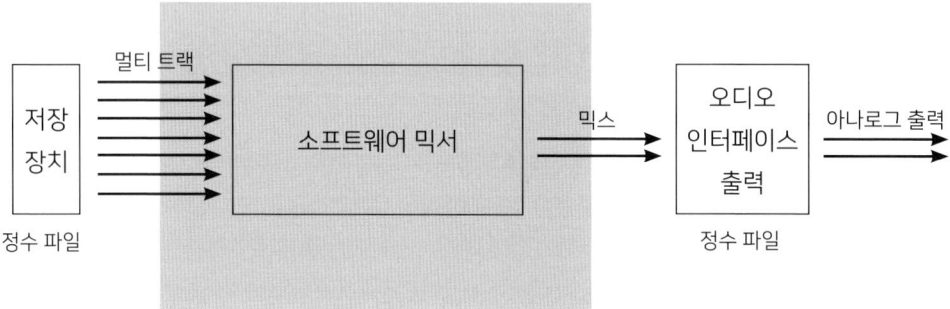

위 그림은 요즘 대부분 DAW 내부의 신호 처리를 보여준다. 녹음되어서 저장장치에 저장된 데이터는 정수값의 데이터 파일이 되고, 이 파일은 프로세스를 위해 해당 DAW의 내부 처리 단계에서는 부동소수점 데이터로 변환되어 처리가 시작된다. 부동소수점에서 믹스된 결과물이 출력되는 마스터 단에서 데이터가 다시 정수로 변환되어 출력 된다. 이때 마스터 단에서 변환되는 최종 출력값부터 1.0으로 표현된 0dBFS상의 클리핑과 디스토션이 발생할 수 있다. 정수 계산의 범위이기에 당연히 발생하게 되는 것이고, 그러기에 최종 마스터 단의 신호 상태를 확인해야만 한다.

2.2.2 페이더

아날로그 믹서나 디지털 믹서는 모두 페이더를 가지고 있다. 페이더의 기능은 단순히 레벨을 조정하는 것 이상의 목적을 가진다. 가변 저항 방식과 VCA 방식의 페이더를 아날로그 믹서는 사용한다. 디지털 믹서에서의 페이더는 데이터 신호를 더하거나 나누는 방법으로 데이터 값의 변화를 만들게 된다. 신호를 두 배로 더하면 약 6dB의 증가, 절반으로 나누면 약 6dB 정도의 감쇄가 나오게 된다. 기본적으로 페이더는 옆 그림에서 보는 바와 같이, 눈금이 로그 스케일 때문에 변화되게 설계된다. 즉, 0dB 인근의 물리적 길이당 레벨 변화폭이 다른 위치에서의 변화폭과 다르다. 이러한 이유로 0dB 인근에서의 세밀한 조정이 더 가능하고, 그 부분을 믹싱을 담당하는 엔지니어의 관점에서 잘 활용을 해야만 한다. 0dB 이상의 위치는 해당 눈금만큼 증폭하게 된다. 설명된 레벨 믹싱의 과정에서 엄청난 역할을 페이더가 하고, 그런 경험을 하게 되면 페이더가 믹싱의 엄청 중요한 과정 가운데 사용되는 중요한 도구인 것을 알게 된다.

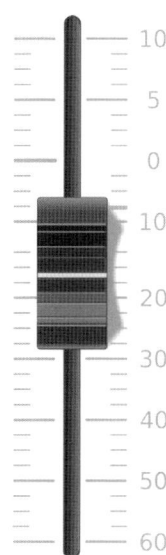

페이더는 적극적으로 사용해야 하는 도구임을 잊지 않아야 한다. 때때로 실무 엔지니어 가운데에 페이더를 0dB 위치에 고정하는 방식의 믹싱을 고집하는 경우를 자주 본다. 0dB의 의미는 유니티, 즉 실제 아무 영향을 안 끼친다는 부분으로만 생각하고, 모든 레벨 작업을 게인과 페이더 이전의 처리 단계에서 한다는 것인데, 페이더가 가지는 엄청난 기능 자체를 고려하지 않는 작업 방식이기에 독자들은 고려하지 않았으면 한다. 그 방법이 맞는 답이라면 비용 절감과 신호 체계의 복잡함을 초래하는 추가 부품을 설치할 이유가 없을 것이다.

2.3 미터

믹싱의 과정에서 처리되는 신호의 시각화를 위해 사용되는 중요한 부분 가운데 하나가 미터이다. 미터를 통해서 작업 되는 신호의 크기를 파악할 수 있다는 단순한 목적도 있지만, 그것보다 여러 가지 규격과 용도 때문에 사용하게 되는데, 자, 미터에 관해서 다뤄보자.

먼저 피크(Peak)와 RMS(Root Mean Square)는 두 단어에 대해 분명히 알아야 한다. 피크는 실제적인 레벨의 최대치를 표시하는 것이고, RMS는 그 피크치의 평균값을 표시한다. 실제적인 변화 값인 피크를 사용하는 게 당연한 것 같은데도 굳이 어려운 단어같은 RMS는 평균치를 쓰는 이유는, 우리의 귀가 소리에 반응을 하는 방법이 평균치에 반응하기 때문이다. 순간적으로 발생하는 피크 레벨과 같은 급작스러운 변화가 발생하는 상황에, 고막은 그 변화를 그대로 에너지로 받아서 움직이게 되는데, 그 뒤에 3개의 청각소골이 큰 레벨을 그대로 전달하지 않게 붙어있는 근육 수축작용을 일으켜 소골을 옆으로 밀어내서 보호한다. 그래서 피크 레벨이 아닌 평균값이 인식된다. 그 이유로 피크 레벨보다는 RMS 평균 레벨을 모니터할 수 있게 한다.

뒤에 공부할 엔벨로프를 생각해볼 때, 어택이 짧은 소리와 긴 소리는 같은 레벨의 크기에 대해 다르게 귀가 인식할 수 있다. 귀 자체가 피크 레벨보다 평균 레벨에 정확하게 반응을 하므로, 어택이 긴 소리가 더 크게 느껴질 수 있다.

우리가 사용하는 신호 자체가 교류의 모양을 가진다. 그래서 평균값은 교류의 평균값을 정하는 방법으로 정리되는 RMS 값(왼쪽 그래프)이 사용된다. 피크와 RMS의 관계는 크레스트 팩터로 표현된다. 오른쪽 VU(Volume Unit)가 RMS의 대표적인 레벨 미터로 오랫동안 사용됐다. 0VU는 +4dBu로 사용하게 되어있다. 물론 디지털의 dBFS 기준으로는 몇 가지 달라질 표준라인레벨로 정해진다.

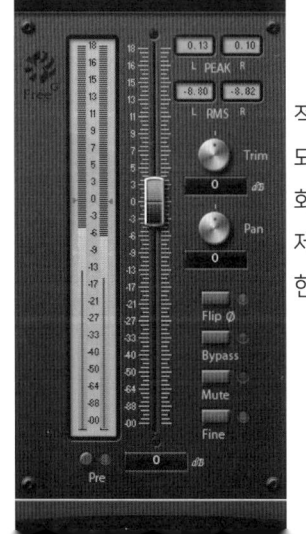

그렇다면 왜 피크 미터도 같이 믹싱에 사용할까? 피크 미터를 믹싱의 과정에서 사용해야 하는 목적은 신호 처리의 시스템적인 차원이라 본다. 즉, 신호 처리 자체가 시스템 내부에서 안전하게 처리되는지를 확인하는 것이 주 목적이라는 이야기이다. 피크 레벨은 인간의 귀가 가지는 라우드니스 변화를 표시하지 못하는 단점이 있으므로 VU로 대변되는 RMS 미터를 활용하게 되고, 이 이야기는 실제 믹싱의 기계적인 부분이 아닌 예술적인 부분의 작동 확인에는 피크보다 RMS 미터가 우선돼야 한다는 결론이 난다. 피크 레벨 미터는 로그 계산법으로 작동을 한다. 레벨 미터를 보면 확인된다.

오른쪽 그림을 보자. L은 레벨 축, T는 시간 축이고, 위의 검은색과 같은 신호가 입력될 경우 피크 레벨 미터는 시간의 변화에 영향이 없이 신호와 같은 레벨의 변화로 표시된다. 그렇지만, VU 레벨 미터는 아래의 그래프와 같이 시간의 영향을 받는 레벨의 변화가 VU 레벨 미터를 통해서 표시하게 된다. 피크 미터에서는 빠른 동작의 효과적 모니터링을 위해서 홀드 기능을 선택할 수 있게 되어있어 정해진 시간 동안 가장 큰 레벨의 위치를 표시할 수 있게 한다. 그리고 최대 레벨을 넘어선 레벨이 있을 때는 클리핑 표시를 나타나게도 한다.

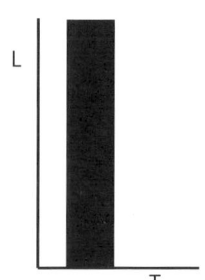

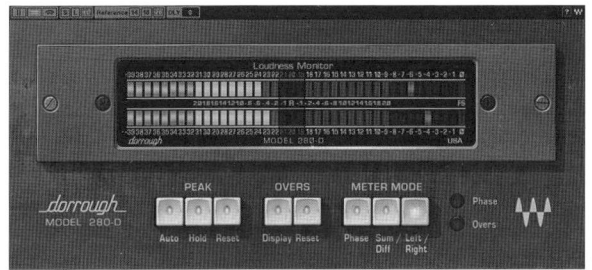

아날로그 장비의 경우에는 저항과 콘덴서와 같은 부품의 회로로 구성이 되고, 디지털에서는 단순한 수학적 RMS 계산으로 처리된다. 왼쪽 페이지 그림은 무료 플러그인으로 배포되는 Sienda사 FreeG 미터 플러그인이다. 그림에 보이는 레벨에 0.13dBFS인 피크레벨이 -8.80dBFS로 표시되고 있는 왼쪽 신호 크기를 볼 수 있다. 바로 왼쪽은 업계에서 표준처럼 사용되는 Dorrough 미터를 플러그인으로 만든 Waves사 유료 플러그인 제품이다.

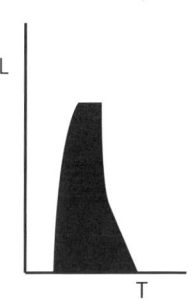

방송 관련 시스템으로 가면 여러 가지 규격을 사용한다. 구체적 내용은 왼쪽 QR 코드를 참조하자.

레벨 미터와 함께 중요하게 사용해야 하는 또 하나의 미터가 스펙트럼 애널라이저다. 애널라이저라 줄여서 부르는 이 미터는 퓨리에 정의 에의해 분석된, 주어진 신호의 주파수 대역대의 변화 값을 주파수(X축)과 레벨(Y축)으로 표시한다.

오른쪽 그림은 Logic Pro X에 포함된 멀티 미터인데, 중앙부에 애널라이저가 보인다. 믹싱의 과정에서 이 부분을 참조해야 하는 이유는 청각상 음색적 부분에 관해서 시각화한다는 아주 좋은 도구이기 때문이다. 귀에 들리는 소리를 주파수 대역별로 분석해서 보여준다는

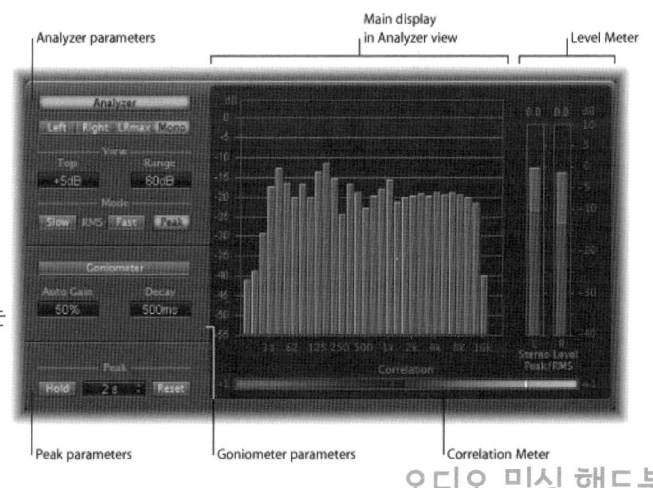

Mixing Tools

단순한 기능이지만, 앞서 설명된 레벨 믹싱과 음색적 조절 기술의 습득에 효과적인 도움을 주게 된다.

앞 페이지 로직의 멀티 미터 아래쪽에 Correlation이라 표시된 부분이 위상을 표시하는 미터이다. 오른쪽으로 갈수록 정위상, 왼쪽으로 갈수록 역위상을 표시한다. 항상 정위상쪽에 신호가 몰려있는 믹스가 안전하다. 위상을 파악하는 것도 빠지지 않는 중요한 부분이다. 물론, 미터를 통해서 확인하지 않고 귀를 통해 확인하는 것을 궁극적인 목표로 해야 한다. 위상차의 문제가 있는 음원은 여러 가지 문제를 만들게 된다. 모노와의 호환성이 떨어지고, 그 이유로 요즘 부활하고 있는 LP 같은 음반 제작에 치명적인 오류를 만들거나, AM 방송에서 소멸하는 상황이 벌어질 수도 있다.

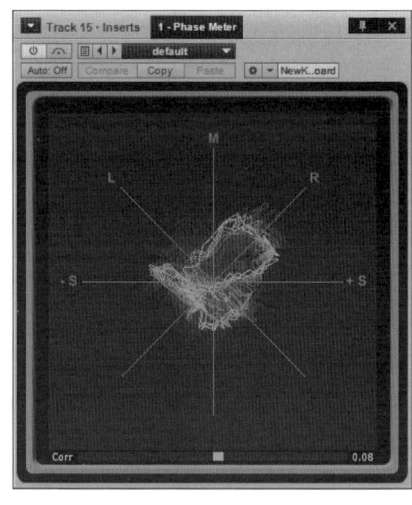

복잡한 믹스의 과정에서 이 위상 미터는 같은 소스의 좌우 위상 형태도 확인할 수 있지만, 좌우 믹싱의 밸런스도 확인할 수 있다. 좋은 믹스는 좌우의 밸런스 역시 같아야만 한다. 그리고 좌우 패닝의 분포도와 같은 부분도 확인할 수 있다. 왼쪽 그림은 Waves사 PAZ 애널라이저인데, 하단에 스테레오 분포를 SPD(Stereo Position Display)를 통해 보여준다. 믹스를 하면서 X축 전체적으로 고르게 패닝을 만든다는 것이 쉽지는 않다. 특히, 귀로만 확인하는 부분보다는 시각적으로 참조하면서 믹싱하는 것이 많은 도움이 된다.

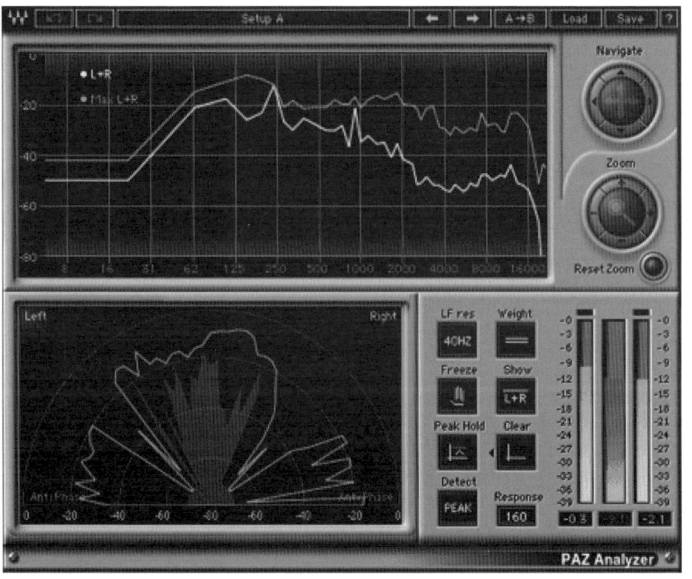

2.4 패닝

믹서의 기능 가운데 가장 간단하게 사용될 것 같은 부분이지만, 뜻밖에 엄청난 기술적 배경이 필요한 부분이 이 패닝(Panning)이다. 믹서의 채널 스트립의 출력부에서 스테레오나 따로 정하는 버스(Bus) 그룹의 좌우 또는 홀짝으로 정하는 출구로 보내어지면서, 두 출력 사이의 레벨 차로 위치를 정하게 한다. 이미 로컬라이제이션에서 X축으로 설명했던 부분을 생각해보면서 공부를 해보자. 일단 버스나 그룹보다 스테레오 출력의 범주 안에서만 공부하자.

팬텀 이미지에 대한 설명은 이미 앞에서 이야기한 부분을 참조하고, 그렇게 만들어진 허상의 이미지가 좌우 스피커 중간의 일정 위치에 만들어진다. 앞서, 레벨차와 시간차 때문에 좌우 이미지의 위치와 이동이 정해진다고 했다. 원래 팬 폿(Pan Pot)이라는 지정된 놉(Knob)으로 조정되기 전에는 위치를 만들기 위해서 같은 신호를 두 개의 채널에 출력해서 하나는 왼쪽, 다른 하나는 오른쪽으로만 출력하게 하고 각각 레벨을 다르게 하면서 소리 출력의 위치를 정하게 했다. 요즘도 이 방법이 똑같이 쓰일 수 있는데, 스테레오 악기의 음원 입력에 관해서 패닝으로 그 위치를 정리할 수 있지만, 좌우의 레벨을 다르게 하면서 조정할 수도 있다.

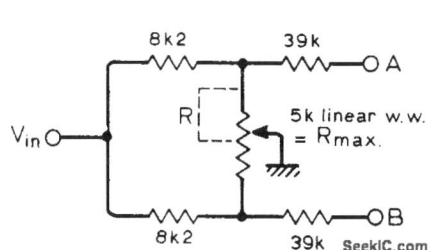

채널마다 스테레오 패닝을 위해서 두 개의 채널을 사용하기에 발생하는 불편을 해소하고자 만들어진 부분이 패닝을 조절하는 팬 폿의 발명이다. 앞에서 말한 스테레오 채널을 두 개의 채널로 사용해야하면서 몇 개 안되는 채널의 믹서 크기가 커지면서 고안된 방법이다. 오른쪽은 가장 기본적인 팬 폿의 회로이다. 중앙에 가변 저항을 통해 접지로의 연결을 제어하면서 레벨이 바뀌게 하는데, 거기에 좌우의 신호를 반비례 작동이 되게 한다. 그래서 그림의 A 출력을 줄이면 반대로 B 출력이 커지게 설계를 했다. 이 방식은 하나의 폿(Potenciometer의 줄임말)을 사용하는 방식이고, 두 개를 사용하는 방식도 많이 사용한다.

팬 폿은 하드웨어나 DAW나 각기 다른 방법으로 위치를 표시한다. 다음 페이지 그림의 중앙부를 사진처럼 0으로

Mixing Tools

해놓고, 좌우의 끝을 100 또는 64, 아니면 사진과 같이 그냥 점으로 눈금 표식만 하기도 한다. 해당 표식과 정해진 값이 중요한 것은 아니다. 각각 번호는 위치를 잡기 위해서만 정해놓은 것이고, 옆 그림과 같이 팬 폿으로 정하는 팬텀 이미지의 위치가 중요한 부분이 된다. 그렇게 고민 안 하고 써왔던 것이겠지만, 그림을 보고 실제적인 위치를 한번 더 생각해보면 좋겠다.

왼쪽 끝으로 돌려놓은 팬의 위치는 당연히 왼쪽 스피커로만 나오는 소리이겠다. 여기서 하나 생각해볼 부분은, 패닝에서 우리가 최대로 벌려놓은 왼쪽 끝 10의 위치에서 나오는 소리는 모니터링 스피커 기준에서 왼쪽 끝에 있는 왼쪽 스피커로만 나와야 하겠지만, 실제 모니터링 환경에서 듣는 오른쪽 귀로도 소리가 들어온다. 헤드폰을 쓰고 확인하는 것과는 다른 결과가 나온다. 그 이유는, 당연히 공간의 차이이다. 그래서, 헤드폰으로 하는 믹스와 모니터 스피커로 하게 되는 믹스는 서로 각각 잘 보완해서 정확하게 활용을 해야만 한다는 것이다.

패닝 법칙(Panning Law)이라는 것이 정해져 있다. 그 이유는, 일단 두 개의 스피커로 같은 소리가 나오게 할 경우, 두 스피커의 출력 합은 3dB가 증가한다. 즉, 80dB SPL로 한쪽에서 나오는 출력을 두 개 더하면 83dB SPL이 된다. 즉, 모노 채널로 처리되어 팬 폿을 거쳐 써밍된 후, 좌우의 출력을 통해 앰프에서 증폭되고 스피커로 나온 중앙에 팬텀이미지로 존재하게 되는 소리는, 믹서에서 처리되었을 때의 레벨보다 3dB 커진 출력이 나온다는 것이다. 그래서, 패닝 법칙은, 이 증가한 출력을 패닝 회로에서 팬이 중앙부에 놓일 상황에 그만큼 줄여서 따로 레벨 변화가 없는 이미지 이동을 만들기 위해서 사용 한다. 쉽게 말하면, 왼쪽 끝으로 패닝을 했을 때 음압과 중앙에 놓았을 때의 음압을 같게 한다는 것이다. 보통 0dB, -3dB, -4.5dB, -6dB, 이렇게 4가지 방법의 패닝 법칙이 사용된다.

사용하는 DAW에 그 구체적인 세팅이 있으니까 확인해 보자. 믹싱하면서 패닝을 조절하는 데 레벨이 변하게 된다면 아주 불편해진다. 앞에서 언급한 바와 같이 실제 1dB의 아주 미묘한 변화도 인지하게 되는 것이 믹싱이다.

옆 그림에서 중간의 진한 선은 실제 변화 없이 들려야 하는 레벨, 점선 곡선은 패닝 법칙을 적용 안 할 경우 늘어나는 레벨의 변화, 그리고 아래쪽 회색 곡선은 패닝 법칙이 적용되는 레벨의 변화이다. -3dB 패닝 법칙이 가장 많이 사용된다.

모노 패닝은 그렇게 특별한 생각을 안 해도 잘 쓰지만, 스테레오 채널 패닝은 조금 더 생각해 볼 부분이 있다. 팬 폿이 하나만 있는 스테레오 채널은 모노 채널의 패닝과 특별히 다르게 작동을 하지 않는다. 다만 두 신호가 모노 패닝처럼 섞이지는 않는다. 그러나 DAW에서 자주 보이는 두 개의 팬 폿으로 만들어지는 패닝의 상황에는 스테레오 소스 자체가 지니는 스테레오 이미지를 고려하는 상황에서 원하는 이미지의 범위를 정하는 방법으로 활용될 수 있다. 두 팬 폿을 같은 위치에 놓인다면 모노 패닝과 같겠고, 시계 표기를 기준으로 하나는 9시, 하나는 12시에 놓으면, 9시부터 12시 사이에 그 이미지가 좁혀져 존재하게 된다.

스테레오 채널로 녹음되는 소스는 녹음 상황에서 기본적으로 스테레오 이미지를 고려해서 녹음된다. 각종 스테레오 마이킹 기법으로 녹음이 된 소스를 전체 믹스의 이미지에서 볼 때, 과감한 결단이 필요한 경우가 많다. 스테레오 트랙이라고 그대로만 쌓아 놓을 경우, 전세 스테레오 이미지 자체가 부자연스럽게 될 가능성이 크다. 예를 들어, 브라스 트랙을 스테레오로 좌우 패닝을 끝까지 와이드하게 벌리고, 스트링도 그렇게 벌리고, 나일론 기타를 XY로 녹음이 잘 되었다고 그렇게, 거기에 어쿠스틱 기타의 스트러밍 연주가 2번 되었다고 그것도 똑같이 각각 좌우로 끝까지 벌리고, 코러스도 그렇게, 솔로 기타도 기타리스트의 이펙터 처리가 좋다고 또 똑같이 좌우로 벌려서 믹스를 한다고 보자. 거기에 퍼커션 스테레오, 오버헤드 스테레오, 계속 이렇게 쌓아간다면 그 사운드가 더해진 전체 믹스에서의 스테레오 이미지라는 것은 각각 소스가 지니는 스테레오 이미지 이상을 벗어나기가 어렵다.

반대로, 음악의 구성상 스테레오 이미지가 전체적으로 필요할 악기만 제외하고, 이를테면, 피아노, 스트링 패드, 오버헤드 정도만 원래 소스가 지니는 스테레오 이미지를 활용하면서, 나머지 악기가 모노 소스의 패닝과 같은 느낌으로 좌우 스테레오 이미지 가운데 로컬라이제이션을 정해 놓으면, 그 이미지는 훨씬 더 자연스러울 수도 있고, 더 세부적인 스테레오 이미지가 된다. 마치, 이사를 와서, 침대를 놓고, 그 위에 의자 놓고, 그 위에 책상, 그리고 소파도 그 위에 올려놓는 것이 말도 안 되는 것처럼, 각각 위치를 패닝을 통해서 정해가며 원하는 스테레오 이미지를 만들어 가는 것이 더 좋다는 것이다. 물론, 이렇게 스테레오 채널을 가지는 악기의 경우, 패닝으로 더하는 상황에서 위상차에 대한 문제점을 미리 고려해야만 한다. 역위상이거나 그에 근접한 위상차를 가지는 스테레오 트랙을 더할 경우 문제가 당연히 발생하게 된다.

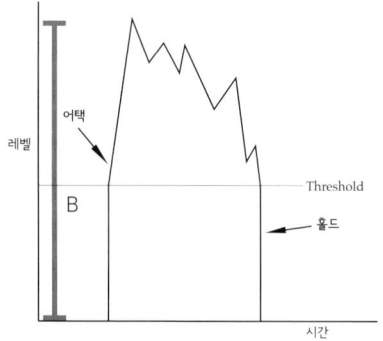

2.5 익스팬더/게이트

익스팬더/게이트의 기본적인 사용 목적은 소스에 포함된 불필요한 노이즈를 제거하는 데 목적이 있다. 사실, 이 부분은 게이트에 해당하는 부분이다. 익스팬더는 게이트의 작동 때문에 노이즈가 줄여져 통과되는 소스가 노이즈를 가졌을 때보다 더 커진 레벨로 사용할 수 있다는 의미이다. 옆 그림의 기본적인 작동 설명을 보면, 상단 그림과 같이 잡음을 포함한 신호가 게이트가 작동하면서 드레숄드 이하에 존재하는 잡음을 제거하면 드레숄드 위의 A인 다이내믹 레인지가 하단 그림의 B와 같이 확장(Expand)된다. 신호 자체를 확장하는 것이 아닌 해당 채널의 다이내믹 레인지를 확장한다.

2.5.1 드레숄드

드레숄드(Threshold)는 게이트와 익스팬더가 동작할 기준점을 의미한다. 레벨을 컨트롤하기 때문에 dB로 표시된다. 게이트 설정에서는 그냥 해당 채널에 들어오는 소스 중에서 잡음레벨 이상의 크기로 정하면 되는 단순하게될 부분이다. 하지만, 이 부분이 믹싱을 위한 중요 도구로 활용하게 될 상황에는 소스가 지니는 엔벨로프의 어택과 디케이의 레벨을 조정하면서 음색을 조정 할 수 있는 부분이기 때문에 상당히 어렵다. 쉽지 않다는 것을 기억한다.

드레숄드 값을 정하는 것으로 게이트 설정이 시작되니까, 먼저 레이시오는 1:99, 레인지는 -80dB 정도의 최대한, 어택 타임은 1ms, 홀드와 릴리즈 타임은 최소로 해놓는다. 그리고 드레숄드를 최대에서 내려가면서 원하는 소리만 들리는 지점을 찾는다. 조금 더 세밀하게 조정을 하려면 그다음 소리가 나오는 부분이 어디인지도 확인해보면 조금 더 여유 있는 드레숄드 값을 찾을 수 있다.

드레숄드 값을 정하는 데 홀드와 릴리즈 타임을 최소로 줄였다는 것이 어떤 의미를 가지는지 생각해보자. 이 두 타임을 일반적인 100ms 이상으로 해 놓은 상태에서는 들리는 소리 가운데에 목적하는 소리만 골라내는 것은 어렵다. 왜냐하면, 드레숄드 값 이상에서 작동을 시작한 게이트는 신호를 통과하게 한 다음, 신호가 드레숄드 이하로 내려가 다시 줄여놓을 상황에서 앞으로 배울 홀드 타임으로 정해놓은 시간만큼 소리의 크기와 관계없이 게이트를 열어놓는다. 따라서, 무조건 통과하는 소리까지 들리게 되는 상황에서 정확한 드레숄드 값으로 걸러내려고 하는 소리만 골라내려면 홀드 시간과 릴리즈 시간이 최소로 되어 영향을 주지 않아야 쉽다.

2.5.2 레인지

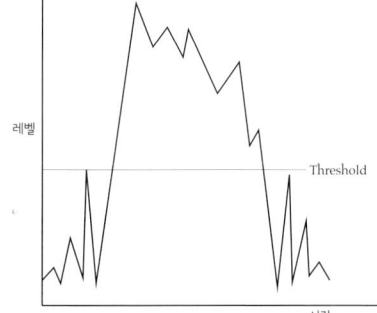

게이트는 사실 드레숄드 이상의 소리만 스위치를 켜서 통과하는 것이 아닌, 드레숄드 이하의 소리를 일정 범위 줄여서 통과하게 한다. 이 기능에서 만들어진 기능이 레인지(Range)는 것으로 줄여지는 범위를 지정한다. 옆 그림 위와 같은 소스를 게이트 처리하면서 레인지를 20dB로 해놓으면, 하단 그림과 같이 드레숄드 이하의 소리만 페이더를 20dB 내려놓은 것과 같이 줄여서 출력한다. 당연히 드레숄드 이상의 소리는 영향을 주지 않는다. 아날로그 게이트에도 있는 경우가 많다. 게이트를 걸었는데도 뭔가 소리가 새는 것 같다면 레인지를 확인해보자. 레인지를 잘 활용하면 게이트를 두 번 걸어놓은 것과 같이 사용할 수 있다.

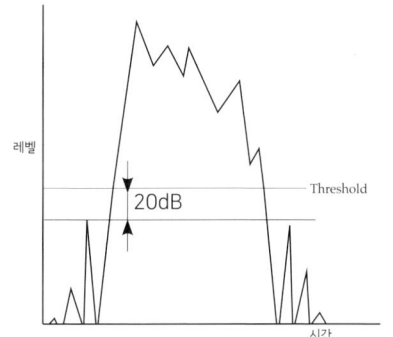

예를 들어, 스네어의 강한 타격음에 맞추어 놓은 게이트가 전주와 1절의 림샷부분을 제거해 버리니까, 레인지로 적당한 만큼 드레숄드 이하의 신호를 줄여놓으면 드레숄드 이상의 신호도 확실하게 들리면서 드레숄드

이하의 소리도 들리게 된다. 즉, 서로 다른 두 레벨의 소리를 처리할 수 있게 된다. 또 다른 용도로는, 보컬이나 스트링, 오버헤드와 같이 일반적으로 게이트를 사용하면 안 된다고 하는 다이내믹 레인지가 큰 악기에도 게이트를 통해서 원하는 소리, 특별히 레코딩 소스에 포함된 공간성과 같은 여음의 부분도 제어할 수 있는 기능으로 사용할 수 있다.

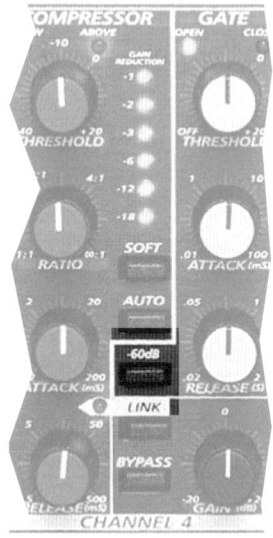

보컬 게이트 설정에 레인지를 적용하면, 노래가 시작되기 직전에 포함되는 숨소리 같은 부분을, 제거할 필요 없이 되려 더 자연스러운 부분으로 사용하기도 한다. 사실 요즘의 직접음 위주의 믹싱에 적당히 조절된 레인지가 녹음된 소스에 포함된 공간음 등의 여음을 제어할 수 있다는 중요한 도구로 쓰이게 된다. 공간음을 제어해버리면 믹싱에서 자유롭게 공간성을 조정할 수 있다. 옆 사진과 같은 아날로그 장비인 ACP88에도 -60dB로 정해진 레인지 버튼이 달려있다. 버튼을 누르면 -60dB, 누르지 않으면 -15dB가 줄여진 소리가 드레숄드 이상의 소리와 함께 나오게 된다.

2.5.3 레이시오

레이시오(Ratio)는 레인지와는 다르게 드레숄드 이하의 줄여질 소리의 비율을 정하게 되는 기능이다. 옆 그림의 타원으로 표시된 부분의 기능으로 비율로 표시되는데, 1:1이면 드레숄드 이하의 소리를 그대로 출력하며, 2:1로 되면 드레숄드 이하의 소리가 절반으로 줄여진다. 100:1과 같은 최대값으로 사용해서 정확하게 게이트가 작동하게끔 하는 게 일반적이다. 그럼에도 불구하고 비율이 존재하는 이유는, 레인지와 비슷하게 드레숄드 이하의 신호를 사용하게 하는 데, 레인지와는 다르게, 정해진 레벨만큼 줄여버리지 않고 비율로 줄이는 기능이 있기 때문이다. 중앙 상단의 그래프에서 3.0:1에 해당하는 기울기 그래프를 볼 수 있다.

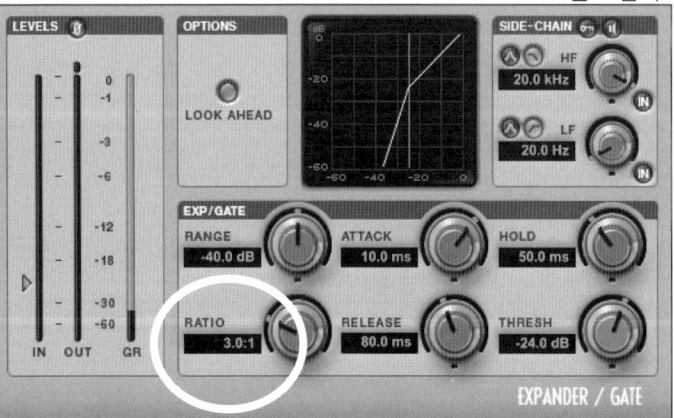

2.5.4 어택 타임

어택 타임(Attack Time)은 입력되는 신호가 드레솔드 이상이 되는 경우 게이트가 작동하기 시작할 때, 레인지 크기만큼으로 줄어져있던 신호가 반대로 레인지만큼 키워지는 속도를 정하게 된다. 다시, 드레솔드 이하의 레벨은 드레솔드 레벨에서 레인지를 뺀 레벨로 통과한다. 그 레벨 만큼의 줄여서 통과를 하니까, 레인지가 최대값이라면 신호를 다 줄여버린 것과 같게 된다. 드레솔드 이상의 레벨이라 게이트가 작동을 하면 드레솔드에서 레인지 값을 뺀 부분까지 내려져 있던 가상의 페이더를 드레솔드 값까지 올리게 되는 시간을 이 어택 타임에 하게 된다는 것이다.

자, 하단 그림을 보자. 대강 이해하고 넘어가지 말고, 확실하게 이해해야만 한다. 앞 엔벨로프에서 봤던 것과 똑같은 엔벨로프의 파형이 있는 소스가 있다. 그림에서도 똑같은 모양이다. 드레솔드 값과 레인지가 그림과 같이 정해진다. A1의 어택 타임으로 정해진 경우, 소스의 레벨이 드레솔드 이상이 되는 T1의 시간부터 급경사로 내부의 볼륨이 올라가며 입력되는 신호를 통과시키는데, 이 과정에서 A1 만큼의 시간이 걸리게 되면서 E1으로 표시된 공간의 소리

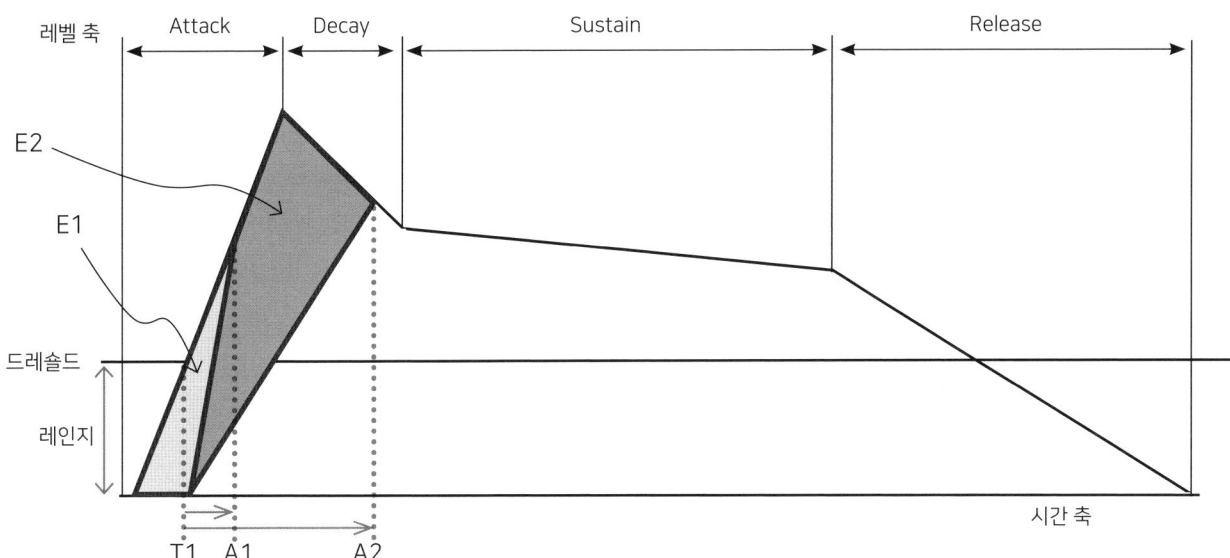

가 원래 볼륨보다 작은 볼륨으로 통과되며 잘 안들리게 된다. 똑같은 방법으로 A2라는 시간으로 정하는 어택 타임으로 처리가 되면 E1과 E2를 더한 공간의 소리가 역시 작은 볼륨으로 통과된다.

　다시 한번 설명해보면, 게이트를 걸어놓고 드레숄드를 -11dBFS에 정해놓았다고 하자. 레인지를 -80dB로 해놓았고 입력 신호가 -12dBFS라면 게이트 내부의 가상 페이더가 -80dB를 낮추어 -91dBFS의 크기로 출력이 되게 된다. 이때 신호가 -11dBFS에 도달하면 바로 내부의 가상 페이더가 -80dB를 올려서 게이트에 의해 줄여지지 않은 입력신호를 출력한다. 이때 올라가는 페이더의 속도를 어택 타임이 정한다는 이야기다. 어택타임이 짧으면 통과되는 신호의 앞부분(대개 트렌지이언트라 불리는 엔벨로프의 어택부분)이 영향을 최소한 받으면서 통과되겠지만, 길게되면 페이더가 올라가는 중간에 신호가 이미 지나가버리는 상황이 되어 신호의 엔벨로프가 영향을 받게 된다.

　앞에서 엔벨로프에 대해 공부할 때 음원의 음색은 처음 절반 정도는 음색이, 그리고 후반부 절반은 이 엔벨로프로 만들어진다고 했었다. 따라서, 이 어택 타임에 의해 음색을 조정할 수 있게 된다. 아직 다들 음색 조정기라 알고 있는 EQ는 언급도 안 했다. 그래서, 탐탐이라면, '똥' 하는 원래 소리가 입력될 상황에, 게이트의 어택 타임을 탐탐의 엔벨로프 안 어택 타임이 아닌 디케이 타임 부분까지 정해버리면 '똥' 소리는 '둥' 처럼 변한다. 그리고 디케이 타임이 지난 서스테인 시작점까지 길게 해버리면, '웅' 소리고 변해 버리게 된다. 마치 어택이 강한 타악기 소리가, 신디사이저 패드 소리처럼 우–웅으로도 바꿔버릴 수 있는 기기가 된다는 것이다. 이 음색 조정은 외향(Shape)을 조정한다고 말한다. 그래서 톤 쉐이핑(Tone Shaping)이라는 용어가 정의되기도 한다.

　어택 타임은 디지털 기기로 가면서 10µs에서 300ms 정도까지 설정할 수 있다. 간단히 정리해보면, 엔벨로프 상에 어택 시간이 빠른 타악기의 경우, 게이트의 어택 타임이 길면 고음이 줄어든다. 반대로 어택 타임이 짧으면 고음이 그대로 살아있다. 사실, 살아나는 게 아니고, 원래 살아있는 소리가 그대로 전달 된다. 이퀄라이저로 조작하는 음색 조정과 게이트로 조정하는 음색 조정은 같은 소리의 결과일 수도 있지만, 작동 방식이 다르다.

어택 타임을 1ms이하로 정할 경우 급작스러운 레벨 변화 때문에 클릭같은 디지털 노이즈가 나올 수 있다. 그래서 아예 1ms을 최소 타임으로 정하는 게 일반적이다. 더러 작업하다 보면 본인도 모르게 10ms 정도로 잡혀 있는 기본 프리셋을 인식 못하고 있다가 음색이 둔해진 것을 나중에 느낄 수 있다. 그러다 발견하고 1ms 정도로 줄여보면 고음이 다시 살아나게 된다. 고음이 살아나는 것으로만 느끼는 건, 우리 귀의 인식 능력에 고음이 조금 더 민감하기 때문이고, 실제는 엔벨로프에 포함된 모든 대역이 살아난다.

여기서 이미 다루었던 음색적인 부분과 비슷하지만 전혀 다를 수 있는 부분이 고려돼야 하는 데, 그것은 어택 타임, 즉 시간 축에 대한 부분이다. 어택 타임이 길어지면, 그만큼 소리 신호가 늦게 나오게 된다. 그래서 로컬라이제이션의 Z축 컨트롤이 가능해진다. 10ms에서 1ms로 바꾸면 소리가 앞으로 나온다.

2.5.5 릴리즈 타임

드레숄드 레벨을 넘어 게이트가 열려서 통과했던 신호가 다시 드레숄드 이하로 내려갈 때, 릴리즈 타임(Release Time)은 다시 내부의 가상 페이더가 정해진 레인지만큼 내려가는 시간을 정한다. 레인지가 없는 장비는 단순히 최대로 줄여버리는 시간이 된다. 이 정도로 간단하게 정리를 하는 경우가 대부분이겠지만, 믹싱의 관점에서는 또 하나의 험한 산과 같은 어려운 부분이 이 릴리즈 타임이다.

사실, 이 단순명료할 릴리즈 타임 조정은 실제적으로는 진짜 어려운 부분이다. 아주 많이 실습을 해보면서 원하는 소리만 뽑아내는 비법을 익히시길 바란다. 이 비법에 대한 부분은 홀드 타임에 대한 설명에서 같이 묶어 공부해보자.

릴리즈 타임은 μs 단위는 조정을 안 하고, 대부분 5ms에서 3000ms 정도의 시간을 정할 수 있다. 릴리즈 타임의 설정에서 중요하게 다루어져야 하는 부분은 뜻밖에도 드레숄드 레벨이다. 처리해야 할 신호의 엔벨로프와 같은 시간 축적인 모양을 정하는 기준으로 드레숄드가 쓰일 수 있기 때문이다. 따라서 같은 150ms의 릴리즈 타임도 드레숄드를 어디에 정하는가에 따라 출력되는 소리 신호의 모양이 완전히 달라진다. 특히, 어택에서 외향을 이야기했다면, 릴리즈는 몸통의 모양을 정의하게 된다.

익스팬더/게이트가 필요한 소리를 골라내는 역할을 한다고 정의했을 때, 릴리즈는 그 소리의 몸통에서 꼬리까지의 모양을 디자인할 수 있다. 킥 드럼의 예를 들어보면, 릴리즈 타임을 짧게 잡으면, 몸통과 꼬리 부분을 바로 줄여버리니까, 그냥 '쿡'하고 짧게 끝난다. 여기서 릴리즈 타임을 늘리면 드럼통의 울림과 공진이 늘어나서 '쿠웅'까지 들릴 수 있다. 음반에서 들리는 아주 타이트하면서도 편안한 킥 드럼 소리는 일단 게이트에서 만들어진다. 나중 예제에서 다루어 보자.

2.5.6 홀드 타임

홀드 타임(Hold Time)은 릴리즈 기능을 보류(홀드)하는 시간을 정한다. 정해진 시간 동안 드레숄드 이하로 내려가야하는 가상의 페이더를 잡고 있는 시간을 말하게 되는데, 이 시간이 끝나면 바로 릴리즈 시간 동안 레인지값 만큼 페이더를 내린다. 아날로그 장비에서는 찾아볼 수 없는 기능이며, 오로지 디지털 기기나 플러그인에서만 가능하다.

어택 타임에서 봤던 그림의 서스테인과 릴리즈 부분을 옆 페이지에서 그대로 다시 보자. 여기에 릴리즈와 홀드를 추가한다. 첫번째 그림은 홀드 타임이 없이 릴리즈 시간이 T1에서 T2까지로 정해진 경우이고, 중간 그림은 T1에서 T3까지의 홀드 시간과 T3에서 T2까지의 릴리즈 시간이 정해진 경우이다. 회색으로 칠해진 부분 E1이 홀드와 릴리즈 때문에 제거되는 신호의 몸통과 꼬리 부분이다.

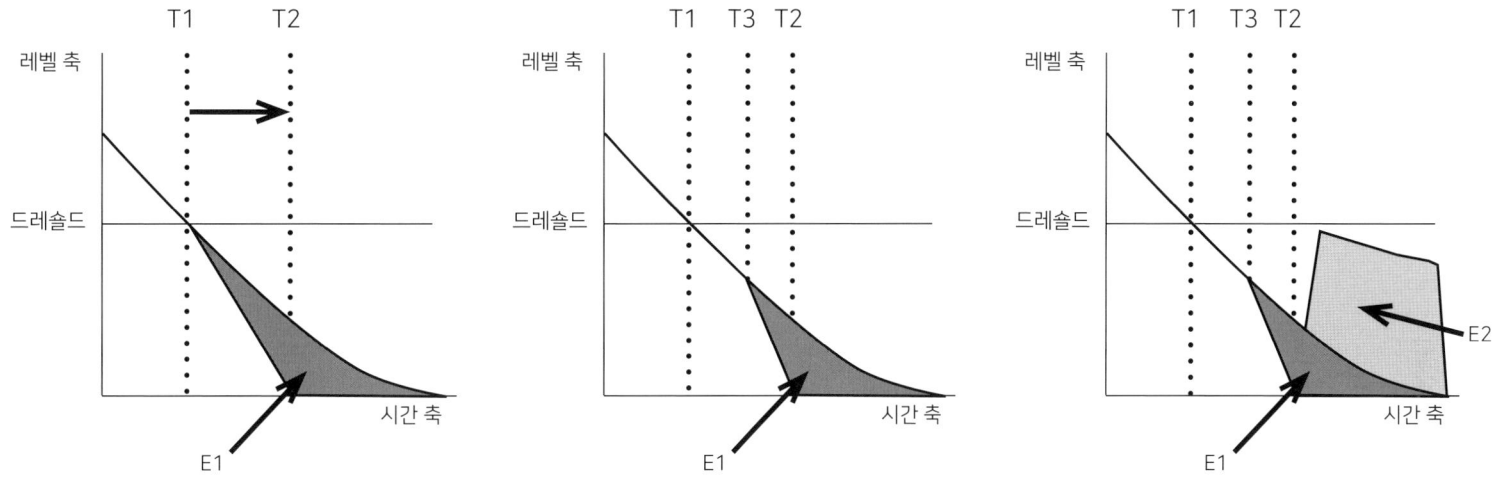

두 그림에서 본다면 홀드의 유무가 그렇게 차이가 나는 것 같지는 않다. 그런데, 실제 사용하는 경우, 그러니까 저렇게 그림처럼 깔끔하게 끝나는 파형만 있는 것이 아니고, 그 뒤에 여러 가지 악기 소리가 더해져 있을 상황에 홀드와 릴리즈의 차이는 커진다.

가장 극명한 예를 볼 수 있는 부분은, 가장 오른쪽 그림처럼 플로어 탐의 연주가 끝나고 바로 E2에 해당하는 크래쉬 심벌이 있는 경우 같은 부분이다. 탐탐의 충분한 울림을 홀드로 조정하고, 그 이후 자연스러운 페이드 아웃(Fade out)을 릴리즈가 담당하게 조정을 하는데, 이때 릴리즈 부분에 걸리는 크래쉬 소리가 있다면, 아주 복잡한 반복의 작업을 하게 된다. 이 크래쉬 소리를 제어 못해서 탐탐 트랙을 통해 들리게 되면, 기존 오버헤드 트랙에 있는 소리와 중첩이 되어 이상하게 변하게 된다. 만약 크래쉬 심벌이 하이탐 쪽에 있는데, 반대쪽에 패닝된 플로어탐에 그 소리가 포함되면 심벌 소리가 스테레오 이미지를 이동하면서, 그것도 변형되어 잘라진 소리와 함께 들리게 된다.

믹싱을 배우는 관점, 또는 믹싱을 하는 관점에서 심각한 딜레마에 빠지게 되는 이유는, 골라내야 하는 소스의 몸통을 최대한 유지를 하면서 따라나오는 다른 소리를 최대한 자연스럽게 제거한다는 것이 쉽지 않기 때문이다. 이런 부분이 릴리즈 타임 설명에서 몹시 어렵다고 말한 부분이다. 당연히 공부하는 관점에서 그 부분을 세팅해놓고 아주 오래 반복하면서 실습을 해야만 한다. 클래스를 진행해보면 하루 이상 학생들이 고민하는 부분이기도 하다.

정답은 릴리즈 타임과 홀드 타임을 어떻게 조화롭게 사용하느냐에 따라, 그리고 거기에 언급한 드레숄드 레벨을 어디에 놓느냐에 따라 또 결과가 완전히 달라진다. 물론, 연주자의 터치와 곡의 전개에 따라서, 템포에 따라 더 어려워질 수도 있고, 쉬울 수도 있다. 예를 든, 플로어 탐과 이어지는 심벌의 처리와 같은 상황에는 릴리즈를 주로 쓰는 것보다 홀드 타임을 적절하게 사용하는 것이 정답일 수 있다.

익스팬더/게이트의 최종 사용 목적은 트랙과 채널 내에 섞여 있는 많은 소리 가운데, 목적하는 소리만 독립시키는 것이다. 그러면서 아주 조리하기 쉽게 버릴 것 버리고, 잘 다듬어 놔야 하는 작업이라야 한다. 자, 왜 독립을 반드시 시켜야 할까? 엔지니어 중에는 아예 게이트를 사용 안 하고, 또 사용하지 말라고 하는 경우도 있다. 자연스러운 원음 악기를 충분히 그대로 사용한다는 게 가장 큰 이유일 것인데, 그렇게 될 경우 아주 깔끔한 음악이 나오기 어렵다. 마이킹되는 모든 악기는 해당 악기 음만 흡음이 되는 것이 아닌 거고, 특히 드럼과 같이 여러 악기가 같이 좁은 공간에 모여 있는 경우에 원하지 않는 잡음이 상시 존재하기 때문이다.

이 익스팬더/게이트를 완전하게 다룰 수 있게 되면, 공연이나 녹음의 상황에서 여러 가지 번잡할 수 있는 부분들을 안 해도 된다. 실제로, 프로 세션의 녹음과 공연 장면에서 보면, 드럼 세트 같은 악기에 뮤트나 패드가 거의 설치 안 된 경우가 많이 있다. 울림을 잡고 타이트하게 만든다고 쿠션이나 베개를 넣어 놓고, 테이프로 붙이고, 뮤트를 장착하는 부분을 안 하고, 충분히 자연스러운 드럼 사운드 자체를 마이킹해서 믹싱 엔지니어가 원하는 대로 깔끔하고 타이트한 사운드를 충분히 만들 수 있기 때문이다. 그렇게 직접음 위주로, 마치 가상악기를 재생하고 있는 것처럼 만들어 놓는 작업이 믹싱의 기본이다. 물론, 가상악기의 샘플링된 음원들도 실제 이런 과정을 통해서 만들어진 음원이다.

2.5.7 히스테리시스

히스테리시스(Hysteresis)는 일반적으로 드레숄드 레벨을 정해서 게이트를 작동할 경우, 급속한 레벨 변화에 드레숄드 레벨이 있는 경우 지속해서 게이트가 동작을 해야 되는데, 이 경우 불필요한 클릭 잡음이 발생할 수 있다. 그래서 시간적 컨트롤을 하는 홀드타임의 개념을 레벨로 활용하게 만든 것이 히스테리시스이다. 옆 그림의 로직 프로에 포함된 게이트에는 아래쪽에 히스테리시스 범위를 정할 수 있게 되어 있다.

그림의 세팅이라면 -15dB로 정해진 드레숄드 레벨에서 게이트가 열려, -15dB에서 -3dB 한 -18dB에서 게이트가 작동하게 된다. 릴리즈 타임까지 적용된 이후에 다시 -16dB의 신호가 들어온다면? 답은 게이트는 작동하지 않는다.

2.5.8 그 외

룩 어헤드(Look Ahead) 기능은 드레숄드 이상의 신호가 입력되어 게이트가 작동할 경우, 지정되는 시간만큼 게이트를 미리 작동하게 한다. 흔히 사이드 체인이라고 많이 사용하기도 하는 용어는 기본적으로 모든 다이내믹 레인지 프로세서의 기본 원리인데, 진행되는 신호 흐름 옆으로 뽑아낸 신호를 활용하는 방법을 의미한다. 이때 룩 어헤드는 뽑아낸 신호를 처리하기 전에 조금 일찍 활용하게 한다. 이 기능을 활용하면, 아주 타이트한 어택 타임 컨트롤을 조금 일찍 시작할 수 있게, 그래서 길게 잡아 컨트롤 할 수 있다.

사이드 체인(Side Chain)은 한 채널의 동작이 다른 채널의 동작에 영향을 주게 하는 기능이다. 예를 들어, 킥 드럼에 게이트를 적용해서 게이트 톤만 깔끔하게 뽑아낸 다음, 다른 채널에 핑크 노이즈 제네레이터를 연결한다. 그 채널에도 게이트를 적용해 놓고, 게이트의 사이드 체인 입력을 킥 드럼 채널로 지정하여 연결하면 킥 드럼 사운드가 나올 경우 핑크 노이즈도 동시에 같이 나오게 된다. 간단히, 입력되는 신호를 해당 채널의 입력을 사용하지 않고 다른 채널의 입력을 사용할 수 있게 하는 것으로 이해할 수 있다. 이 부분을 키 인(Key in)이라 한다.

사이드 체인 필터는 사이드 체인으로 사용하게 출력하는 신호의 음색을 변경할 수 있는 기능이다. 그래서 특정 주파수 대역만 활용하게도 할 수 있다. 게이트에는 입력, 출력, 그리고 GR(Gain Reduction)이라 표시되는 게인 감쇄량을 표기하는 미터가 사용된다.

DAW가 보편적으로 사용되면서, 편집 윈도에서 아예 웨이브 파형을 삭제하고, 페이드 인/아웃을 지정하면서 게이트 처럼 사용하는 경우도 많이 있다. 앞서 어렵다고 이야기했던 심벌의 제거 같은 부분도 삭제로 쉽게 해결할 수도 있다. 물론, 게이트에서 제거하는 연습을 충분히 하는 게 도움이 된다. 라이브 믹싱에서는 아예 불가능한 부분이기 때문이기도 하다.

2.6 컴프레서

압축기의 의미를 가지는 컴프레서(Compressor)에 대해 알아보자. 먼저, 과연 음료수 캔을 찌그려 뜨려 작게 만드는 것처럼 이 컴프레서가 소리를 실제로 압축할까? 정답은, 이름과 달리 압축을 하는 것이 아니고, 레벨을 줄이는 기능을 한다. 정해진 기준 이상으로 커지는 신호를 정해진 비율대로 자동으로 볼륨을 줄이는 기능을 한다는 것이지, 뭔가 물리적이거나 전압적인 것을 압축한다는 것이 아니라는 이야기다. 그렇다면 왜 귀에는 압축된 것처럼 들리는가? 그것은 컴프레서의 동작이 주파수 대역에 영향을 주기 때문에 발생하는 부분이라 설명될 수 있다. 물론 처리가 불가능할 정도 이상의 레벨이기에 찌그러지는(Distortion) 것도 압축되는 걸로 들릴 수 있다. 그러나 찌그러지는 것과 컴프레싱(볼륨을 줄이는 것)은 다르다.

위에 잠깐 주파수, 즉 음색적인 부분에서의 영향을 언급했다. 사실 그 부분이 아니라면, 컴프레서의 설명은 아주 간단하게 끝나게 된다. 그냥 입력된 레벨이 기준보다 더 크면 줄이는 장치 이상도 이하도 아닐 수 있기 때문이다.

2.6.1 검출

컴프레서는 정해진 드레숄드 이상의 레벨을 검출하는 검출부가 어떻게 설계되냐에 따라서 기본 특성이 바뀔 수 있다. 입력되는 신호의 레벨을 줄여주는 게인 처리 단을 기준으로 앞 또는 뒤에 검출부가 설계되는 방식이 있다. 뒤에 설치되는 경우는 앞에 설치되는 것보다는 반응속도가 당연히 늦어지게 된다. 디지털로 가면서 신호 자체를 자유롭게 언제나 활용할 수 있다는 장점으로 많은 경우 앞단에서 검출을 한다.

상당수의 컴프레서는 RMS 평균레벨을 기준으로 하게 만들어진다. 그 이유는 등청감곡선의 설명에 추가되는 라우드니스의 변화가 평균값에서 부각되어야 하기 때문이다. 즉, 파형 기준인 에너지 파워량의 변화라는 부분이 제대로 구현되기 위해서는 피크 보다는 RMS 평균값이 사용된다고 이해할 수 있다. 물론 레벨 변화의 목적을 가지는 장비에서 dB변화값으로 그 단위가 변하기 때문에, 검출부에서 들어오는 신호를 Log값으로 변환하는 부분이 포함되고, 그래서 그것이 RMS로 표시된다. 물론 사람의 청각구조가 RMS에 맞게 되어 있다는 부분도 감안해야할 부분이다. 복잡한 구조적 이야기보다는, 아웃보드나 플러그인에 Peak 설정 버튼이 없다면 전부 RMS라 이해하면 된다.

신호를 검출하는 단계에서 고려해야할 또 다른 부분이 입력될 신호에 대한 부분이다. 컴프레서 자체에 대한 부분이 아니지만, 신호 자체를 만들어내는 부분이기 때문에 고려해본다.

근접 마이킹이 기본인 요즘의 라이브와 레코딩의 경우, 마이크에 입력되는 소리가 실제 소스의 바람직한 소리라고 말하기 어렵다. 예를 들어, 피아노 해머 5cm 위에 설치한 마이킹은 해당 지향각 내 중심 각도의 소리가 당연히 가장 크게 된다. 그리고 그 소리는 대강 5m 밖에서 듣는 우리가 익숙한 피아노 소리와 다르다. 그리고 보컬의 경우에도 마이크의 위치에서 들리는 소리가 진짜 생각하는 보컬의 소리가 아니다. 이와 같은 부분에서 한가지 정의되어야 하는 컴프레서의 역할이 음량적인 제어부분만이 아닌 음색적인 제어의 부분이 있다는 것이다. 즉, 신호 검출의 부분에서 불필요할만큼 부각되거나 만들어진 소리의 주파수 대역 레벨을 정리하는 부분이 컴프레서의 주 역할이라는 것이다.

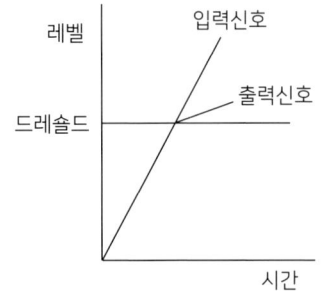

2.6.2 드레숄드

앞 페이지에서 설명된 것과 같이 게이트의 드레숄드와 같은 작용을 한다. 기본적으로 드레숄드는 컴프레서의 작동을 시작하게 만드는 스위치 역할을 담당하게 된다. 음량인 다이나믹의 컨트롤에서 중요한 역할을 하는 부분인데, 이 부분은 앞으로 설명될 여러가지 파라미터의 복합적인 조합에 의해서 만들어지는 엄청나게 많을 음색의 변화를 선택하는 부분으로 사용된다.

그렇게 활용을 한다면, 이제 공부할 레이시오와 어택 타임, 릴리즈 타임, 그리고 게인의 조합을 집중적으로 훈련해야만 한다. 그러한 이유로 컴프레서는 절대 공식으로 해결이 안 난다. 부지런히 연습하고, 분석하고, 그래서 원하는 방향으로 빠른 시간에 작업할 수 있어야만 한다. 고객님은 킥 드럼의 톤 쉐이핑 작업에 2시간 걸리는 것을 절대 기대하지 않는다.

빈티지 컴프레서에는 드레숄드 레벨을 따로 가변할 수 없게 되어 있는데, 그래서 고정식 드레숄드 방식이라 불린다. 이 경우 입력 레벨을 올리면서 게인 감쇄 미터가 작동하는 지점을 확인하면 고정된 드레숄드 값을 알 수 있다. 그 이후 올라가는 레벨에서 정하는 비율로 컴프레서가 작동하게 된다. 사실 이 부분도 많은 엔지니어가 대강 이래저래 만지다가 맘에 드는 세팅을 정하는 경우가 많다.

2.6.3 레이시오

드레숄드 이상의 신호에 관해서 줄여줄 비율을 정한다. 10:1 이상은 리미터로 구분해서 절대 그 이상의 신호가 출력이 안 되게 한계를 정해버린다. 4:1로 지정하면, 드레숄드 이상의 레벨이 4dB 커진 크기를 페이더를 3dB 내려 1dB만 크게 하는 작동을 자동으로 한다. 다시, 드레숄드보다 4dB 큰 입력 신호가 1dB 큰 출력신호로 줄어서 출력될 때 페이더는 3dB를 줄여 출력을 한다.

드레숄드를 낮게 잡아서 신호의 다이내믹 전체에 컴프레서가 작동하게 하려면 레이시오를 낮게 정하고, 드레숄드를 높게 정해서 아주 커진 몇 부분만 컴프레스하게 하려면 레이시오를 크게 잡아 사용하는 게 좋다. 드레숄드를 낮게 정하는 경우는 조금 강렬한 음색을 지니는 소스 신호를 전체적으로 부드럽게 하는 용도, 그리고 높게 정하는 경우는 같은 소스 신호인데, 강하게 연주되었을 경우 음색적인 변화가 맘에 안 들어 전체적으로 같은 음색을 가지면서 강약이 표현되게, 즉 다이내믹 레인지를 줄이는 방법으로 사용하게 된다. 반대로 사용될 수도 있다.

예를 들어 피아노 같은 경우, 강한 연주에 실제 피아노 소리는 그렇게 안 변하지만, 마이크와 마이크 프리, 그리고 장비 내부에서 찌그러지는 경우가 있다. 이 경우 이퀄라이저에서 그 부분을 해결해보려고 아주 고생을 하는 경우가 많은데, 고수들은 이 부분을 컴프레서로 해결한다.

다시 정리해보면, 레이시오는 줄여주는 비율이다. 4:1로 되면 드레숄드 이상으로 4dB 증가할 때, 3dB를 줄여서 1dB로 만든다.

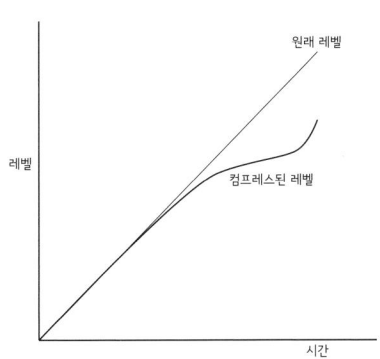

나중에 설명될 Vari-Mu와 FET 방식의 빈지티 계열의 컴프레서는 피크에 가까운 큰 레벨이 들어올 경우 정해놓은 레이시오 비율이 풀어져서 1:1로 바뀐다. 컴프레서가 작동을 하지 않는 것처럼 바뀐다는 이야기이고, 이 내용을 모르는 상황에는 컴프레서가 아주 잘 걸리는데도 원음이 눌리지 않는다고 느껴

지기도 한다. 중간 부분만 컴프레스 된다는 게 실제 작동되는 부분이다.

2.6.4 어택 타임

익스팬드/게이트에서 다루었던 것과 같이 정해진 드레숄드 이상으로 커지는 소스 신호가 컴프레스 되는 시간을 결정하게 하는 것이 어택 타임이다. 어택 타임이 짧다는 이야기는 그만큼 레이시오에서 정해진 비율만큼의 레벨을 빠르게 줄인다는 것이고, 길면 당연히 컴프레서가 천천히 걸리게 된다. 그래서, 익스팬더/게이트의 어택 타임과는 출력 신호의 음색적 변화가 반대로 적용하게 된다. 어택 타임이 짧으면, 엔벨로프 상의 어택과 디케이 부분에서 적용되는 컴프레스의 양이 많아지게 된다. 그러기 때문에 익스팬더/게이트와는 반대로 고음 대역이 줄어드는 것을 쉽게 인지할 수 있다. 이 부분은 역시 시간 축에 대한 조정이니까 Z축의 조정이라 볼 수도 있다.

다음 페이지 그림은 로직 프로 X에 내장된 컴프레서를 이용해서 만들어본 예제인데, 소스 신호로 사각파를 녹음한 후 그림과 같이 레벨의 차이를 두어서 컴프레서가 드레숄드 위로 튀어나온 큰 레벨에만 적용하게 했다. 따라서 -10dB 조금 아래쪽에 정해진 드레숄드의 값과, 5:1로 적용된 레이시오, 그리고 어택 타임은 15ms, 릴리즈는 100ms 정도를 적용한 출력이 왼쪽 아래와 같이 나온다. 그림 중앙부의 Graph에서 하얀색으로 된 부분은 게인 감쇄가 있는 부분과 적용되는 모습, 그리고 그 왼쪽에는 드레숄드와 레이시오의 적용 그래프, 흰색으로 표현된 현재 레벨이 표시된다. 이 레벨은 그림 오른쪽 끝의 레벨 미터와 같은 크기이다.

킥 드럼 트랙을 하나 DAW에 올려놓고, 컴프레서를 연결해 어택 타임의 변화에 따른 소리 변화를 수치로 파악하는 것이 아닌 실제 소리로 파악할 수 있도록 연습을 해야만 한다. 많은 경우, 눈으로 조작을 하는 부분에 너무 집중할 수가 있어서 상대적으로 소리의 변화에 둔감해지기도 한다.

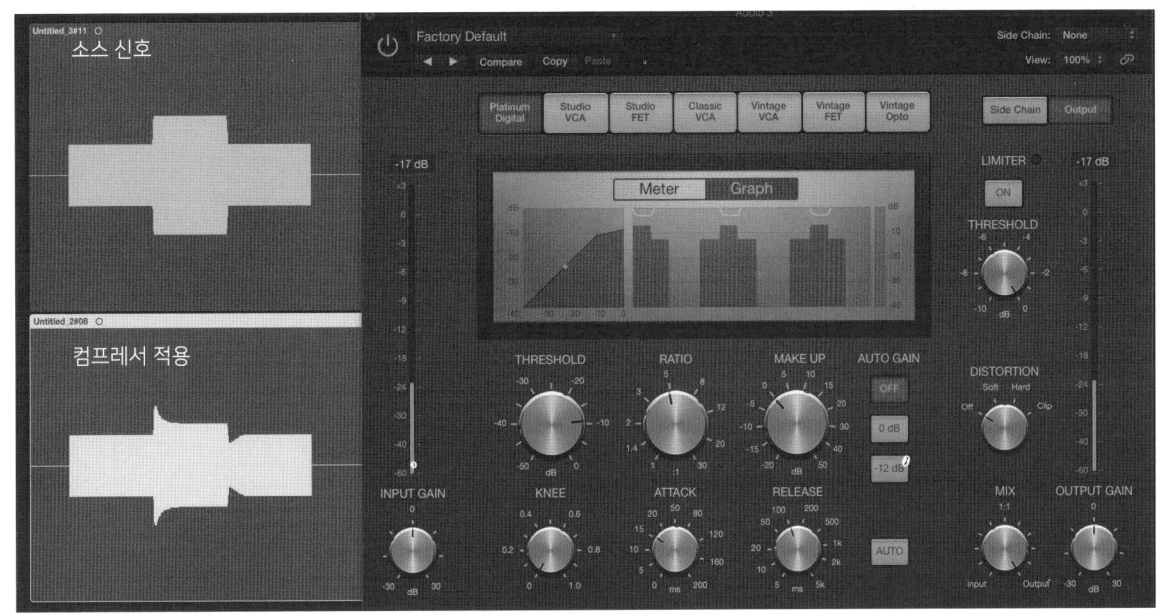

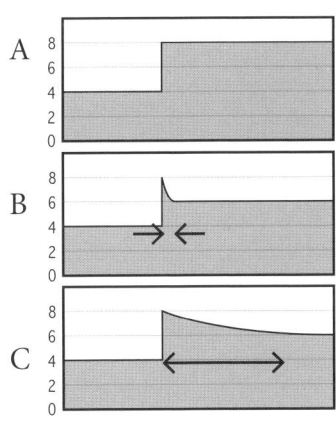

1/1000초 단위로 조정되는 어택 타임과 뒤에 나올 릴리즈 타임은 DAW상에서 파형으로 그 작동 내용을 정확히 파악하기는 어렵다. 그래서 최대한 확대한 그림을 그려보면 옆 그림과 같이 작동 내용을 살펴볼 수 있다. 그림 A는 컴프레스가 작동하지 않는 상태의 신호, B는 아주 짧은 어택과 릴리즈 타임을 적용한 신호, C는 긴 어택과 릴리즈 타임을 적용한 신호이다. 그림에서 드레숄드는 2dB로 정해졌으며 레이시오는 2:1인 것을 알 수 있겠다. 곡선의 레벨 변화를 수동식으로 페이더를 내리고 올리면서 바꾼다고 봐도 된다.

킥 드럼과 같이 엔벨로프 상의 어택 부분의 레벨이 크고, 시간이 짧은 신호를 처리할 경우, 음색적으로 취할 수 있는 다양한 옵션이 앞서 배운 게이트의 어택과 컴프레서의 어택 타임 조정이다. 그렇게 해서 최대 ±15dB까지도 키우거나 줄일 수 있는 이퀄라이저에 평평하고 무난한 소스 신호로 바꾸어 처리할 수 있게 전해 주게 된다. 많은 경우, 이퀄라이저에서 고역대를 전혀 손보지 않아도 될만큼 그 앞단의 게이트/컴프레서에서 음색 조정을 끝내기도 한다.

어택 타임을 자동으로 조절하게 된 장비들도 있다. 또는 Fast, Slow 이렇게 두 개로만 선택될 수 있는 장비들도 있다. 주로 아날로그 장비들이 그렇게 되는데, 아무래도 디지털보다 회로 자체가 만들어내는 정밀한 조정이 어렵기 때문이다. 디지털로 바뀌면서 엄청나게 세밀한 작업이 가능하게 되었다. 물론, 모든 프리셋과 메모리가 항상 같은 결과로 작동한다는 최고의 장점도 있다. 아날로그는 같은 모델도 장비에 따라 똑같이 작동하긴 어렵다. 알고있는 것과 반대로, 어택 타임이 빠를수록 자연스러울 수도 있다. 엔벨로프 상의 어택 타임 자체를 건드리기 때문에 원래 그런 것처럼 들릴 수 있다는 이야기이다. 물론, 드레솔드를 비롯한 파라미터를 어떻게 정하냐가 관건이다.

컴프레서의 동작을 이해하는 데 반드시 고려해야 하는 것이 원래 소스 신호가 지니는 엔벨로프 변화하는 것을 명심하자. 바이패스(Bypass) 기능을 써가면서 원래 소스와 조정되는 소스를 비교하는 것이 정석이다.

2.6.5 릴리즈 타임

컴프레서의 릴리즈 타임(Release Time)은 소스 신호가 드레솔드 이하로 내려가서 컴프레서의 동작 범위를 벗어날 경우, 줄여진 소스 신호의 레벨과 줄여지지 않은 소스 신호 간의 이질감을 줄이기 위해서 사용된다. 즉, 이 부분 역시 원래 소스의 엔벨로프 형태를 생각해보면 자연스럽게 이해가 될 수 있다.

자연스러운 파형의 변화에 일정 부분 레벨을 내렸다가 풀어 주었다면, 당연히 그 부분의 처리를 일정한 단계를 커브를 가지면서 이어지게 해야 하는 것이 좋다는 이야기이다. 이 부분이 없다면 레벨로는 자연스럽게 이어진다고 해도, 소리의 색깔 변화가 뚜렷하게 나타날 수 있다. 컴프레서의 사용 목적이 음색적인 컨트롤이라고 한 것을 잊지 말자.

옆 그림을 다시 보자. A에서 8dB로 진행되던 신호가 B와 C에서는 2:1의 레이시오에 의해 2dB 줄어져 6dB로 출력되다가, 다시 4dB의 드레숄드 레벨로 진행된다. 릴리즈 타임이 정해진 B와 C에서 드레숄드 레벨로 떨어진 소스 신호의 레벨은 정해진 레이시오, 즉 컴프레스 되었던 크기만큼 내려갔다가 다시 원래 소스 신호 크기인 4dB값으로 복귀되어 출력된다. 주어진 소스 신호가 사각파와 같은 고정되고 일정하여 엔벨로프 상의 변화가 전혀 없는 파형일 상황에는 그림처럼 그 너울 현상이 크게 보일 수도 있겠지만, 우리가 작업하게 되는 거의 모든 소리 신호는 엔벨로프로 표현되는 파형의 변화를 가지기 때문에 이 급격할 수도 있게 보이는 너울 현상이 되레 자연스러운 레벨로 느껴지게 된다. 반드시 실습해서 정확한 의미와 유용한 방법을 익혀봐야만 한다.

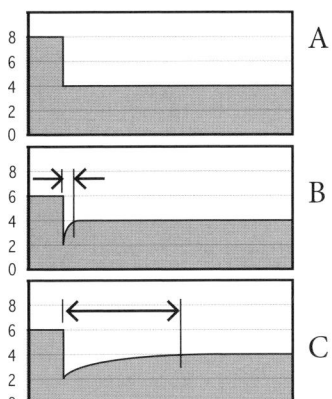

더러, 홀드(Hold) 타임의 설정이 있는 컴프레서도 있는데, 이 상황에는 게이트에서 본 것과 같이 릴리즈 타임이 시작될 시점을 설정하는 기능이 된다. 30ms로 정하면, 드레숄드 이하로 내려가서 컴프레서 기능이 종료된 후 30ms를 기다렸다가 정해진 릴리즈 타임의 레벨 복구를 시작한다.

정리해보면, 옆 그림과 같이 릴리즈 타임은 레이시오에서 정해놓은 비율만큼 드레숄드 이하의 신호도 곡선처럼 실제로 페이더를 내렸다가 다시 드레숄드 레벨로 풀어주는 기능이라 설명할 수 있다.

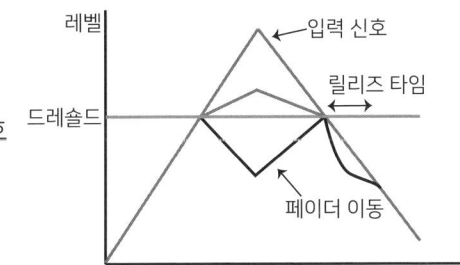

2.6.6 Knee

Knee는 드레숄드 이상의 레벨이 입력되어 레이시오에서 정하는 비율 때문에 출력이 변할 때, 그 변화되는 모양을 어떻게 처리할 것인가를 정하게 된다. 다음 페이지 그림에서 보는 것처럼, *Soft Knee*로 정해질 상황에는 드레숄드 레벨에 접근하기 이전부터 자동으로 컴프레스를 서서히 적용하게 한다. 반대로 *Hard Knee*의 상황에는 드레숄드 레벨에서부터 바로 적용을 한다. Soft Knee는 오버이지(Over Easy)라 부르기도 한다. 무릎을 뜻하는 단어에서 보는 것과 같이 구부러지는 각도를 이야기한다.

Hard Knee는 타악기와 같이 강한 소리 신호에, Soft Knee는 보컬과 같이 부드러운 특성이 필요할 상황에 사용한다. 쉽게 Soft Knee로 설정된 컴프레서 세팅에서는 컴프레스 걸린 소리와 안 걸린 소리의 경계를 부드럽게 만들기 때문에 표시가 안 난다는 장점이 있고, Hard Knee의 상황에는 그 경계가 분명하게 되지만, 그 경계점을 강한 소리 신호에 사용해서 분명한 컴프레스 효과를 거둘 수 있게 사용하게 된다. 그 크기를 얼마나 할 것인지, dB로 값을 정하게 되어있는 장비도 있다. 더 섬세한 음색조정을 위한 도구가 된다.

2.6.7 출력 게인

출력 게인은 컴프레서에서 정리된 소리 신호를 원하는 만큼 조정하기 위해서 사용된다. 메이크 업 (Make up) 게인이라고 하기도 한다. 컴프레서에 입력되는 소스가 컴프레서 작동을 통해서 변화가 되면, 우선적으로 레벨이 컸던 주파수 대역의 변화가 더 크게 인지되게 된다. 사실 전체 주파수 대역이 다 해당되는 레이시오의 비율에 의해 정해진 레벨 감쇄가 벌어지게 되지만, 라우드니스 감지의 특성상(등청감곡선 참조) 느껴지는 더 컸었던 대역의 감쇄가 있다고 느껴지게 된다는 것이다. 그래서 줄어든 레벨을 게인 스트럭쳐의 바른 운영을 위한 표준라인레벨로 키워야하는 부분이 있다. 이 부분을 이야기 한다. 이 게인은 드레숄드 이상이나 이하의 모든 레벨에 같이 적용이 되는 최종 출력 레벨 조정용이다.

그냥 단순한 레벨 증폭이라 이해할 수도 있지만, 컴프레서의 작동을 이해해보면, 이 게인의 역할이 중요해진다. 그 이유는, 일반적으로 컴프레스된 출력 자체가 원 소스에 비해서 신호의 강도가 줄어들어 원래 지니는 특성(캐릭터) 역시 줄어들기 때문이다. 그 후, 게인을 통해서 레벨을 키우게 되면, 만들어지는 새로운 특성의 소리를 키우게 되겠다. 결과적으로 작은 소리를 크게 만드는 것으로 생각되기도 한다.

자동적으로 오토 게인을 우선해서 설정하게 되어 있는 장비도 있다. 그렇게 되어 지나치게 증폭되어 있을 수도 있으니까, 가급적이면 수동적으로 필요한 만큼 사용하도록 하자.

2.6.8 구현 방식

앞에서 다루었던 부분을 생각하면서 여러 가지 종류로 개발되고 보완된 컴프레서의 종류에 대해 알아보자. 초기 별다른 장비없이 마이크 출력을 증폭, 전송해서 방송되던 라디오 중계 같은 상황에서, 중계진의 경기에 따른 큰 중계 멘트가 나올 때마다 계속 레벨을 조정해야 하는 문제점이 있었다. 당연히 기술상의 실수는 발생하고, 자동 레벨 조정 필요성이 생겼다. 알려진 내용으로는 초기 LA2A의 개발자인 James F. Lawrence가 기본적인 아이디어를 구상했다고 하고, 그 후 VCA의 개발로 신호 흐름 중간에 게인 조정부를 설치하고 사이드 체인 개념에서 신호를 활용하는 방법으로 자리를 잡게 되었다. 원래는 리미터 개념에서 최대 레벨을 고정해놓는 방법으로 개발하였지만, 신호를 검출한 후 조정을 하게 하는 반응 자체가 느려서 급작스러운 레벨 변화에 빠르게 반응을 하지 못했다. 그런데, 이 부분이 컴프레서로 변환되는 계기가 되고, 리미터와 다른 컴프레서의 발전으로 이어졌다.

디스크에 직접 녹음하던 시대와 그 후 테이프 기반의 시대, 그리고 디지털 시대에서도 정해진 최대 레벨을 지켜야만 하는 과정에서 자연히 컴프레서는 중요한 장비로 사용되고 있다. 개발자들의 개발 목적에는 당연히 최대한 자연스럽게, 그래서 컴프레서가 안 걸린 것처럼 걸리게 해야 하는 부분이 있었는데, 그 과정 가운데 최대 레벨시 발생하는 Saturation과 같은 독특한 효과까지 나오게 되었다.

초기에는 가변되는 게인의 증폭 단에 Vari-Mu는 진공관을 사용한 Vari-Mu방식은 앞서 설명했던 것과 같이 레이시오가 존재하지 않아서 앞에서 보았던 옆 그래프처럼 레벨의 증가에 따라 감쇄량이 같이 늘어나는 방식으로 일정한 부분까지 컴프레스 레벨이 올라가고 그 후에는 1:1 비율과 같이 작동하지 않는 상태로 돌아가게 된다. 따라서 타악기나 강한 음압이 지속하는 경우 더 단단하게 만드는 특성을 나타낸다. 실제 하드웨어 장비의 상황에 이러한 이유로 요즘도 빈티지 장비들은 비싼 가격에 팔리고 있고, 또 여러 복각 장비들도 출시되어 있기도 하다. 물론 대부분 제품이 플러그인 형태로 나와 있다.

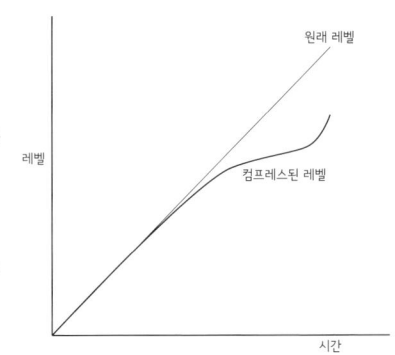

옆 Manley사의 제품이 대표적인 장비이다. Vari-Mu 방식은 옵티컬(Optical, 광학)방식보다 어택과 릴리즈 반응시간이 빠르지만, FET나 VCA 방식보다 느린 특징도 가진다. 특성상, 입력되는 신호에 대해 아주 정확한 분석이 우선되어야 하고, 무조건 사용하는 것보다는 그래프에 따른 출력의 변화를 고려해보면서 활용을 해야만 한다. 사실 많은 상황에 무조건 걸어서 다소 왜곡되는 소리를 쓰고 그것이 특유의 캐릭터라 오해된 것을 MSG처럼 애용하기도 한다.

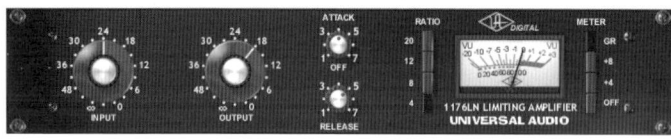

그 후 진공관을 FET 소자가 대치하면서 진공관보다 상당히 빠른 어택(20μs부터 시작)과 릴리즈를 가지는 FET 방식이 나왔는데, 여기에는 레이시오 기능이 추가되었다. 물론 아주 큰 입력 후에 Vari-MU와 마찬가지로 선형방식의 비율 변화로 컴프레싱되는 특성을 가진다. 대표적인 제품 옆 1176LN(Universal Audio)이다. 앞서 드레솔드가 없지만, 고정된 드레솔드 값을 찾을 수 있는 방법을 언급했었다. 12:1, 24:1의 레이시오를 활용해서 리미터로 사용하기도 한다.

옵티컬 방식의 컴프레서는 내부 사이드 체인에 설치된 전구나 LED의 밝기 변화를 게인단의 광전도체가 인식해서 게인 값을 조정하게 한다. 음악적인 반응도가 다른 컴프레서보다 상대적으로 느리기 때문에 어택과 릴리즈의 세밀한 조정이 어렵다. 하지만, 이 특성 자체가 하나의 특징되면서 또 다른 색깔을 나타낸다. 대표적인 제품은 옆의 Tube-Tech의 CL 1B이다.

VCA 방식은 아날로그 컴프레서 방식 중 가장 세밀한 조정이 가능한 방식이다. 그래서 가장 현대적인 방식이라고도 불린다. dbx사의 여러 가지 시리즈 제품이 필수 장비처럼 많이 쓰이고 있다. 옆이 대표적인 제품이라 할 수 있는 dbx 160 제품이다. 이 제품

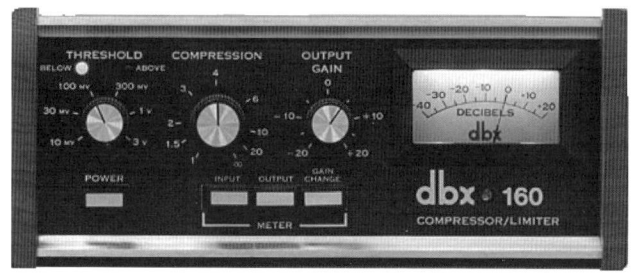

은 Peak 검출 방식이 아닌 RMS 검출 방식을 채용하여 부드러운 레벨 변화를 보여준다. 오버이지라고 설명된 Soft Knee의 원천 기술을 개발한 회사이기도 하다.

    Digital 방식은 디지털 특유의 수학적인 연산으로 만들어지기 때문에 제일 세밀하고, 또 정교한 작동을 가능하게 한다. 더 자연스러운 시간 축의 곡선적인 조절이 가능하다. 당연히 샘플링된 데이터이기에 어택이나 릴리즈 타임도 제한 없이 사용하게 된다. 한 가지 중요한 부분은, 아날로그 장비들이 지니는 선형 처리의 단점이 디지털에서는 나타나지 않기 때문에, 커지는 신호를 기다릴 필요가 없이 바로 미리 검출해서 알고리즘 적용을 바로 준비할 수 있어 정확한 처리가 더 가능하다. 그만큼 믹싱 엔지니어의 관점에서 더 세밀한 작업이 가능해졌다. 그리고, 앞서 설명된 아날로그 방식들의 디지털 구현이 지니는 장점의 활용이 더 중요해지기도 했다.

    2015년 출시된 Logic Pro 10.1 버전에는 아예 기본 컴프레서 플러그인이 언급된 여러 종류의 방식을 다 선택해서 쓸 수 있게도 만들어졌다. 오래전 녹음실에는 전부 다 더해봐야 10개를 못 넘는 컴프레서가 사용되었었다.

    160 설명에서 나온 RMS 검출 방식은 부드러운 특성 때문에 많은 컴프레서가 채용하고 있는 방식이다. 장비나 플러그인에서 특별히 PEAK, RMS의 선택이 없다면 대부분 RMS 검출 방식이다.

2.6.9 그 외

    게이트에서 다루었던 룩 어헤드, 사이드 체인, 미터 등의 부분이 같은 방식으로 적용된다. 스테레오 링크 기능은 장비가 2채널 모델경우에 1번 채널의 세팅값이 그대로 2번 채널에도 적용되게 한다.

Mixing Tools

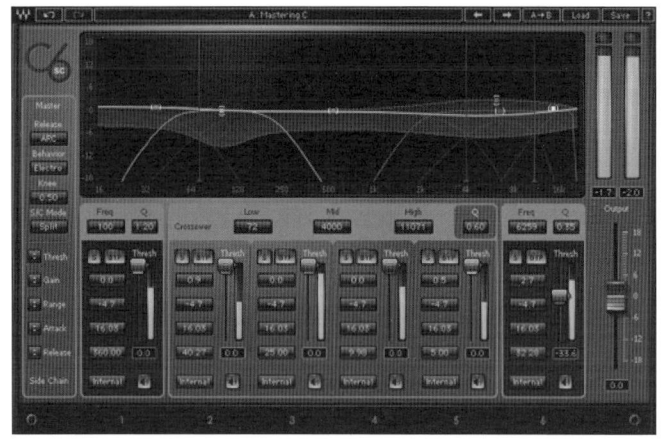

요즘 디지털 기술의 발달로 많이 사용되는 것이 멀티밴드 컴프레서인데, 소개된 컴프레서들과는 다르게 주파수 대역을 나누어서 각각 다른 세팅으로 사용할 수 있다. 주파수 대역별로의 선택적 컴프레서 적용으로 원하는 음색을 만들어낼 수 있는 또 하나의 방법으로 많이 사용되고 있다. 물론 멀티밴드 컴프레서를 디에서나 저역대의 많이 부각되는 부분만 조정할 수 있는 기능으로도 사용한다.

따로 버스 컴프레서라고 전용 장비와 플러그인이 있는데, 주로 믹스되어진 버스 출력 또는 마스터 단에 걸어서 최종적으로 조금 더 넓은 해상도와 레벨의 안정성을 가지려고 한다. 물론 아예 믹싱 처음 단계부터 마스터 단에 걸어놓고 사용하는 경우도 있고, 믹싱을 다 마무리하는 단계에서 걸어 사용하는 경우도 있다.

레이시오가 10:1 이상인 세팅은 리미터의 기능을 하게 되는데, 아예 전용 리미터로 나오는 제품을 사용하여 라우드니스 워(Loudness War)라 불리는 음압 전쟁의 주 무기로 쓰이기도 한다. 방송 같은 환경에서 디스토션이 안 만들어지게 최대한 음압을 안정적으로 만들어내는 역할을 한다. 컴프레서와 궁극적인 차이점은 컴프레서는 정하는 드

레솔드 값 이상의 레벨에 관해서만 작동하는 목적이지만, 리미터는 드레솔드 이하의 레벨에 집중하면서 초과하는 레벨의 컴프레스를 어떻게 하냐에 그 목적이 있다. 아래 제품은 필자가 마스터 단에 사용하는 UAD의 Precision Limiter이다. 브릭 월(Brick Wall)라고 벽돌벽으로 천정을 막아놓아 더는 레벨이 안 올라가면서도 변형이 최소화되는 제품의 하나이다.

2.7 디에서

디에서(desser)란 영어로 S를 줄여준다는 말이 이름이 된 장비이다. 치찰음(齒擦音, sibilant)라고 발음할 때 이빨 사이에 빠져나가는 공기의 마찰로 발생하는 소리가 다른 소리보다 에너지가 많아서 발생하는 현상을 줄여주는 장치이다. 입 앞에 바로 마이크를 설치하게 되는 근접 마이킹이 보편화하면서 특별하게 강조되는 이 치찰음 대역의 처리가 보컬 프로세싱에서 필수 작업이 되었다. 처리가 안 된 상태는 당연히 ㅅ, ㅊ 등의 발음이 강하게 튄다. 물론 입으로 부는 플루트와 같은 악기의 녹음에도 있고, 더러 스네어 같은 트랙의 고역대 공진 제거에도 사용된다.

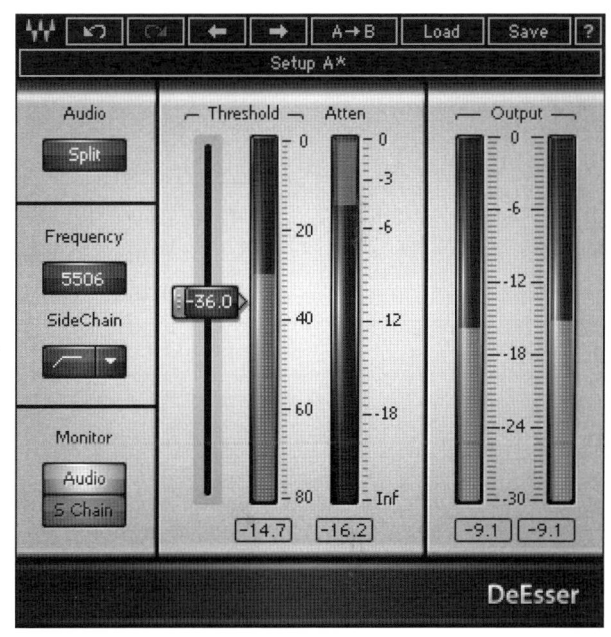

이퀄라이저로 처리하기에는 항상 잘리게 되는 해당 주파수가 아쉬워질 수 있으므로, 디에서를 많이 사용한다. 디에서는 컴프레서의 일종으로 대략 4-6kHz 대역의 처리를 많이 이야기한다. 하지만, 이렇게 4-6kHz 대역을 처리할 경우 디에서로 처리하고자 하는 소리 외에 기본 음색까지 영향을 받게 된다. 그래서 8kHz-10kHz 대역을 처리해보도록 하자. 치찰음도 줄이면서 기본 음색도 충분히 살릴 수 있다.

일단, 치찰음이 나오는 부분을 DAW에서 반복하게 하고, 플러그인을 걸어본다. 프리셋을 불러서 이것저것 만져보는 것도 방법이겠지만, 일단 왼쪽 디에서 같은 상황에 모니터를 S Chain으로 선택해 실제 줄여질 부분을 들어본다. 그다음 주파수 대역을 움직이면서 원하는 정확한 주파수 대역을 찾는다. 찾은 다음, 모니터를 Audio로 바꾼 다음에 드레숄드를 내려가면서 치찰음이 최소화되는 레벨을 정한다.

사이드 체인의 주파수 모양이나 다른 옵션은 장비마다 다르기에 각자 반드시 제대로 사용 방법을 익혀보도록 하자. 보컬의 처리 상황에 가장 먼저 디에서를 건다, 그 후 다이내믹 계열과 이퀄라이저를 걸어서 사용한다.

2.8 이퀄라이저

이퀄라이저(Equalizer)의 기본적인 기능과 종류, 사용법은 음향시스템 핸드북을 비롯한 여러 가지 방법으로 배우고 알고 있으리라 보고 본격적으로 공부를 해보자.

이 책에서 말하는 대부분의 이퀄라이저는 믹서 채널 스트립과 플러그인으로 나와 있는 파라메트릭 이퀄라이저를 말한다. 그래픽 이퀄라이저를 믹싱의 과정에서는 사용하지 않는다. 가장 큰 이유는 31밴드 그래픽 이퀄라이저와 같이 세분화 되어있는 이퀄라이저의 조정에 기본적으로 부자연스러운 커브가 만들어질 수 있기 때문이라는 게 필자의 생각이다. 믹싱의 과정에서 가장 중요한 요소가 강요하지 않는 자연스러움이라는 것을 생각해본다면, 과도하게 작업할 수 있는 그래픽 이퀄라이저가 그렇게 유용한 도구가 되지 않는다는 결론이 난다. 파라메트릭 이퀄라이저의 자연스러울 수 있는 커브가 자연스럽게 소스를 건드릴 수 있다고 생각해보자. 과격한 외과 수술식 기법, 영어로 써지컬 이퀄라이제이션(Surgical Equalization)이라 하는 과도한 칼질을 많이 하지 않는 게 가장 좋다. 문제가 될 몇 군데의 제거에만 활용하는 것을 권한다. 특히 불필요한 공진 같은 부분은 먼저 제거한다.

이퀄라이저의 사용에 있어서, 앞 단에 게이트/컴프레서의 조합이 우선된다면 아주 쉬운 작업으로 원하는 톤을 만들어낼 수 있다. 공부한 것과 같이 이미 게이트, 컴프레서에서 웬만큼 음색을 만들 수 있기도 하고, 그렇지 않다고 해도 만지기 좋은 형태로 미리 만들어 놓는 작업이 될 것이다. 그렇게 된다면, 이퀄라이저는 엄청나게 좋은 창조의 도구가 된다. 피아노 학원 앞에서 듣는 것 같이 땅땅거리던 피아노가 잠깐 사이에 7피트 컨서트 그랜드 피아노로도 바뀐다. 해결이 안 나던 베이스의 울렁거림도 간단히 해결되어 아주 단단하게 저역대를 담당하게도 된다.

1.6 음색 조정에서 다루었던 부분을 기억해본다. 이퀄라이저의 조작에는 선택된 채널의 악기 이름, 특성, 대역,, 그런 부분들이 우선되지 않는다. 많은 사람이 말하는 그 부분들은 믹싱에서는 고려하지 않는 게 더 좋다. 해당 악기나 트랙의 성격을 무시하는 이야기는 아니다. 생각의 한계를 가지지 말자는 것이고, 배음과 같은 아름다운 요소를 놓칠 수 있기 때문이다.

자연스럽다는 말 자체가 얼마나 어려운지는 믹싱을 해보면 알 것이다. 자연스럽게 들린다는 것 자체가 소스에서 해결되는 경우가 드물고, 그냥 들리는 소리 자체의 문제성을 진지하게 고민해서 알아내야만 된다. 정확하게 이 부분을 분석해본다면, 일단 부자연스럽다는 것은 주파수 스펙트럼 상에서 찌그러지거나 변형된 부분이 있다는 것, 그리고 마이킹과 같은 소스의 흡음 과정이나 레코딩 과정에서 시도되어 처리된 프로세싱의 문제가 있을 때가 해당된다.

이퀄라이저의 중요한 목적중 하나는 주파수 스펙트럼 상에 믹스될 소스를 고려해서 분리할 수 있는 부분이다. 하이 햇 트랙에서 킥이나 스네어의 중음에서 저역까지의 소리가 필요할 경우는 극히 드물다. 이퀄라이저에서 로우 컷해 저역대를 처리 안 하게 하는 것은 기본적으로 하는 작업의 첫 단계일 것이다. 킥 드럼에 베이스를 잘 얹어서 킥 베이스를 만들어야 하는 데, 80Hz 전후의 저역 부분을 킥에서만, 그리고 베이스는 그 이상의 대역만 처리하게 하면 제대로 킥 베이스가 만들어질 수 있다. 잘 섞일 수 있게, 잘 분리하는 것이 중요한 부분이다.

그리고 이퀄라이저는 해당 명료도 부분을 조정할 수 있다. 사실 믹싱하면서 각 소스를 정리하는 단계에 명료도를 유지하거나 보강해야 하는 부분은 반드시 고려해야 하는 부분이다. 명료도가 떨어지면 다른 명료도가 좋은 소스들에 인해서 가려지게 된다. 물론, 일부러 고역대의 선명도를 제거하는 경우도 있다. 두껍고 깊게 깔리길 원하는 패드, 1미터 전방에서 저역대의 은은하며 무겁게 자리 잡아 놓는 퍼커션 루프, 어둡고 깊은 리버브 리턴,, 창조라는 측면에서 일부러 처리해야 하는 부분이 당연히 있다.

이퀄라이저의 조정으로 얻을 수 있는 또 하나의 부분은, 모노 소스를 두 개로 나누어 한쪽에는 고음 중심, 다른 쪽은 저음 중심으로 이퀄라이저 조정을 하여 스테레오 효과를 낼 수도 있다. 좌우 두 귀로 인식되는 같은 소리의 모양이 다르면 당연히 좌우의 분리도가 높아진다.

어쿠스틱 기타 연주가 있는데, 저역대에서 울림이 자꾸 귀에 걸린다. 100Hz 대역 이하의 웅웅거림이 전체 사운드도 불분명하게 만들고, 그렇다고 저역을 줄이면 너무 가벼워지는 상황이라 생각해보자. 이럴 경우, 믹서의 프리부 또는 플러그인 이퀄라이저에 있는 저역 필터를 먼저 걸어놓는다. 예를 들어 125Hz 대역 이하를 잘라버렸다고 보자. 필터 이후의 소스 신호에는 125Hz 이하의 대역은 이미 사라져 있다. 대부분 이 상황에서 고음을 줄여가면서 너무 짤랑거리지 않게 하면서, 계속해서 저역대가 부족한 부분을 고민할 것이다. 교육하다 보면, 자주 보게 되는 상황이, 어쿠스틱 기타니까 이야기한 대로 저역을 자르고, 또 공진이 어디 있는지 열심히 찾아서 자르고, 그렇게 하다 어정쩡한 상태로 그냥 섞어버리는 경우이다.

자, 저역을 HPF로 125Hz를 잘랐다. 그다음에 연결되는 저역대의 이퀄라이저를 쉘빙으로 해서 100Hz 정도 대역을 한 5-6dB 키워본다. 이미 125Hz 이하를 잘라버렸기 때문에 소스 자체는 빈 깡통과 같이 소리가 없는 대역인데, 이렇게 키워보면 들리는 어쿠스틱 기타 소리가 부드럽고 든든해진다. 아예 8dB 이상으로도 키워본다. 얼마만큼 키울지는 이미 가지고 있는 중음과 고음대와의 조화에 기준을 두어야 한다. 그러면서 맘에 드는 저역대의 이퀄라이저 곡선을 정한다. 여기서, 과연 왜 텅 빈 주파수 대역을 키웠다고 없던 저음이 살아날까? 아니, 로우 컷을 걸지 않고 저역 쉘빙 이퀄라이저를 키웠을 때 못 듣겠던 사운드가 로우 컷을 걸고 저음을 키우니 편하고 단단해졌을까? 이 부분은 앞 1.6장에서 간단히 언급 했었다.

정답은, 배음이라는 것이 존재하기 때문이다. 모든 자연 공간 가운데에서의 소리는 기본 주파수와 해당 주파수의 **정수배**(2, 3, 4배 같은) 주파수에 나타나는 **배음**(하모닉스), 정수배가 아닌 주파수에서 나타나는 **오버톤**(Overtone), 그리고 해당 주파수와는 관련 없이 해당 소리가 발생하는 공간의 물리적 공진 때문에 나타나는 **포먼트**(Formant)로 구성된다. 그래서 우리는 이 4가지 소리의 기본 요소를 다 고려해서 이퀄라이저를 활용해야 자연스럽게 창조되는 음색을 만들어낼 수 있다. 4번째 포먼트는 이퀄라이저 앞에 걸리는 익스팬더/게이트에서 먼저 정리가 될 것이다.

앞서 킥 베이스의 설명에서 나타나는 재미있는 현상은, 베이스의 80Hz 이하를 잘라서 베이스 기타의 중후함을 제거해버렸는데, 그 대역을 포함한 킥 드럼과 더해지면서 킥과 동시에 연주될 경우, 베이스에서 잘라버린 대역대가 여전히 존재하는 것으로 우리 뇌는 인식한다는 것이다. 이 저역 필터의 사용으로 얻는 아름다움은, 해당 주파수 이하의 대역을 제거해서 개운함을 얻는 것보다, 그 부분 때문에 분명해지고 명확해질 수 있는 중고음이 있기 때문이다.

이퀄라이저의 사용에 가장 중요한 주파수 대역에 대한 이해를 아래와 같이 정의해보자.

극초저역(Sub Sonic) - 20Hz 이하 대역의 소리, 잘 들리지는 않는다. 물론 이 대역의 소리를 만드는 악기도 드물다. 파이프 오르간 중에 몇 대가 이 대역의 소리를 만들어낸다고 한다.

초저역(Low Bass) - 20~60Hz 대역으로 초 저역대라 불린다. 이 대역이 힘의 기능을 한다. 물론 이 대역도 잘 들리지는 않지만, 다른 위 대역과의 어울림으로 분명한 존재감이 만들어진다.

미드 베이스(Mid Bass) - 60Hz~120Hz 대역으로 킥 드럼과 베이스의 중심 음색을 포함한다.

어퍼 베이스(Upper Bass) - 120~250Hz 대역으로 대부분 악기의 기본 주파수가 포함된다. 물론 이 대역의 처리가 아주 중요한 음색 결정의 요소가 된다. 팝핑과 라이브시 무대에서 일어나는 불필요할 울림의 부분이기도 하다.

중 저음(Low Mid) - 250~2kHz 대역으로 몸통의 기능을 한다. 물론 이 대역에도 처리해야 할 공진이 존재한다.

중 고역(Hi Mid) - 2kHz~6kHz 대역으로 인간의 귀에 가장 민감한 대역이다. 명료도와 존재감의 중심이 된다.

고역(Hi) - 6kHz 이상 대역으로 전체 에너지 대역에서는 가장 작지만 확실한 역할이 있다. 이큐에서 로우패스 필터를 걸어서 제거했다가 다시 풀어서 분명하게 역할을 이해해 보자.

나열된 정의는 그냥 외워서 해결될 부분은 절대 아니다. 실제로 각 대역만 키워보고 줄여보면서 정확한 정의를 스스로 내려보자.

2.8.1 조언

음향시스템 핸드북이나 다른 서적, 그리고 실전 경험에서 기본적인 이퀄라이저의 종류나 기능은 독자들이 이미 알고 있다고 생각하고 진행한다. 자주 안 다루는 부분을 다루어보자.

필자가 추천하는 가장 좋은 기술 습득의 방법은, 4 밴드 이하의 장비와 플러그인으로 열심히 만들어 보는 것이다. 3밴드 이퀄라이저가 있다면, 3밴드로 먼저 시작하도록 하자. 그렇게 제한된 조건 가운데 열심히 고민하고 방법을 알아간다면 나중 6밴드나 그 이상의 이퀄라이저에서 더 좋은 사운드를 쉽게 만들 수 있다. 참고로, 80년대나 90년대 엄청난 걸작들이 대부분 3밴드나 4밴드 이퀄라이저로만 만들어졌다.

필자가 믹싱 교육하면서 발견된 공통 사항 가운데 하나는, 엔지니어가 이퀄라이저를 너무 조심스럽게 사용한다는 것이다. 7-8dB 이상을 키우는 것, 아니 10dB 이상은 한 번도 키워본 적이 없다는 이야기를 듣는다. 대부분 그런 부분에서 하는 이야기는 그렇게 하면 위상이 많이 흐트러지고 왜곡된다는 것이다. 이퀄라이저는 위상을 활용하는 장비이다. 최저 15dB까지, 또는 그 이상으로 쓸 수 있게 해놓았다는 것은 그렇게 해도 된다는 이야기이다. 두려워하지 말자. 그리고 또 발견한 부분은, 눈으로 이퀄라이저를 너무 심각하게 조정한다는 것이다. 이퀄라이저는 귀, 그리고 손으로 하는 작업이라야 한다.

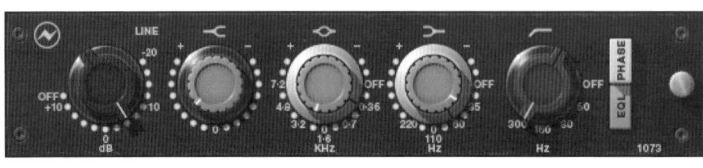

혹시, 왜 옆 그림의 Neve 1073 EQ 처럼 아주 단순한 기능의 장비가 고가의 장비인지 이해가 가는가? 모든 DAW에 따라오는 번들 이퀄라이저보다도 기능도 훨씬 떨어지고, 정밀도 역시 엉망일 수 있는 아날로그 장비인데도 엄청난 가격으로 아직도 거래된다. 그 이유는 이 이퀄라이저가 만들어내는 아주 특이한, 그리고 그것이 레코딩 업계에 매력적인 요소로 자리 잡은 부분이 있기 때문이다. 그 특이함의 한 가지 요소는 사진 오른쪽 마지막 놉인 하이패스 필터인데, 정하는 300, 150, 90, 60Hz에서 그냥 잘라내는 것이 아니고, 그 대역대에서 약간의 피킹 이퀄라이저로 부스트한 공진을 더해서 매력적인 부분을 만들어 낸다. 레조넌스 필터라고도 부르며, 이 기능이 없는 대부분 이퀄라이저에서도 시도해볼 수 있다. 앞 장에서 언급한 배음의 부분도 이 레조넌스 필터의 부분과 당연히 연계성을 가진다. 물론 이 레조넌스 필터가 빈티지 장비의 특징을 대표하지는 않는다.

디지털 시대의 이퀄라이저 활용법 중에서 독보적으로 나오게 된 부분이 써지컬 이퀄라이제이션(써지컬 이퀄라이저라고 하자)의 부분이다. 아주 정교하게 작업할 수 있는 도구가 생기면서 가능해진 부분인데, 앞서 설명한 부분처럼 필요한 몇 군데에만 쓰는 게 자연스럽다.

눈으로 조정하지 않아야 하겠지만, 기술 습득의 차원에서 일단 마스터 단에 애널라이저를 걸어놓고, 아무 트랙이나 하나 채널에 걸고, 이퀄라이저를 걸어본다. 킥 드럼을 걸어보자. 써지컬 이퀄라이저의 목적은 제거해야 하는 공진을 찾아내는 것이다. 대부분 공진은 기본적으로 비슷한 소리를 가진다. 대역대는 악기의 구조나 공간의 구조에 따라서 달라지겠지만, 기본적으로 레벨을 키우면 머리도 아픈 '우~웅' 하는 공명음이 지속된다. 일단 중저음의 공진대역을 찾으려면, 해당 주파수 대역을 조정할 이퀄라이저 대역을 선택한 다음, Q 값을 중간 정도로 해놓고 게인을 최대로 올린다. 그리고 주파수를 돌려가면서 제거해야 할 공진을 찾는다. 다른 대역의 소리를 건드리지 않아야 할 테니까, Q를 점차 좁게 만들어 가면서, 그리고 주파수를 돌려가면서 정확한 공진 대역을 찾는다. 그렇게 찾은 주파수 대역의 게인을 이번에는 반대로 최소로 내린다. 다 내린 상태로 제거해버리면 원음 가운데 포함된 해당 주파수와 또 있어야 할 해당 대역의 배음까지 영향을 받으니까, 올리면서 공진이 없는 자연스러운 상상 속의 해당 악기 음색과 맞는 지점으로 게인을 조정한다.

공진은 영어로 레조넌스(Resonance)라고 하는 데, 바로 앞에서 본 레조넌스 필터와 같은 공진을 의미한다. 하나는 제거해야 할 부분, 또 하나는 있어서 매력적이라고 하는 부분이다. 이퀄라이저는 이렇게 두 얼굴을 가진다. 저역

대역을 키웠다는 이야기는 고역 대역을 줄였다는 이야기와 같고, 중역 대역을 키웠다는 이야기는 저역과 고역대를 줄였다는 것과 같다.

2kHz 대역의 주파수를 4dB 키워야 할 것 같은 소스가 있다고 볼 때, 2kHz와 배음인 4kHz를 4dB 정도 Q 값을 조금 줄여서 같이 키워보자. 이렇게 배음의 부분도 고려하는 것을 하모닉스 이퀄라이제이션이라고 한다. 조금 더 자연스럽다 느낄 수 있다.

이퀄라이저 조정에서 좋은 팁이 있다면, 모니터 레벨을 바꿔가면서 확인해보는 것, 바이패스 해서 원래 소스를 확인하는 법, 그리고 머릿속에 원하는 소리를 먼저 그려보는 것이다. 필요하면 레퍼런스 음악을 확인해가면서 그림을 맞추어 가보자. 그림 그리는 것과 같다. 누구는 종이와 연필 하나로 엄청난 명작을 그린다. 그리고 그 누구가 아닌 대부분 일반인은 다들 낙서라고 불릴 정도의 그림이 그려질 것이다. 그 누구는 원래부터 잘 그렸을까? 천재는 없다는 게 필자의 좌우명이다. 연습만이 성공의 지름길이고, 아무나 충분히 그 누구가 될 수 있다. 그리고, 솔로 상태에서 이퀄라이저 조정하는 것보다 믹스 전체를 들으면서 조정하는 법을 익혀본다.

선수가 되어 가는 과정에서 많이 반복하는 부분은 초과하는 부분을 빨리 인지하지 못한다는 것이다. 그래서 다음 날 들어보고, 헤드폰 바꿔가며 들어보고, 차 안에서 들어보고, 그러다 생각 바꾸게 되고, 다시 세션 열어 조정해본다. 특히 저역 대역의 컨트롤, 그리고 고역대 10kHz 이상의 컨트롤이 어렵다. 적당하게, 그리고 자연스러워야 한다는 것이 자꾸 어려워진다. 고수의 한 방에 달라지는 사운드의 변화가 들리는 것부터가 공부의 시작이다. 눈이 초롱초롱 빛나는 30대, 40대 학생들이 믹스룸에서 벌어지는 마술 같은 기적을 경험한다.

써지컬 이퀄라이저 작업의 방법은 사실 그렇게까지 좁게 만든 Q를 가지지 않는 범위에서 파라메트릭 이퀄라이저의 사용법과도 같다. 좋은 대역을 키워서 만들어내는 방법은 나쁜 대역을 줄여서 만드는 방법보다 어렵다. 게이트>컴프레서>이퀄라이저로 이어지는 신호 흐름에서 이미 공부한 각각의 부분을 거쳐서 진행하면, 마치 울퉁불퉁한 진흙 덩어리를 게이트에서 먼지를 털어 깔끔한 덩어리로 만들어 놓는다. 컴프레서는 그 울퉁불퉁한 상태의 진흙 덩어리를 벽돌 모양으로 정리를 해놓는다. 그리고 난 다음 이퀄라이저에서 그 안에 담긴 토끼를 꺼낸다. 그렇게 만들어진 토끼를 숲속에 잘 넣어서 아름다운 그림을 만드는 게 믹스다.

이 책은 먼저 글로 믹싱 공부를 하자는 것이 목적인 책이다. 글을 읽어가며 머리로 이해하면서 장비를 조작하기 시작하면 조금 더 빨리 꿈이 이루어질 것이다. 물론 뒤에 나오는 실습에서 구체적인 부분을 다루기도 한다.

2.8.2 드럼

킥 드럼을 살펴보자. 정통 재즈를 제외한 대부분 팝, 퓨전 재즈, 힙합, EDM, 록,, 장르의 음악에서 킥 드럼은 기준점이자 기둥 역할을 한다. 물론 지난 40년 정도의 음악 역사에 아주 다양한 기준점이 존재했다. 그래서, 시대에 따라 변한다. 그리고 장르마다 다른 모양이 필요하다. 일단 기본적인 부분을 다루어 보자.

킥 드럼은 잘 알고 있는 바와 같이 비터가 만들어내는 가죽 소리와 드럼 자체의 울림을 포함한 저역대의 힘이 생명인 악기이다. 사실 이 두 가지만 살리고 나머지를 제거해도 듣기 좋은 킥 사운드가 나온다. 이 부분도 대부분 잘 아는 내용이다.

우선, 킥의 뼈대가 되는 중심 주파수를 실제 소리보다 더 저역 대역으로 내려보자. 대부분 마이크로 킥 드럼 내부에 킥 인(Kick In)위치에서 마이킹된 킥 드럼 소리는 300Hz 정도 대역에서부터 저역까지 상당히 증폭되어 있다. 힘이 되는 기준 주파수를 무엇으로 정할 거냐가 중요하다기보다, 킥 드럼 자체가 만드는 기준음을 내려보는 부분에 중점을 둔다. 사실 90년대 이전의 음악은 기준음 자체가 125Hz 부근에 있었다. 그래서 그 부분을 다듬는 것으로 킥 드럼의 힘이 정리되었는데, 시대가 변하고, 특히 초 저역대의 역할이 필요한 서브우퍼의 도입과 초 저역 대역의 존재가 음악 산업 전반에 표준처럼 되어가면서 되려 125Hz 인근의 대역을 줄여서 해당 음정을 제거한 후, 초 저역 대역을 증가시키면 이야기한 음정이 내려가게 된다.

그렇게 내려보내서 중심을 잡아 놓은 킥 드럼 사운드에 250Hz 전후의 드럼 통 공진을 찾아서 줄여본다. 이렇게 줄여지면, 갑자기 소리가 고급스러워진다. 중 저역대의 단단함이 없어진다고 생각할 수도 있겠지만, 답답함이 제거 되는 느낌이 들게 된다. 드럼의 사이즈와 마이킹되는 공간, 그리고 장비에 따라 당연히 주파수는 달라진다. 기본 틀을 설명하는 것이다.

이렇게 하고 난 다음 고역의 비터 소리의 비율을 정해본다. 음악의 장르에 따라 달라질 수 있다. 그리고 유행에 따라서도 달라질 수 있다. 타이트한 드럼이 필요할 수도 있고, 아예 아무 처리 안 한 듯한 완전히 풀어져 버린 드럼이 필요할 수도 있다.

스네어로 가보자. 중저음에서 고역대까지 대부분 넓은 대역의 스펙트럼을 가지고 있는데, 음악의 중요한 성격을 정하는 역할을 한다. 250Hz 대역 부근을 강조하게 증가시키면 아주 단단하고 무거운 발라드용 스네어가 되고, 중음을 강조하면 록 스네어 사운드가 나오게 된다. 물론 스네어 역시 공진의 늪을 벗어나기 어렵다. 확실한 해결책은 게이트>컴프>이퀄라이저로 이어지는 기본 세팅에서 폭넓게 봐야만 한다.

탐탐은 킥과 스네어보다 조금 더 힘이 든다. 그 이유는 이상과 현실의 차이가 너무 큰 악기이기 때문이다. 우선돼야 하는 부분은 확실한 격리(독립)를 만드는 것이다. 하이 탐, 로우 탐, 플로어 탐, 각기 탐 트랙에서는 오로지 해당 탐만 나오게 독립을 시킨다. 그래야 제대로 탐탐만을 조정할 수 있다. 그리고 가능한 최상의 튜닝을 유지해야 한다. 좋은 연주자와 잘 세팅된 드럼이라면, 그냥 게이트와 컴프를 통과한 이후 이퀄라이저에서 공진만 제거해도 사운드가 나온다. 대부분 경우는 그것이 아니니까, 먼저 공진과 주파수 대역의 한계를 지어본다. 하이 탐이라면 3-400Hz 이하 대역을 강조할 필요가 없겠고, 일단 로우 컷하고, 500Hz 인근에서 공진을 조금 넓게 잡아본다. 이렇게만 해도 기본 탐 소리가 나올 수 있다. 고역대는 오버헤드와 같이 들어보면서 정리를 해야 한다. 미들 탐은 하이탐의 로우 컷했던 주파수를 조금 더 내린다. 플로어 탐은 킥 드럼 이큐를 참조해서 그림을 완성해보자. 절대 쉽지 않다.

하이 햇의 상황에 레인지를 적용한 게이트를 사용하면 연주 간 공백에 포함된 공간음도 조절할 수 있다. 16비트 이하의 리듬에 게이트 적용을 어려워할 수도 있겠지만, 뜻밖에 릴리즈 타임과 홀드 타임의 범위를 활용하면 아주 자연스럽게 게이트를 사용할 수도 있다. 이때 스네어와 같은 하이 햇보다 더 클 수 있는 레벨의 제거는 고려하지 않아야 되겠다.

이퀄라이저는 상황에 따라 400Hz~800Hz 대역까지의 로우 컷으로 심벌 외의 모든 악기의 중심 소리를 제거한다. 오버헤드와 하이 햇의 상황에는 일단 부드러운 소리를 원한다면 컴프레서에서 조정할 수 있다. 물론 2~3kHz의 금속성 소리를 조금 내리는 것도 도움이 될 수 있고, 게이트나 컴프레서를 사용한다면 어택 타임을 조정해서 원하는 고역대를 조정할 수도 있다. 심벌의 사운드 조정에서 중요한 것은 역시 레벨에 있다. 다른 악기들과의 적절한 레벨 조정이 안 되면 너무 커서 전체 음악을 가볍게 만들 수도 있고, 작으면 역시 어두워질 수도 있다.

2.8.3 베이스

킥 드럼 조정을 끝내면 다른 드럼을 시작하는 것보다 베이스를 킥 드럼과 같이 조정하는 것이 좋다. 앞에서 언급한 바와 같이 베이스 자체의 불필요할 수도 있고, 그렇다고 제거하면 허전할 수도 있는 초 저역대를 과감하게 제거해 놓고, 그 부분을 킥 드럼에서 활용하게 만드는 방법을 사용하면 훨씬 부드럽게 킥 베이스를 만들 수 있다. 물론 베이스가 킥 드럼과 함께 어떻게 연주되는지를 먼저 확인해야만 한다. 컴프레서의 효과적인 사용은 뒤에 연결되는 이퀄라이저를 훨씬 다이내믹하게 사용할 수 있다. 연주자의 핑거 노이즈나 터치에 해당되는 고역대도 빼먹지 말자. 명료도를 만드는 부분이기도 하다.

베이스는 음악적인 역할을 잘 고려해본다. 킥 베이스는 조화가 우선이지 각각 싸우기 시작하면 정신없다.

2.8.4 피아노

녹음이 어떻게 되었는가가 중요하다. 음색적인 부분도 있지만, 아무래도 컨트롤이 될 수 있는 부분과 아닌 부분을 결정할 수 있어야 하기 때문이다. 무슨 이야기냐 하면, 레코딩 과정에서 공간의 특성이 많이 들어가게 되는, 즉 울림이 많이 포함된 소스는 해당 공간성을 제거하기 어렵기 때문이다. 그렇게 되어서 공간성을 제어하기 어렵게 되면 피아노는 음악의 중심부가 되는 악기 특성상 전체 공간성 자체도 피아노를 따라가야 할 수도 있고, 더 큰 문제는 해당 피아노 음색 자체가 공간성이 포함되어 있다는 부분이다. 레코딩 단계에서 되도록 공간성을 배제하는 것이 대중음악 장르에는 더 적합하다.

간단하게, 먼저 중음을 조정해본다. 무작위로 1kHz 대역을 Q 값 중간 정도로 해서 내려보자. 피아노 소리가 변하게 될 것이다. 거기에서 200Hz 대역을 쉘빙 컷 오프 주파수로 해서 게인을 올려본다. 묵직한 소리가 나오게 된다. 거기에 고역대를 조정해서 명료도와 선명도를 정해본다. 그리고 500Hz 인근에서 공진도 찾아본다. 단 3줄로 언급한 내용이지만, 실제 본인이 가지고 있는 라이브 피아노 소리에 적용을 해보면 이퀄라이저의 힘이 어떤가를 느껴볼 수 있다. 뒤에 나올 실습에서 분명한 차이를 볼 수 있다.

2.8.5 어쿠스틱 기타

피아노에서 다루었던 부분을 일단 참조해보자. 공연에서는 내장 픽업을 이용하여 라인 입력을 받는 경우가 많다. 라인 입력의 상황에는 마이크로 흡음된 부분보다도 고역대가 많이 부자연스럽다. 픽업의 위치가 주로 플랫에서 발생하는 고역대의 소리를 흡음하기 어려운 이유가 있기 때문인데, 그래서 자연스러운 이퀄라이저 조정이 필요하지만,

맘에 드는 소리를 만드는 것이 절대 쉽지 않다. 대부분, 라인 입력의 소리에 대한 한계를 지어버린다. 그래서 레코딩의 상황에는 거의 100% 마이킹으로만 녹음을 한다.

저역 대역의 컨트롤에 대해 로우 컷하고, 저역 대역을 키우면서 좀 더 따듯하고 부드러운 사운드를 만드는 방법을 앞에서 언급했었다. 확인해보자.

어쿠스틱 기타는 리듬 파트로 많이 사용하게 된다. 인트로에서부터 리듬 파트가 완전히 빠져버린 1절과 같은 부분에서 주 리듬 파트로도 쓰인다. 그렇다면, 킥 베이스가 자리잡던 부분을 채우는 역할도 해야 전체 음악의 기둥이 흔들리지 않게 된다. 반대로 저역 대역을 전혀 고려하지 않고, 고역 대역의 찰랑거림만으로 리듬 파트를 담당하게 하기도 하는데, 그러면 무게가 없어지는 상황이 벌어진다. 마이크로 녹음하는 경우 가장 시간이 많이 들어가는 부분 중의 하나가 기타 줄을 스치는 치찰음 같은 노이즈의 부분이다. 없애버리면 자연스러움이 없어지지만, 처리를 안 하면 너무 자극적인 사운드가 되어버린다. 무조건 이퀄라이저에서 조정하려고 하면 손실되는 부분도 많아진다. 디에서를 활용하는 것도 좋은 방법인데, 컴프레서를 과감하게 사용해서 정리를 잘 해버리는 방법이 사실 많이 사용된다.

2.8.6 일렉트릭 기타

대부분, 기타리스트가 훨씬 더 음색 자체와 조정의 부분을 잘 알기도 하고, 연주 자체의 형태가 사운드를 만들어 내는 부분이라 특별히 조정하지 않고 그대로 사용하게 될 수도 있다. 하지만, 믹싱의 단계에서 전체 음악이 해당 연주자가 연주했을 때와 달라질 수 있기에, 믹싱의 과정에서 음악에 맞는 옷을 입혀야 한다. 더러 아예 모델링 앰프 플러그인을 써서 전혀 다른 성격의 사운드로 바꾸기도 하지만, 전체 음악에 맞는 옷이라는 것을 잘 고민해서 작업해야 할 것이다.

디스토션 기타는 록은 물론 팝 장르에서도 음악의 성격을 좌우할만큼 중요한 역할을 하는 데, 주파수 대역도 넓은 편에 속한다. 주로 중음을 줄이고 중 저음과 중 고음 위주로 톤을 만들면, 거슬리지도 않으면서 제 컬러를 내는 음색이 될 수 있다. 컴프레서의 효과적인 활용도 아주 정갈하면서 뚜렷한 컬러를 만드는 방법이 된다. 오버 드라이브 걸린 톤 역시 컴프레서에서도 가능하지만, 간단히 중음을 키워보면 맛이 날 수 있다. 다른 악기들과의 밸런스를 계속 확인해가면서 믹스를 해야 한다. 마스킹 효과나 칵테일 파티 효과가 기타 때문에 나타난다면 당연히 좋은 믹스가 되기 어렵다. 초 저역대의 신호가 있다면 제거해버리면 바로 깔끔해진다.

코러스 톤 위주가 되는 클린 기타 톤도 역시 거슬리지 않게 아주 깔끔한 명료도와 신선함을 가지게 믹스되어야 잘 어울릴 수 있다. 아르페지오와 같은 부분이 연주될 수도 있고, 대선과 같은 라인, 그리고 뮤트 주법으로도 사용될 수 있다. 연주자와 편곡자, 그리고 음악을 만들어가는 믹싱 엔지니어의 관점이 잘 조화되어야 한다.

2.8.7 보컬

보컬이 들어가는, 즉 노래라고 불리는 곡의 주인공은 당연히 보컬이다. 보컬도 다른 악기의 일부라 생각하고 믹스하기도 해야 하지만, 역시 가장 중요한 것은 보컬이 전하는 메시지가 뚜렷하게 전해져야 하는 것이 노래의 목적이 있으므로, 이퀄라이저도 그 부분을 잘 소화하게 만져야 한다.

보컬은 우선 불편하게 할 부분을 정리하는 것 먼저 시작한다. 디에서로 치찰음을 정리하고, 컴프레서에서 전체적으로 튀지 않게 균등화 작업을 시행한 다음 이퀄라이저를 손대기 시작한다. 로우 컷을 이용해서 저역대의 팝핑과 불편한 울림을 정리하고, 그러면서도 저역 대역을 잘 활용해서 부드러움을 잊어버리지 않게 한다. 중저역대의 울림, 특히 250Hz나 400Hz 근방의 공진을 신경 쓰면 소리가 편해진다. 앞쪽으로 튀어나오게 하려고 고역 대역을 강조하는 경우가 많은데, Z축에 대해 공부한 부분이 도움될 수 있다. 컴프레서에서 균등화 작업이 잘되지 않는다면, 보컬의 다양한 다이내믹에 의해 바뀌는 음색 조정이 어려울 수 있다.

중음 대역을 어떻게 조정하느냐 때문에 완전히 다른 음색이 나온다. 콧소리가 많은 가수는 중음을 줄여주면 답답한 코가 뚫리게도 된다. 소프라노라고 해서 저음이 불필요한 것은 아니다. 반대로 저음이 좋은 가수라고 고음을 줄이는 것도 안 맞는다. 각 대역은 기본 소스 자체의 음색도 있지만, 기본적인 주파수 대역에서의 목적을 가져야 한다.

코러스 파트로 가면, 12명이 한 번에 녹음을 하거나, 4명이 세 번 더빙했거나 처리하는 관점에서는 별 차이를 못 느낄 수 있다. 물론 더블링이라는 효과에 4명의 세 번 더빙이 더 밸런스를 만들기 좋을 수 있다. 왜냐하면, 3번 반복되는 같은 음색의 코러스가 더 풍부하게 들려지기 때문이다. 코러스는 개별 처리를 하는 것도 좋지만, 개별 채널에서는 레벨적인 밸런스와 패닝을 정하고, 그렇게 묶여진 그룹에서 음색 처리를 하는 것이 효과적이다. 그리고 그 부분에 더블러나 코러스 같은 효과를 더하면 더 풍부해진다.

2.8.8 그 외.

스트링 패드는 전체적으로 깊이를 담당하게 된다. 열심히 뛰고 날라다니는 악기들 저편에서 화성과 분위기를 들뜨지 않게 잡아주는 역할을 담당하게 연주된다. 따라서 음색 자체도 그렇게 중후하면서 드러나지 않는 쪽으로 처리해야 한다. 저역대를 키워 리듬과 악기 사이의 여백도 채워주고, 전체 사운드의 부드러움도 추가해주게 한다. 고역대는 아예 필터로 제거해도 될 수 있다. 그리고 적당량의 리버브를 칠해주면 좋다.

리버브 리턴의 음색적인 부분도 중요성이 커진다. 웅장한 공간을 표현해야 하는 데 밝아야 할 것인가? 아니면 어둡고 진해야 할 것인가? 요즘 새로운 경향의 하나가 깊고 어두운 리버브의 음색이다.

퍼커션은 기본적으로 명료도를 분명히 가져야 하는 악기이다. 음악의 양념 역할을 하기 때문인데, 그래서 고역대가 자연스럽고 선명하게 처리되어야 한다. 콩가나 요즘 많이 사용하는 젬베, 카혼과 같은 상황에는 드럼의 킥과 같은 역할할 수도 있어서 일부러 저역대의 임팩트를 강조하기도 한다. 초 저역대의 조정이 필요하다.

스테레오 버스나 마스터에서 이퀄라이저를 사용하기도 한다. 믹스를 하다 보니 더해지고 변형되는 음색을 마스터 단에서 뭔가 해결해보게 되는데, 아마 독자들이 자주, 또는 기본적으로 쓰는 방법일 수도 있다. 그렇지만, 목표는 그 렇게 하지 않는 것을 목표로 삼고 믹스를 해보자.

2.9 리버브

리버브레이터(Reverberator)의 줄임말로 리버브라 부른다. 시간계 주변장치로 믹싱의 기술 가운데에는 고립화 시키고 독립시켜 직접음만 남은 각각 트랙을 더하는 과정의 중요한 풀 역할을 한다. 그냥 공간계 이펙터로만 생각하 고 있었다면, 그 부분에 앞서 풀칠의 기능이 있다는 점을 이해해보자. 라이브의 상황에도 아무리 어쿠스틱 공간 내 울림이 많은 공간이라고 해도, 리버브가 필요하다.

먼저, 리버브를 채널 스트립의 인서트로 쓰는 경우가 있는데, 필자는 절대 권하지 않는다. 채널 스트립은 해당 채 널의 직접음 위주로만 처리하게 하는 것이 원칙이라 생각한다. 그래서 억스를 이용하고, 또 믹스에 최대한 두 개 이 상은 사용할 필요가 없다. 필자는 대부분 한 개로 처리한다. 그 이유는 리버브가 믹싱에서 필요한 개념이 풀칠과 필 요한 공간감의 부여이기 때문이다. 이 공간감은 좌우 스테레오 이미지 가운데 직접음이 놓이지 않게 되는 공간도 채 워주는 역할을 한다. 물론 이 X축을 채우는 것 말고도 Z축도 채우게 된다.

억스로 리버브를 보내게 되는데, 모노로 보내는 것이 좋은가? 스테레오로 보내는 것이 좋은가? 일단 모든 리버브 의 출력은 내부에서 창조되었던지, 아니면 콘볼루션(Convolution) 되었던지 스테레오로 공간이 만들어져서 출력된다. 오래전 필자의 20대 때 엄청 고민하고 나름의 시도도 많이 해본 것이, 패닝을 오른쪽에 놓은 소스의 공간성이 스테레오 이미지 가운데 어느쪽에 더 많이 나오겠는가? 즉, 스테레오로 억스를 보낼 때의 위치를 어떻게 해야 할 것인가의 부분이었었다. 결론으로 내려진 것은, 공간성이라는 것 내부에서의 방향성은 그렇게 중요한 요소가 아니라는 것이다. 직접음이 실제 로컬라이제이션의 중요한 요소인 거고, 그 반사음이 반복될수록 방향성은 사라진다. 물론 그러면서 스테레오 이미지는 존재하게 된다.

공간을 잘 분석해보면 음향 공부에서 나왔던 역제곱의 법칙이 공간의 리버브에서는 통용되지 않는 것을 알 수 있다. 즉, 직접음이 전달되면서 거리가 두 배가 되면 음압이 6dB가 줄어들어서 일정 거리가 지나면 직접음의 에너지는 들리지 않게 줄어들겠지만, 간접음인 해당 공간 내 반사음인 리버브는 옆 그래프에서 보는 것과 같이 커지거나 줄지 않고 일정한 크기로 일정 시간 유지된다. 그래프에서 직접음과 리버브가 교차하는 시간 이후에는 거의 공간의 울림인 리버브가 주로 들리게 된다. 이 일정 시간이 리버브의 디케이 타임이 된다. 디케이 타임이 너무 길면? 당연히 계속 나오는 직접음들과의 간섭이 많아져서 지저분해진다. 이 고정적으로 유지될 리버브와 직접음의 비율을 리버브 기기에서 정할 수 있다. 대부분 리버브 출력만 나오게 한다.

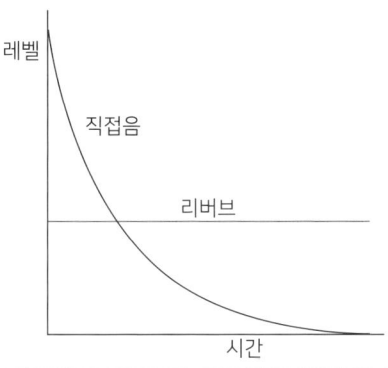

리버브가 사용되게 되면 믹싱되고 있는 사운드가 좀 더 생동감이 생기게 된다. 이 이유는 공간감이라는 게 우리 청각기관의 인지도에 중요한 부분으로 평생 인식되었기 때문이다. 잔향이 없는 무향실에 들어가 오래 못 있는 이유이기도 하다.

리버브는 홀(Hall)과 플레이트(Plate), 이 두 가지가 가장 많이 쓰인다. 둘의 기본적인 차이는 홀계열은 X/Y/Z의 3차원적, 플레이트 계열은 X/Z의 2차원적 효과를 낸다. 믹스의 기술이 발전되어 직접음 만으로 3차원의 공간을 채우게 되면서 플레이트와 같이 2차원적 공간성을 가지고 조금 단순하게 3차원적 직접음이 돋보이는 방법으로 더 유용하게

쓰인다. 물론 80년대나 90년대 발라드, 록과 같이 아주 길고 넓은 리버브의 시대가 지났기 때문이기도 하겠다. 실제로 그 당시 기본 리버브는 Concert Hall에 리버브 타입이 2.7초 정도 되는 셋팅을 주로 썼었다. 거기에 스네어 드럼은 따로 더 길게 걸어서 임팩트를 남기게 했었다. 스튜디오, 챔버, 앰비언스, 룸과 같은 종류도 다 홀 계열의 리버브로 구분하자.

프리 딜레이를 잘 활용하는 것도 중요한 요소가 된다. 프리 딜레이는 실제로 Z축의 복잡함을 정리해줄 수도 있다. 직접음에 바로 따라 나오는 간접음일 공간성이 공간 자체의 존재감을 떨어뜨리기도 한다. 하지만, 적절한, 대강 40~60ms 정도의 프리 딜레이를 활용하면, 직접음의 소리와 따라 나오는 공간성의 소리가 조금 더 입체적으로 들리게 된다. 사실 공간의 크기를 표현하는 부분에서 프리 딜레이가 중요하다.

덴시티(Density)는 리버브의 밀도, 디퓨젼(Diffusion)은 리버브가 얼마나 확산되는 가를 지정한다. 직접 변경하면서 어떤 영향을 리버브에 주는지 확인하자.

리버브에는 이퀄라이저가 장착되어 그 출력의 음색을 조정할 수 있는 경우도 있다. 앞 페이지에서 언급했었다. 요즘 아주 다크하고 깊은 리버브를 사용하는 음악이 많아진다. 리버브 리턴에 컴프레서를 걸어서 단단하게 만들기도 한다.

리버브 사용의 또 한 가지 중요한 문제는, 크기이다. 많은 경우, 너무 많은 리버브 양이 문제된다. 특히 레코딩 믹싱을 경험하지 않은 라이브 엔지니어의 믹스에서 많이 발견되는 부분이기도 하다. 본인의 믹스와 레퍼런스 음반을 비교해가면서 객관적인 기준을 연구해보자.

2.10 딜레이

딜레이(Delay)는 믹싱의 솔로 파트에 맞난 양념 역할을 하기도 하고, 아예 특별한 효과를 만들기도 한다. 연주자의 관점에서 활용하는 딜레이보다는 믹싱의 관점에서만 살펴보자.

가장 보편적으로 활용하는 딜레이는 보컬에 아주 약하게 걸리는 스테레오 딜레이와 같은 것인데, 들으려고 해야 들리거나, 솔로 상태에서만 분명히 들리는 정도로 해놓으면 보컬을 조금 더 보강해주는 역할을 한다. 필자가 주로 사용하는 딜레이는 Waves사 SuperTap이다. 옆 그림과 같은 세팅이 있는데, Pan Graph상의 점을 이용해서 레벨과 위치를 정할 수 있다. 보컬이나 솔로 악기의 경우, 딜레이되는 소리의 각 게인을 거의 최소로 줄이고, 중앙의 TapPad를 이용해서 박자로는 2분음표, 마디당 2번 정도로 박자를 맞춘다. 피드백은 0으로 줄여서 반복 횟수를 없애 1번씩만 좌우에 나오게 한다. 오토메이션을 사용해서 후렴부나, 가상의 중요한 부분에 레벨을 올려 딜레이가 돋보이게 하는 것도 흔한 방법이다. 피드백 횟수가 늘어나면, 아무래도 노래방 에코 분위기가 된다.

이 솔로의 보강을 위한 딜레이는 거의 기본적인 보컬의 처리로 사용된다. 마치 리버브에 약간의 양념을 더 하는 느낌으로 활용되는 방법이다. 물론 아예 딜레이가 돋보이게 걸어놓는 방법도 사용될 수 있고, 특히 기타나 퍼커션 같은 악기들이 연주의 방법으로 사용되기도 한다.

2.11 컨트롤 서페이스

컨트롤 서페이스(Control Surface)는 옵션이 아니고 필수라고 필자는 이야기 하고 싶다. 가장 큰 이유는 믹싱이라는 작업이 한 번에 하나씩 이루어지는 작업이 되기에는 너무나 시간이 많이 투자되어야 하는 작업이기 때문이다. 일정 구간 루프를 해놓고 재생해서 믹싱을 하는 과정에 들려지는 엄청 많은 요소 중에서 수정되어야 할 부분을 즉시 수정하면서 진행하는 것이 가장 효율적이기 때문이다. 그러기 위해서 마우스와 키보드 단축키로 작업할 수 있는 부분은 너무 제한적이게 된다.

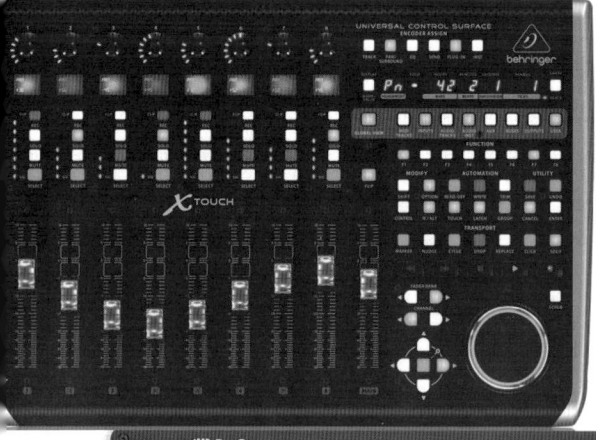

DAW가 스튜디오에 도입되면서 꽤 오랫동안 오로지 멀티 트랙 레코더로만 쓰였던 이유도 이 컨트롤에 대한 부분이었다고 본다. 콘솔 믹싱에 익숙한 많은 엔지니어가 마우스와 키보드로 하는 믹싱 작업에 대해 원천적으로 끌리지 않은 이유가 위에 언급한 멀티 태스킹적인 작업 요건을 만족하게 하지 못한 부분이었다. 그러다 미디를 기반으로 한 1997년 맥기의 HUI 컨트롤을 시작으로, 믹서와 같은 크기와 규모인 장비, 그리고 요즘에는 LCD 터치 스크린 기반의 장비까지 쓰인다.

공부하는 단계에서 무리해서 갖출 필요는 없겠지만, 조작 기술이라는 부분을 생각해보면 옆 위의 베린저의 X-Touch나 아래에 있는 프리소너스에서 나온 FaderPort같은 제품은 충분히 투자할 필요가 있는 제품들이다.

컨트롤 서페이스가 필요한 가장 큰 이유는 손으로 하는 믹스에 익숙해야 한다는 것이다. 손으로 귀에 들려서 뇌가 분석한 부분을 빨리 수정, 변경하면서 믹스를 완성해가는 작업이 되어야만 한다. 편의성이라 말할 수도 있겠지만, 원래 믹싱이 자연스럽게 페이더를 움직이고, 놉을 조정하면서 작업해야 한다. 이 부분은 다음에 설명될 오토메이션의 부분에서도 마찬가지로 중요해진다. 마우스로 그려가면서 볼륨의 그래프를 그릴 수도 있지만, 페이더를 만져가면서 레벨을 조정해야 하는 것은 필수의 작업이기 때문이다. 가수의 표현 변화를 그대로 페이더를 통해, 보다 더 잘 어울리고 분명하게 전달되기 위해서는 손으로 작업해야 한다.

DAW의 메뉴 항목들이 지정되는 하드웨어나 전용 모니터 상의 터치 항목으로 지정이 되기 때문에, 거의 마우스와 키보드를 안 쓰고도 믹싱이 가능할 수 있다는 장점을 가진다.

Avid의 S3, S6, D-Control, Artist 시리즈, Yamaha의 Nuage,, 등 다양한 사이즈와 가격대의 장비도 있고, Windows 기반의 터치 PC에서 운영이 가능한 Studio One 같은 프로그램, 그리고 아예 터치 전용 장비로 나온 왼쪽 사진의 Raven MTi 같은 제품도 사용된다. 개인적으로는 터치스크린 방식보다 실제 하드웨어 방식을 추천한다. X32 같은 디지털 믹서에도 아주 기본적인 DAW Control이 포함되어 있기도 하다.

2.12 오토메이션

오토메이션(Automation)은 믹싱에 필수로 사용되는 중요한 도구다. 단순히 페이더 중심의 레벨 믹싱의 자동화는 물론, 플러그인의 세팅, 팬,, 여러 가지 부분에서 사용된다. 오토메이션 자체가 불가능한 콘솔과 레코더 기반의 작업을 해본 엔지니어의 관점에서 요즘의 도구가 지니는 엄청난 장점은 거의 천국이라 불러도 된다. 수동식으로 이루어지는 믹싱의 과정, 그리고 멀티 트랙도 24트랙 이하이기에 미리 바운스를 해서 트랙을 줄여 놓거나, 아니면 하나의 트랙에 전주의 솔로 악기, 노래 중에는 하모니, 이것저것 24트랙 4분의 시간에 여기저기 넣어 놓은 소스를 각기 다른 이퀄라이저와 레벨로 작업해야 하는 과정을 곡당 최대 1 프로에 끝낸다. 페이더에 종이 테이프를 붙여 레벨 변화 적어놓고, 프로듀서, 편곡자 다 콘솔에 모여 앉아 큐 기억하며 올리며 내리며 믹스를 했다. 실수가 있으면 다시 처음부터 시작했다.

과거 이야기를 꺼낸 이유는 그저 역사 이야기가 아니고, 요즘 우리가 얼마나 좋은 환경에서 믹싱을 하는지, 그래서 더 좋은 결과가 당연히 나와야 할 것이라는 생각이 들기 때문이다.

자동화라고 한글로 말할 수도 있지만, 오토메이션으로 쓰자. 오토메이션은 일단 음악적 이해가 필요하다. 8비트 하드한 록 드럼 비트가 인트로부터 끝까지 똑같이 연주되는 곡이라고 해도, 분명 곡 안에 기승전결의 흐름이 있다. 이 흐름을 충분히 이해하고, 그 흐름을 따라가는 것이 아니고, 만들어 가는 관점에서 믹싱의 오토메이션이 이루어져야 한다. 작곡자, 편곡자, 가수, 프로듀서, 음반 관계자, 등이 생각하고 있는 음악적 흐름을 엔지니어가 돕는 서비스는 물론, 더 필요한 부분이 있다면 찾아내 수정해 마무리까지 하는 단계의 일이라야 한다.

녹음의 과정에 꼭 필요한 부분 외의 부분도 계속 연주를 해 놓는 경우가 많다. 기타의 경우가 대표적인데, 애드립과 같은 부분을 끝까지 연주해놓고 필요한 부분을 나중에 골라서 쓰라고 하는 경우가 그런 경우인데, 이 경우 아티스트들과의 모니터링으로 뮤트 또는 파형 자체의 삭제 과정이 진행된다. 그리고 같은 트랙(채널)에 있는 악기인데, 곡에 따라 많이 움직여야 하는 경우도 있다. 솔로 악기로 나왔던 소프라노 색소폰이 나중에 애드립으로 코러스와 어울리는 것과 같은 예가 된다. 역시 오토메이션이 이루어져야 하는 부분이다.

자, DAW의 편집 윈도상에서 펜 도구를 써서 그리는 방법과 페이더의 오토메이션 데이터를 기록하는 두 가지 방법이 있는데, 굳이 어느 방법이 더 좋은 방법이라고는 말하기 어렵다. 상황에 따라서 두 가지 방법을 같이 활용하는 것이 좋다. 물론, 하드웨어 컨트롤 서페이스가 없다면 펜으로 그리는 방법뿐이겠다.

오른쪽 그림은 프로툴즈의 오토메이션의 기능이다. 대부분 DAW와 믹서의 오토메이션 기능이 같다. 이 각각 모드의 기능에 대해 먼저 알아보자.

OFF - 오토메이션 기능을 사용하지 않는다. 이미 기록된 기능을 사용하지 않을 수도 있다.

Read - 읽기 전용 모드. 저장된 오토메이션 데이터가 실행되는 모드.

Touch - 페이더나 놉, 또는 마우스로 터치하는 부분이 새 오토메이션 데이터로 기록된다. 터치가 끝나면 해당 부분의 이전 데이터가 실행된다.

Latch - 터치모드의 변환된 부분으로, 터치 조정이 끝나는 그 데이터를 재생을 끝낼 때까지 기록한다.

Touch/Latch - 페이더만 터치, 나머지 모든 오토메이션은 Latch 모드로 진행된다.

Write - 재생을 시작해서 정지할 때까지 새로운 데이터를 기록한다.

Trim - 다른 모든 오토메이션은 최저에서 최고의 절대적 레벨 값 범위에서 움직이지만, Trim 모드로 가면 이전 데이터값을 기준으로 정해놓는 값만큼 더하고 뺀 값으로 기존 데이터를 사용한다.

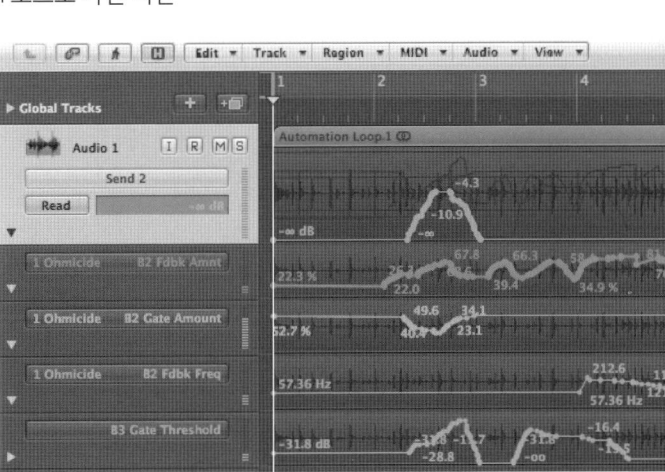

오토메이션 데이터는 편집 윈도에서 옆 그림과 같이 보이게 할 경우 마우스로 수정할 수도 있다.

믹싱하면서 여러 가지 모드를 잘 활용해야 하겠지만, 일단 레벨 믹스를 완성했다면 다른 모드보다 Touch모드를 활용해서 원하는 부분만의 페이더 오토메이션을 조절하는 것이 좋다. 역시 레벨 믹스가 믹싱의 아주 중요한 기반이기 때문이다. 만들어 놓은 레벨 믹스가 흐트러지면 다시 원점으로 돌아갈 수도 있기 때문이다.

2.13 위상

위상(Phase)은 믹싱에서 아주 좋은 도구가 될 수도 있고, 아주 골치 아픈 요소가 될 수도 있다. 사실, 좋은 도구로 쓰이는 부분은 페이저(Phaser)와 같은 도구로 사용되는 경우와 하스 효과 같이 30-40ms이하의 짧은 시간차가 있는 좌우 채널의 경우 해당 음원의 시간차가 나와 스테레오 효과처럼 나오는 경우가 있다. 물론 대부분 나쁜 요소라서 수정이 필요한 상황이 믹싱의 과정에 발생한다.

기본적인 이야기를 잠깐 해본다면, 위상은 당연히 소리의 전달에 반드시 필요한 부분이다. 진동 전달을 사용하는 소리 에너지 자체가 위상을 가지면서 존재하기 때문이다. 위상을 가지기 때문에 같은 파형의 소리 신호가 다른 시간축에 따라 형성되는 다른 위상각으로 더해지면 위상차 문제가 발생한다. 아는 바와 같이 180도가 차이 나면 소멸, 그 이상과 이하의 각도면 변형된 소리 신호가 된다.

믹싱의 과정에서 흔히 발견되는 위상의 문제는 같은 음원에 둘 이상의 마이크가 사용될 경우, 스테레오 입력인데 라인의 불량과 같은 상황에서 역위상 관계인 소스로 입력된 경우 같은 부분이다. 전자의 경우는 스네어와 같이 아예 탑과 바텀 마이크, 또는 아예 탑에 두 개의 마이크를 설치한 경우와 같이 같은 음원 소스만을 위한 채널이거나, 스네어 소리가 스네어 마이크와 근접한 다른 마이크에 들어가서 두 채널 사이에 들어가 있는 같은 음원이 영향을 받는 경우 같은 부분이다. 기타의 경우 마이크와 라인 입력을 같이 사용하는 경우도 있는데, 이때도 위상차가 발생할 수 있다. 흔치 않지만, 플러그인의 프로세싱에서 딜레이 보상값이 부족한 상황에도 위상차가 발생할 수 있다.

드럼의 경우, 엔지니어마다 다르겠지만, 아예 위상에 민감하게 작업 하는 경우가 많다. 음원과의 길이를 자를 사용해서 정확하게 같은 거리를 두게 하고, DAW 편집 화면에 보여주는 파형을 최대한 줌인해서 위상의 부분을 정확하게 확인해서 수정하는 경우도 많다.

위상에 대해 가장 많이 나오게 되는 현상은 콤필터링 현상이다. 이 현상이 나오면, 해당 음원의 고역대 소리가 변하게 된다. 옆 그림과 같이 콤필터링 현상이 나올 경우 고음에서 빗과 같은 모양의 소멸 현상이 나타난다. 음질의 문제가 생기며, 귀로도 확인할 수 있다. 페이저 걸린 소리가 난다.

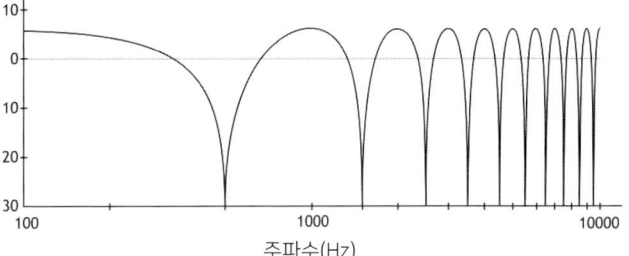

모니터링 과정에서 모노 믹스를 확인해야 하는 이유 가운데 하나가 위상의 문제라고 했었다. 앞서 모니터링 컨트롤러나 미터의 위상 부분을 다시 확인하자.

아주 민감한 엔지니어는 드럼 세트의 경우 각 드럼 간의 세밀한 위상차, 인터페이스나 내부 처리의 속도에 관련된 위상차까지 고민하는 경우도 자주 본다. 필자는, 위상 미터에서 확인되지 않을 정도의 아주 미묘한 위상차, 즉, 하스 효과 이하의 부분들은 무시해도 된다고 본다.

2.14 페이저

페이저(Phaser)는 올패스(Allpass) 필터라고 하는 전 주파수 대역을 그대로 내보내는 필터를 두 개씩 사용하여 하나의 위상차를 만들어 내는 장치이다. 3개의 위상차 주파수를 만들려면 6개의 올패스 필터가 사용된다. 하나의 기준점(원음)과 그 기준점에 비껴가는 또 하나의 대역대가 더해져서 위상차를 만들게 된다. 옆은 Logic Pro X에 포함된 페이저인데, 하나의 기준 원음과의 위상차는 두 개의 독립된 *LFO*(Low Frequency Oscilator) 때문에 만들어진다. 왼쪽 끝 Filter 부분에서 올패스 필터를 지나간 신호가 다시 입력으로 돌아가는 피드백에 들어갈 신호의 대역대를 정하고, 피드백의 양을 정하게 된다. 당연히 자세한 내용을 매뉴얼을

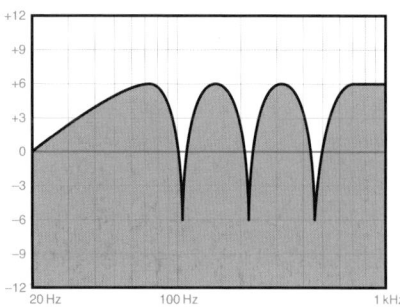

참조하면서 실제 파라미터를 바꿔가며 정확한 사용법을 이해해야 한다. 페이저는 기타, 리듬파트 등에 특수한 효과를 만들기 위해서 사용한다.

옆 그래프는 6개의 필터가 만들어내는 3개의 위상차의 모습이다. 배경에 깔려있는 옥타브 기반의 주파수 대역과 상관없이 주파수가 정해진다.

2.15 플렌저

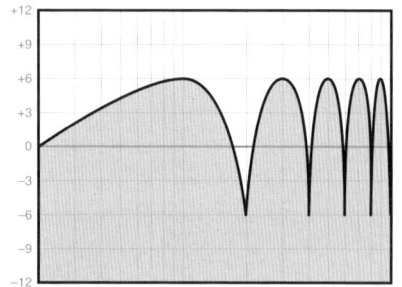

플렌저(Flanger)는 페이저와 만들어지는 효과음이 비슷하지만, 만들어지는 방법이 다르다. 플렌저는 아주 짧은 딜레이를 통해서 콤필터링 현상을 만들어내고 그것이 플렌저 효과로 나오게 된다. 따라서 콤필터링 현상에서 보게 되는 그래프와 같은 옆 그래프를 보게 된다. 그래프와 같이 주파수에 따라, 정확하게는 배음에 따라서 그 현상이 나타난다. 이 결과로 사실 페이저와 소리가 다르다.

오른쪽은 Logic Pro X에 포함된 플렌저이다. 피드백은 역시 출력을 입력으로 되돌리는 양, 스피드는 발진을 담당하는 LFO 주파수에 의해 정해진다.

플렌저는 EDM 같은 장르에서도 아주 독특한 몽환적인 사운드를 위해 사용된다. 물론 다양한 장르에 창조적으로 잘 쓰이는 도구이다.

2.16 코러스

코러스(Chorus)는 처리하려는 소리 신호를 두껍게 만들어주는 역할을 한다. 코러스로 수 명에서 수십 명이 같이 노래하는 것처럼, 20~80ms 정도의 딜레이와 음정 변화를 사용해서 원래 소스 이외의 추가된 효과가 되게 만든다.

기타에 주로 사용되기도 하고, 말 그대로 합창 같은 부분에서 약간씩 보강하는 정도로 사용하기도 한다. 어쿠스틱 피아노로 녹음된 곡을 일렉 피아노로 바꿔 달라고 하면 코러스와 이퀄라이저에서 조금 만지면 바뀌기도 한다.

비슷한 효과로 더블러(Doubler)가 사용되기도 한다. 구체적인 내용을 실습을 통해 반드시 익혀본다.

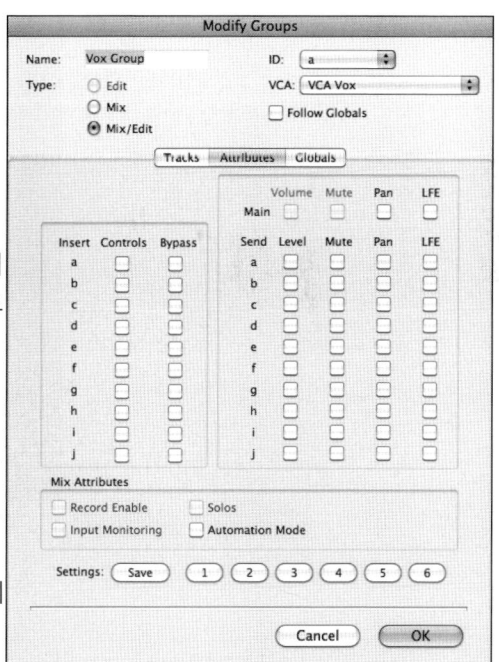

2.17 그룹, 억스, 버스

채널 스트립이라고 말하는 믹서의 채널 출력은 직접 마스터 섹션으로 페이더와 팬폿을 통해서 전달된다. 믹서에 대해 다루었던 부분과 독립적으로 이 그룹, 억스, 버스 부분을 다루는 이유는 믹싱의 과정상 필요한 다른 이유가 있기 때문이다.

그룹(Group)은 프로툴즈의 경우 옆 그림과 같이 볼륨, 뮤트, 팬, *LFE*(Low Frequency Effect)등을 지정해 사용할 수 있다. 하드웨어 콘솔에서 볼 수 있는 VCA 그룹의 기능과 같다. 신호의 흐름과는 관련 없이 페이더, 뮤트, 팬 등의 동작만 묶어서 사용할 수 있다. 8개 이상으로 되는 보통 드럼의 믹스가 끝난 다음 그룹으로 묶어서 만들어 놓은 블렌딩을 망가뜨리지 않고 그룹 전체의 레벨과 뮤트, 팬을 함께 만들 수 있다. LFE는 서브우퍼 출력을 위한 별도의 통로이다. 그룹을 구성해 놓고, 그 중 하나의 페이더를 움직이거나 오토메이션하면 같이 움직이게 된다. 만약 해당 채널에 직접 오토메이션 데이터를 입력하기 싫다면 따로 VCA 트랙을 만들어서 사용하면 된다. 이 기능이 없는 DAW가 있다면 빈 채널을 같이 그룹으로 만들어도 되겠다. 오디오가 있는 채널에 포함된 오토메이션 데이터는 나중에 트랙 복제하거나 그대로 바운스할 경우 고민 해야 할 수 있기 때문이다.

억스(Aux)는 패럴렐 프로세싱(Parellel Processing)이라 말하는 병렬 처리를 위한 부분이다. 리버브, 딜레이 등과 같이 기본 신호의 처리와 독립된 처리를 하고 나중에 더하는 부분에 활용이 된다. 즉, 직접 채널 스트립 상에 뭔가 변화를 주지는 않는다.

버스(Bus)는 억스와는 다르게 인서트와 마찬가지로 시리얼 프로세싱(Serial Processing)으로 직렬 처리의 방법으로 사용된다. 채널의 출력을 직접 마스터 채널로 보내지 않고, 한 단계 따로 묶어서 처리할 경우 사용된다. 드럼 채널의 출력을 따로 버스를 만들어 보낸 다음, 버스 마스터 채널에 추가로 처리하는 경우가 이 부분에 해당한다. 옆 Logic Pro X의 경우 Output으로 버스 부분을 구분해 정할 수 있다. 그림에는 스테레오 아웃으로 지정되어 있다.

드럼 전체의 톤을 수정하거나, 레벨을 따로 조정하는 그런 부분에서 응용된다. 코러스의 상황에도 각각 음색을 조정하는 것도 좋지만, 버스로 묶어서 버스 마스터 단에서 프로세싱하는 것을 필자는 자주 활용한다. 이 경우, 개별 채널의 억스 출력은 사용하지 않는 것이 좋다. 사용하게 되면 버스 마스터를 뮤트하게 되는 반주 믹스 같은 상황에도 개별 코러스의 리버브 등의 억스 출력이 나올 수 있기 때문이다.

2.18 바운싱, 디더링, 노이즈 쉐이핑

바운싱(Bouncing)은 처리되는 오디오 데이터를 파일 형태로 저장하는 것을 의미한다. 그래픽에서 사용하는 렌더링(Rendering)으로 이야기하기도 하는데, 여러 가지 처리 방법으로 구성된 것을 최종 결과물로 만드는 작업이 된다. 모든 DAW는 세션 파일과 데이터로 구성된다. 데이터는 가공이 안 된 원음 그대로의 자료를 이야기하는 것이고, 세션 파일은 그 데이터를 조작하는 모든 처리 과정이 담기게 되는 데이터가 담긴다. 이 처리 데이터는 주로 세션 안에 포함되는 오디오, 비디오, 관련 외부 파일에 대한 정보, 편집과 믹스에 쓰이는 모든 데이터, 그리고 미디 데이터가 포함 된다.

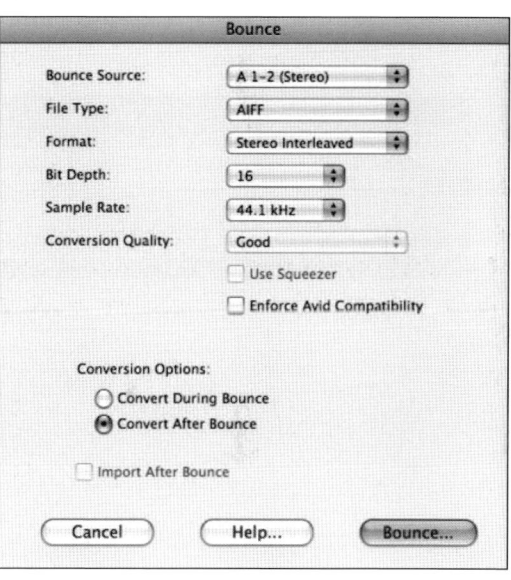

세션 파일 내에만 포함되는 프로세싱의 내용이 실제 오디오 파일과는 독립된 데이터이기 때문에 믹스 마스터 또는 특정 채널만의 처리된 내용이 오디오 파일로 보관되어야 하는 때에 바운스가 필요하다. 각 DAW 마다 바운싱에 대한 옵션이 다르긴 하다. 대부분, 필요한 오디오 포맷의 지정, 해당 포맷의 옵션, 바운스될 오디오의 지정, 저장될 공간과 같은 부분을 선택할 수 있다. 옆 그림이 프로툴즈의 바운싱 창이다.

최근 스템(Stem) 믹스라고 믹싱의 마무리 단계에서 따로 파트별로 다시 믹스를 해놓는 경우가 있다. 드럼 파트, 키보드 파트, 기타 파트, 코러스 파트, 솔로 악기, 솔로 보컬 등 따로 바운스를 만들어서 공연과 같은 때, 반주를 좀 더 세밀하게 활용할 수 있는 방법으로도 쓰인다.

바운싱의 과정에서 정하는 비트 뎁쓰의 부분은 처리 과정의 비트 뎁쓰와의 부분을 고려해야 한다. 내장 처리 비트와 바운스 될 비트의 차이만큼 처리가 안 되고 없어져 버리기 때문이다. 24비트 내부 처리 데이터를 16비트로 바운스한다면 비트 차이만큼의 손실이 있으므로 퀄리티의 저하가 발생하게 된다. 그래서 가능하면 24비트로 바운스하는 것이 좋다. 32비트 부동소수점 처리 방식을 그대로 바운스 할 수도 있는 경우도 있지만, 파일 포맷이 대중적이지는 않다.

디지털 디스토션은 0dBFS는 피크 이상에서만 발생하지는 않는다. 처리 단계에서 비트의 변동이 있을 때 계산상의 문제로 남겨지는 데이터가 원래 존재해야 하는 데이터가 아닌 상황이 발생하고, 그때 발생한 데이터가 디스토션으로 발생한다. 그리고 내부 부동소수점 처리에서 정수계산으로 변환되는 단계에서도 비트가 줄어들게 되면서 디스토션이 발생한다. 이렇게 만들어지는 디스토션을 제거하는 방법으로 사용되는 것이 디더(Dither)이다. 디더는 아주 작은 레벨의 잡음을 데이터 안에 추가해서 디스토션으로 들리게 되는 부분을 잡음으로 대치되어 들리게 한다. 기본적인 Analog to Digital 변환에서 이미 디더 노이즈를 더해서 계단식의 디지털 변환된 데이터를 부드럽게 만든 후, 나중에 디더 부분을 제거하기도 한다. 이 부분외에 디더링을 추가해서 더 해야 하는 경우를 공부하고 있다.

사실, 부동소수점 내의 모든 처리에도 디지털 디스토션이 발생하지만, 워낙 넓은 다이내믹 레인지 때문에 안 들리게 된다. 그러나 정수 단계에서는 위의 설명대로 존재하게 된다. 디스토션이 디더 처리가 안 될 상황에는 찌그러져서 처리가 안 된 신호가 있으므로, 데이터의 전송에 끊기는 현상이 발생하게 된다. 디지털이 아날로그와 다른 점이 데이터 전송의 방법에서 연속성을 가져야만 하는 부분이기 때문에 이 끊어졌다 다시 이어지는 처리 과정에서 연속적으로 귀에 들리는 잡음으로 처리된다. 하지만, 여기에 디더 노이즈를 추가하게 된다면, 디스토션이 발생해서 데이터 처리가 안되어 빈 공간으로 남는 데이터에도 디더 노이즈가 신호 형태로 추가되기 때문에 신호 처리가 연속적으로 이어져서 귀에 들리던 디스토션 잡음이 안 들리게 된다. 물론, 이 디더 노이즈는 간단하게 뭔가 입력해서 되는 것이 아닌 복잡한 문제로, 각 제조사들이 각자마다 다른 노이즈 쉐이핑 기술 알고리즘을 통해 가능한 사람의 귀에 들리지 않을 부분의 디더 노이즈를 사용하게 한다.

가능하면 디더를 사용하지 않게 비트 뎁스를 축소 하지 않는 게 우선이다. 적어도 믹스 단계에서는 그렇게 처리하는 것이 좋다는 것이고, 사용해야 할 경우 반드시 마지막 1번 정도로 활용하면 좋다. 마스터링으로 보낼 경우라면 당연히 처리 안 하고 보내야 한다. 정리해보면, 16비트, 8비트와 같이 적은 비트 뎁스로 바운싱할 상황에는 디더링이 기본 옵션이고, 24비트나 32비트로 나갈 상황에는 디더링을 하지 않는다.

2.19 플러그인

앞의 도구 설명에서 충분히 이야기된 기본적인 플러그인이나 장비의 부분에 믹싱에 많이 쓰이는 유명 플러그인의 중요부분만 다루어 보자. 무조건 걸고 이래저래 만지다 발견하는 우연의 조합보다 좀 더 근거를 가지고 작업하는 데 도움되면 좋겠다. 게이트, 컴프레서, 이퀄라이저의 작동방법에 대한 부분은 이미 다룬 내용으로도 충분하다.

2.19.1 LA2A

1960년대 초 Teletronix사가 개발해서 시판한 이후 나중 United Audio에서 특허를 사서 아직까지도 신제품의 판매가 되고 있는 제품이다. 물론 복각 제품도 많이 나와 있으며, 플러그인 형태로도 여러 회사 제품이 있다. 하드웨어적으로 가장 우수했던 부분은 광학 소자를 이용해서 컴프레서 동작을 만들어내게 하여 자연스러운 동작의 대표적인 장비로 사용된다. 레벨링(Leveling) 앰프리파이어는 원래의 이름과 같이 입력에 대해 고른 출력 신호를 자연스럽게 만들어 주는 역할을 한다. 이러한 이유로 무조건 녹음이나 믹싱에 걸어놓고 시작하는 경우도 많다.

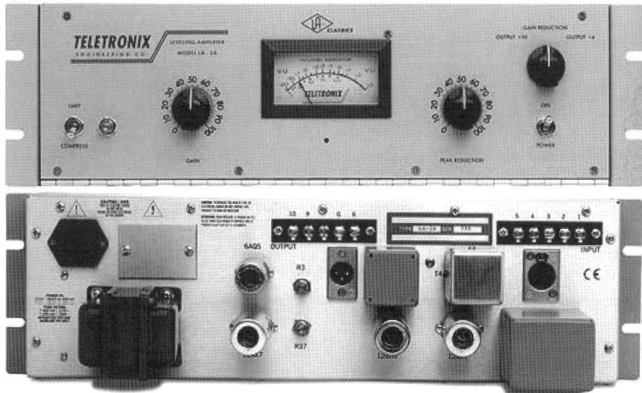

제조사에 따라 몇 가지 버전이 나와 있다. Waves에는 그래미상 수상 믹싱 엔지니어인 Chris Lord-Alge가 보유했던 하드웨어 모델과 셋업을 프리셋화해서 CLA-2A라 이름지어 판매하고 있고, 원천 기술을 그대로 가지고 있는 United Audio에서는 4가지 정도 하드웨어 버전별로 구분된 알고리즘을 채용한 각각 버전을 판매하고 있다. 사진과 같이 동작을 조절할 수 있는 부분은 두 개의 놉과 컴프레서/리미터 선택 스위치, 엠파시스(Emphasis) 뿐이다. 미터는 출력과 감쇄를 선택해서 표시할 수 있다.

정확한 사용 방법은 입력 레벨과 드레숄드, 레이시오 등 별도로 지정되는 부분이 없기 때문에, 먼저 입력 신호가 최대 -40dB까지 감쇄하게 피크 리덕션 놉으로 줄어드는 레벨을 조정하고, 그 이후 줄어든 레벨을 보정하기 위해서

Gain을 사용한다. 피크 리덕션 놉은 오른쪽으로 최대한 돌리면 -40dB가 감쇄한다. 다시 말하면, 피크 리덕션 놉이 오른쪽으로 돌아갈수록 입력부의 드레숄드가 내려간다. 게인은 역시 최대 40dB까지 키울 수 있게 되어 있다. 그래서, 피크 리덕션에서 원하는만큼의 컴프레서 동작의 소리를 정하고 난 다음 출력부에 기준 레벨에 합당한 크기를 게인으로 키운다. 패널의 두 놉에 눈금으로 표시된 0~100은 그냥 퍼센트로만 사용한다.

컴프레스/리미터 스위치는 두 모드를 정해 사용할 수 있게 하는 데, 컴프레스로 되어 있다면 약 3:1의 고정된 레이시오를 가진다. 리미터라면 ∞:1로 되어있게 된다. 무한대로 정해져서 더 못 올라가는 레벨의 출력을 만든다.

엠파시스는 원래 방송용으로 만들어졌기 때문에, FM방송에서 줄어드는 고역대를 보상하기 위해서 사용하게 되어 있는 부분이다. 그래서 작동하게 하면 15kHz 대역을 17dB 정도 증폭한다. 이 부분을 조정하는 모델도 있다.

2.19.2 1176

1966년 Bill Putnam(United Audio 창설자)가 이전에 사용되던 진공관 대신으로 FET를 사용해서 만든 175/176 리미팅 앰프리파이어가 성공하면서 그다음 버전으로 만들었던 제품이 이 1176이다. 현재까지 하드웨어는 물론 플러그인으로도 가장 유명한 컴프레서의 하나로 사용된다.

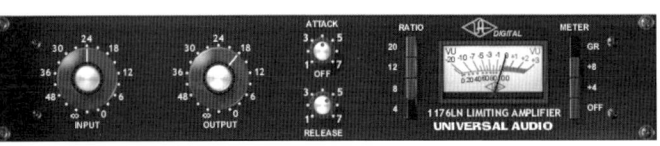

사진과 같은 형태로 구성되는데, 20 μs에서 시작하는 아주 빠른 어택 타임을 가지고 있어서 타악기와 같이 엔벨로프 상에서 어택 타임이 빠른 음원의 처리에도 아주 효과적이다. 별도의 드레숄드가 없어서 입력 레벨 때문에 줄어드는 양이 정해진다. 아웃풋 놉은 마지막 단의 출력 레벨을 조정하며, 4, 8, 12, 20으로 지정된 레이시오를 선택하게 된다. 당연히 12이상은 리미터로 사용된다. 플러그인의 상황에 쉬프트 키와 같이 클릭하면 레이시오가 전혀 선택되지 않게 되는데, 이 경우는 줄어들지는 않고, 그냥 기본적인 1176의 회로를 통과하게만 하는 기능으로 사용하게 된다. 기본적인 1176의 특성만 더해진다. 엔지니어 사이에 비밀처럼 알려져 있는 부분이 레이쇼의 모든 버튼을 다 눌러놓고 사용하는 '올 버튼' 기능이 있는데, 이것은 UA의 플러그인에서도 동작한다. 이 경우, 컴프레서는 원래 작동을 해야 하는 방식과 전혀 다르게 동작을 한다. 궁금하면 시도해보거나 옆 QR 코드를 확인하자. 아주 폭발적인 사운드가 나온다.

1176이 유명하게 된 가장 큰 원인은 어택과 릴리즈가 아주 빠르게 동작할 수 있다는 부분인데, 이 이유로 컴프레스 되는 사운드 자체가 디스토션처럼 아주 강한 소리로 변하기 때문이다. 베이스나, 기타, 보컬,, 여러 군데에서 개성 넘친 사운드를 만드는 특별한 성질을 가지는 장비이다. 이 외에도 아주 다양하게 정해져 있는 특성이 나오는 장비이기 때문에, 여러 가지 많이 시도해보면서 정확한 사용법을 익히는 것이 중요하다. 반드시, 바이패스와 비교하면서 작동 내용을 확인한다.

작동방법은, 먼저 원하는 레이쇼를 정하고, 어택 타임과 릴리즈는 최소로 잡아놓고 시작한다. 출력 레벨은 중간 정도에 놓고, 신호가 입력되면 입력 레벨을 정한다. 앞서 컴프레서를 배울 때 간단하게 고정 드레숄드에서 드레숄드 레벨을 확인하는 방법을 배웠었다. 미터를 보면서 *GR(Gain Reduction)*상태의 VU가 마이너스 방향으로 움직이기 시작하는 지점이 드레숄드로 정해져 있는 레벨이 된다. 그 이후 입력 레벨을 올리면서 원하는 컴프레서 동작이 이루어지게 지정을 한다. 어택과 릴리즈도 앞에서 배운 것처럼 사용한다.

2.19.3 CL1B

필자가 스튜디오 생활을 시작했던 1990년대 초부터 대부분 스튜디오에 하나씩은 있었던 장비가 사진의 CL1B이다. 앞서 설명한 LA2A의 광학 소자 방식을 채용하면서 드레숄드, 레이쇼, 어택, 릴리즈 등 컴프레서의 기본 기능을 추가한 제품으로 1987년 덴마크의 *Tube Tech*사가 발매했다.

이 제품은 제품 자체의 캐릭터는 거의 없는데, 그 이유는 컴프레스 동작의 부분에 반도체를 사용하지 않기 때문에 고조파 왜곡도 낮고, 비선형 처리 방식에서 발생할 문제가 없기 때문이다. 그리고 그러한 이유로 내부 부품이 거의 무한한 수명을 가지게 된다. 진공관 2개를 입력과 출력단에 장착해서 부드러움과 따뜻함 정도를 추가한다고 보면 된다. 이러한 이유로 하드웨어 컴프레서 중 그래도 투명도가 높은 장비로 구분된다.

입력된 오디오 신호가 진공관 입력 증폭부를 거쳐 조정되어 출력 진공관을 통해서 출력되기 때문에 내부 사이드 체인으로 쓰여지는 검출과 조정 회로를 통과하지 않아 투명한 특성을 가진다. VCA의 기본 특성처럼 컴프레서의 볼륨 컨트롤과 신호의 흐름이 직접 연결되어 있지 않다는 이야기이다.

어택과 릴리즈를 고정(Fixed), 고정/수동, 수동(Manual), 이렇게 3개의 모드를 선택할 수 있는데, 그것은 내부에 고정과 변동의 시간에 대한 회로가 두 개를 가지고 있기 때문이다. 고정의 상황에는 어택 타임이 1ms, 릴리즈 타임이 50ms로 지정되고, 수동은 어택 타임이 0.5ms~300ms, 릴리즈 타임이 50ms~10초까지 변동이 가능하다. 고정/수동의 상황에는 어택 타임은 고정, 릴리즈 타임은 수동에서 정해진 값으로 동작한다.

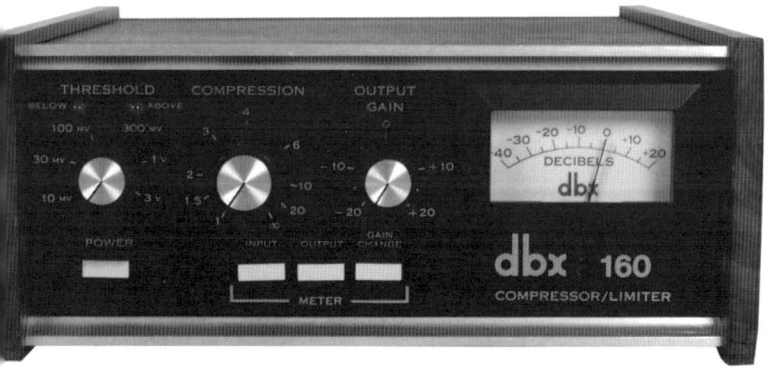

하드웨어 장비가 16000대 이상 판매되었다니까, 아마 거의 모든 중대형 녹음실에 하나씩은 있는 장비이다.

2.19.4 dbx 160

VCA 방식의 컴프레서 중 가장 많이 사용되는 것이 사진의 dbx 160이다. 1971년 David Blackmer가 개발한 제품으로 좋은 가격과 기능의 두 가지를 다 갖추어 표준처럼 사용되고 있는 제품이다. 사진과 같이 아주 단순한 드레숄드, 컴프레션,

출력 게인, 이 3개의 놉을 통해서 조작이 가능하다. 드레숄드는 -55dB에서 0dB까지 가변되면서 입력되며, 신호의 작동 여부는 상단의 Below/Above 두 LED를 통해서 확인할 수 있다. 컴프레션은 레이시오에 해당하며 적혀있는 숫자대로 작동을 한다. 출력 게인은 ±20 dB를 조정할 수 있다.

앞면의 VU미터가 인상적인 장비라 160 VU 라고 부르기도 하는 데, 뒤에 나오게 된 160A, 160X등 대량 생산되는 제품으로 VCA 컴프레서의 전설로 이어졌다. 160A 이후의 제품은 160이 가지는 일반 회로 방식이 아닌 집적 회로(IC)방식으로 만들어지면서 Hard Knee만 가지고 있던 160에 Overeasy 기능이 추가되었다. 즉, 160은 빈티지스럽게 하드한 소스에 주로 적합하다.

옆 사진이 160A이다. 대량 생산되면서 160 보다 더 훨씬 저렴한 가격으로 공급되면서 공연장이나 녹음실에 최소한 3-4대 이상씩 보편적으로 사용되는 장비가 되었다. 앞서 컴프레서에 대해 공부할 때 오버이지에 관해서 다루었다, 참조하자. 오버이지 모드로 선택되면 해당 범위에 들어오는 신호가 있다면 노란색 LED가 켜지게 된다. 나중에 더 저렴한 160X, 160XT 등의 제품으로 여러 가지 출시되었다. 166XL, 266XL 과 같이 게이트까지 추가된 제품도 있다.

2.19.5 SSL G Bus Compressor

이름처럼 버스 마스터 전용으로 나온 컴프레서로, SSL 콘솔의 4000 G 시리즈에 있던 것을 아웃보드와 플러그인으로 만든 제품이다. 아래 사진과 같은 랙 사이즈로 나오기도 하고, 500시리즈라 불리는 랙 박스용으로 나온 제품, 그리고 많은 회사가 복각 제품을 출시 중에 있다. 주로 만들어진 믹스가 서로 잘 붙을 수 있게 만드는 기능을 한다고 말한다. 물론 당연히 어떻게 쓰냐에 따라 완전 다르게 된다.

2:1, 4:1, 10:1 세 가지 레이시오가 고정되어 선택할 수 있으며, 2:1은 투명도가 우선될 수 있는 세팅, 10:1은 리미터에 준한 아주 강력하게 동작하는 용도, 그리고 4:1은 중간 단계에서 활용하게 된다. 소스에 따라 잘 선택해서 사용해야 한다. 2채널 스테레오 작동이 기본이고, 외부 사이드 체인을 선택할 수도 있다.

많은 엔지니어가 아예 마스터 단에 걸어놓고 믹싱을 시작하는 하는 경우도 많다. 10:1의 세팅을 드럼 버스 컴프레서로 활용한다. Auto Fade기능은 1초부터 60초까지 설정해 놓으면 곡의 끝부분에 자동으로 SSL의 페이드 아웃 커브를 활용해서 페이드 아웃을 하게 된다.

2.19.6 Neve 33609

프로 오디오 역사에 빠지지 않는 거장 *Rupert Neve*의 1969년 작품 Neve 2254를 기반으로 만들어진 제품이 사진의 Neve 33609이다. 엔지니어의 희망 목록에 빠지지 않는 표준적인 제품인데, 플러그인으로 나와 더 많이 사용되고 있다. 스테레오와 듀얼 모노, 두 가지 모드로 사용이 가능하고, 모노 채널 스트립에 사용되면 1번 채널만 사용이 가능하게 된다.

반드시 생각해야 할 중요한 부분은, 채널의 신호 흐름이 일반적인 왼쪽에서 오른쪽으로 가는 방향으로 처리가 안 된다는 점이다. 입력 신호는 먼저 컴프레서를 통과한 후, 리미터를 통과하게 된다는 것이다. 리커버리(Recovery) 타임이 릴리즈 타임의 역할을 한다는 부분도 고려해야 한다.

드레솔드는 -20dB ~ +10dB까지 2dB씩 가변이 가능하고, 오리지날 모델은 컴프레서의 어택 타임은 3ms로 고정, 리미터는 슬로우(4ms)/패스트(2ms)로 선택이 가능하다. 사진의 33609/N 모델은 컴프레서 어택 타임이 슬

로우(6ms)/패스트(3ms)로 선택이 가능하다. 리미터는 스위치를 켜야만 작동을 하는데, 드레숄드를 +4dB에서 +15dB에서 정할 수 있다. 리미터에서 리커버리 타임은 50, 100, 200, 800, a1, a2 중에서 선택할 수 있다. 숫자는 ms을 의미하고 a1, a2는 소스에 따라 변하는 세팅이 된다. a1은 40ms에서 1500ms, a2는 150ms에서 3000ms 까지 변하게 된다.

33609는 높은 투명도보다 강력한 동작이 가능해, 믹싱 뿐만이 아니고, 레코딩과 마스터링에서도 사용이 되는 고급 장비로 분류된다. 트랜지스터와 같은 소자로만 구성되는 디스크리트 출력단이 포함되어서 약간 따뜻한 출력이 나온다. 물론 플러그인도 회로 그대로 구현하게 된다. 최상의 브릭 월(Brick Wall, 벽돌 벽) 리미터의 역할할 수도 있다.

2.19.7 SSL E 채널 스트립

다음 페이지 사진이 대형 콘솔의 대표적 모델인 SSL 4000 E 시리즈의 채널 스트립이다. 톤 쉐이핑의 기본적인 게이트, 컴프레서, 이퀄라이저, 3 요소를 하나의 플러그인으로 처리할 수 있다는 장점에 SSL의 특징이 그대로 구현된 부분까지 더해져서 많이 사용된다. 특히 프로툴즈와 같이, 하나의 채널에 인서트되는 각종 플러그인의 세팅을 그대로 프리셋화 할 수 있는 기능이 어려운 상황에서, 이 플러그인을 쓰면 가능해진다. 믹싱 엔지니어의 관점에서 거의 고정되는 악기별 셋업이 이 플러그인의 이용으로 가능하다는 것이다.

SSL 4000 E 시리즈 콘솔은 80년대부터 팝, 록, 힙합, R&B 등의 장르에서 가장 많은 플래티넘 판매 앨범의 작업에 사용된 콘솔이다. 그 가장 큰 이유는 이 채널 스트립에 보이는 것과 같이 다이내믹스 계열이 모든 채널에 기본적으로 포함되면서, 이전 정해진 숫자의 아웃보드 외에는 장비가 부족해 사용이 어려워서 제한되던 다이내믹한 톤 쉐이핑과 믹싱이 가능해졌다. 거기에 SSL 특유의 펀치감 같은 다이내믹한 컨트롤이 가능하게 되었다.

신호는 기본적으로는 프리앰프 > 다이내믹스 > 필터 > 이큐의 순서로 처리가 되지만, Split/CH OUT/DYN S-C 이 세 버튼의 조합에 따라 다양하게 변하게 된다. 먼저 설명된 기본 신호 흐름만 활용해도 거의 필자가 강조하는 기본 믹싱의 수순을 따를 수 있으므로, 다양하게 변하는 옵션에 대한 구체적인 부분은 매뉴얼을 참조하자. 기본 신호 흐름을 활용한다면 사진 오른쪽 하단의 프리앰프에서 시작해서 게이트 > 컴프레서 > 필터 > 이퀄라이저 > 다시 페이더가 있는 오른쪽 하단으로 신호가 흐르게 된다.

내부적으로 프리앰프를 통해 신호를 ±18dB를 조절할 수 있다. 옆에 위상 전환 스위치, 그 위 아날로그 스위치는 아날로그 에뮬레이션을 선택하는 스위치가 있다. 게이트 부분은 게이트 스위치를 눌러야 게이트로 작동하며, 기본적으로는 익스팬더로 동작을 한다. 어택 타임은 F. Atk로 표시된 패스트 모드에서는 1ms, 슬로우에서는 소스의 크기에 따라 변한다. 릴리즈 타임은 0.1초에서 4초까지 변경이 가능하다. 컴프레서의 경우도 기본적인 기능에 충실한 세팅인데, 어택 타임 설정은 게이트와 같이 변경될 수 있다.

필터와 이퀄라이저 부분은 일반적인 내용과 크게 다르지 않아 생략한다. 이 채널 스트립은 다음에 소개할 Neve 88RS와 함께 기본적으로 아날로그 콘솔의 조작과 동일하기 때문에, 전통적인 콘솔 믹스에 익숙한 올드 스쿨 엔지니어에게 각광을 받고 있기도 하지만, 묻지마 사용과 같이 5개 이상 플러그인으로 난리가 나는 채널의 신호 처리보다 더 자연스럽고 또 충분한 효과를 거둘 수 있는 진정한 엔지니어의 기술에 의한 믹싱을 가능하게 한다. 그런 공부를 위한 도구로도 아주 좋다. 필자는 게이트>컴프레서>이퀄라이저 이렇게 세 부분의 조합으로 사운드가 안 나온다면, 그건 엔지니어의 기술에 일단 문제가 있다고까지 생각한다. 그리고 이 조합으로 원하는 톤 쉐이핑이 다 가능한 것임을 이 책과 필자의 강좌를 통해서 이야기한다. 나머지 수많은 플러그인의 역할은 양념이나 스프와 같은 부분을 담당한다고 보면 된다.

2.19.8 Neve 88RS 채널 스트립

SSL과 쌍벽을 이루며 대형 콘솔 시장을 주물렀던 회사가 Neve이다. 빈티지의 대명사라고 불려도 마땅한 이 회사의 라인업을 그대로 물려받으며 업그레이드한 콘솔이 2001년 출시된 88 시리즈 콘솔이다. 기존 Neve V시리즈의 채널 스트립의 구성을 그대로 구현하면서도 내부적으로 신호 흐름에는 VCA 컨트롤과 같은 구동 전류의 흐름을 원천적으로 없애서 더 깨끗한 사운드를 만들어 내게 디자인되었다.

이 채널 스트립은 특히 Neve를 찾게 만드는 트랜스포머 기반의 마이크 프리 에뮬레이션까지 포함하고 있으며, 컴프레서의 Soft Knee, 포먼트 스펙트럼 이퀄라이저, 완벽에 가까운 다이내믹스 컨트롤 등의 기능이 플러그인 개발사인 UAD의 전용 DSP와 함께 어우러져 있다.

마이크 프리앰프 부분은 UAD 오디오 인터페이스의 내부 하드웨어 프리앰프를 UAD Console프로그램에 인서트될 경우 직접 소절하기노 안다. 플러그인이라기보나 콘솔의 기능을 한다고도 볼 수 있겠다. 포먼트 스펙트럼 이퀄라이저는 배음에 관해서 다루었던 것과 같이 공진의 영향 가운데에서 만들어지는 배음 중심의 컨트롤을 가능하게 해서 위상 변화를 최소화하는 4밴드 이퀄라이저이다. 부드럽고 둥글게 표현되는 고전적 니브 색깔이 구현된다.

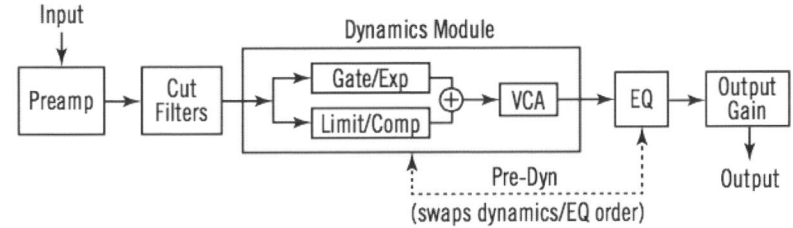

앞 페이지 그림과 같은 신호 흐름을 가지는데, Pre-Dyn 버튼으로 이퀄라이저와 다이내믹스의 순서를 바꿀 수도 있다. 놉 가운데에는 실제 하드웨어와 같이 눌러서 변경된 값의 선택 스위치를 하는 부분도 있으니까, 참조한다. 필터의 작동 스위치, 컴프레서의 레벨 변경 등이 해당한다. 익스팬더/게이트 부분의 히스테리시스 놉을 EXP 표시로 돌리면 게이트는 익스팬더로 동작하는 데, 이때 레이시오가 2:1로 레인지와 같이 동작하게 되어 조금 더 부드러운 처리를 하게 된다.

독자 중에 UAD(United Audio) 인터페이스나 외장 DSP를 가지고 있다면, 필수적으로 필요한 플러그인이라 말하고 싶다. SSL E 스트립에서 언급한 것과 같이 아주 기본적이면서도 세밀한 조정이 가능한 채널 스트립은 진정한 믹싱의 도구이다.

2.19.9 Neve 1073 프리앰프 & EQ

거의 모든 음향 엔지니어의 쇼핑 리스트 최상단에 반드시 올라가는 제품이 이 1073 프리앰프, 또는 이퀄라이저가 포함된 아래 사진의 제품이다. 1970년 출시된 이후, 아직까지도 궁극의 제품으로 사용되고 있다. 탑 A급 아티스트의 녹음은 항상 최우선으로 쓰인다. 필자의 음향시스템 핸드북 중 인사이드 스토리를 참조하면 좋다.

1073 Legacy 플러그인은 제외한 1073의 경우 88RS와 마찬가지로 플러그인의 프리앰프가 직접 오디오 인터페이스의 프리앰프를 조정하게 된다. 즉, 빈티지 기기에 내장된 Class A 프리앰프를 그대로 플러그인에서 구현했다. 1073 프리앰프가 각광을 받는 가장 큰 이유는 분명한 선명도와 충분한 배음이 포함된 Class-A Saturation이 발생한다는 점이다. Saturation은 디스토션과 같은 찌그러짐과는 다르게, 음색의 부분으로 인식되는 과부하 처리의 꽉 찬 신호가 만들어내는 독특한 색깔을 의미한다. 참고로, 디스토션은 음량적인 요소, Saturation은 음색적인 요소로 이해할 수도 있다.

이퀄라이저 부분은 액티브 증폭회로가 포함되는 다른 이퀄라이저와는 달리 패시브 기반의 이퀄라이저이기 때문에 좀 더 선명한 리니어 이퀄라이저의 특성을 가진다. 이 부분은 앞 이퀄라이저의 설명에서 다루었는데, 리니어 특성은 위상 변화가 적다는 장점을 가진다. 요즘 누구나 쉽게 다룰 수 있는 7 밴드 풀 파라메트릭 이퀄라이저 시대에 고음/중음/저음의 3밴드, 고정된 컷 오프 주파수를 가지는 고음/저음과 하나뿐인 중음의 파라메트릭 이퀄라이저가 안 맞을 수 있다고 생각할 수도 있지만, 수많은 걸작들이 이 간단한 3 밴드 이퀄라이저의 조합으로 만들어진 것을 생각해보면서 공부하면 좋겠다.

2.19.10 PuigTec MEQ5

Pultec사의 MEQ5 모델을 waves에서 플러그인으로 만든 제품이다. 특히 그래미 상 수상 엔지니어인 Jack Joseph Puig 컬렉션 시리즈로 나와 있다. 이 시리즈의 가장 큰 특징은 역시 패시브 방식으로 구현되어 다른 주파수 대역에 영향을 최소화하면서 원하는 주파수를 조절할 수 있다는 점이다. 빈티지 하드웨어의 특성을 거의 그대로 구현했다는 점에서 많은 엔지니어가 레코딩, 믹싱, 마스터링에 사용한다.

길들여진 양념 맛이라 할 수도 있겠지만, 독특한 색채를 잘 활용하는 것도 나쁜 점은 아니라 본다. 물론, 양념맛만

난다는 것은 최악의 상황이겠다. 아날로그 증폭 회로가 가지는 *THD*(Total Harmonic Distortion), 험 노이즈, 그리고 트랜스포머의 초저역 증폭과 고역 감쇄까지도 그대로 구현했다.

  중음 대역을 담당하게 설계된만큼, 용도를 정확하게 고려해서 사용하면 효과적이다. 공진음의 처리, 중음대의 성격 표현 등의 부분에서 잘 활용하자. 아날로그 분위기를 내려고 추가하는 50Hz/60Hz 험은 필요에 따라 사용하면 좋은데, 요즘 깔끔한 믹스의 분위기에는 어울리지 않을 수도 있다.

3장. 톤 쉐이핑

3.1 톤 쉐이핑

앞서 음색 조정의 개론적인 부분과 조정에 필요한 도구를 다루었는데, 실제 각 악기의 톤을 만들어가는 과정을 실습으로 공부해보자. 실습 곡은 음향시스템 핸드북에 소개된 아래 링크의 곡을 그대로 사용하자. 기본적인 내용은 우선 음향시스템 핸드북 4판 14장 믹싱의 실제를 먼저 읽어보는 것도 좋다. 물론 여기서는 구체적으로 공부를 해보려고 한다.

QR 코드 동영상으로 각 과정을 쉽게 소리와 함께 보실 수 있지만, 쉽고 간단하게 배우는 것은 세상에 아무것도 없다. 실제로 DAW를 실행하고 멀티 음원을 다 올려놓은 다음 설명되는 것대로 해가면서 글로 설명되는 모든 부분을 이해해보도록 한다. 프로툴즈를 기본으로 설명하지만, 대부분 모든 DAW와 믹서에서 비슷한 실습 결과가 나온다. 각각 해당 값들을 똑같이 해서 똑같은 결과를 만드는 것이 목적이 아니고, 조정하는 상태에서 벌어지는 소리의 차이를 익히며, 해당 기능을 습득하는 것이 목적이다. DAW나 믹서마다 레벨의 처리에서 조금씩 다를 수는 있다. 하지만, 같은 파형의 조작이기 때문에 각 파라미터의 차이는 그렇게 나지 않을 것이다.

https://goo.gl/3kWXWQ

위 링크에 이 장에서 사용될 멀티 음원이 업로드되어 있다. 다운로드 요청을 하면 다운받아 압축을 풀어보면 Groove라는 폴더가 나오고, 그 안에 이 장에서 사용될 멀티 음원이 들어가 있다.

자, 각 악기 파트별로 어떻게 해서 어떤 톤으로 만들어 갈 수 있는지 공부해보자. 먼저 DAW를 열고 해당 파일을 만들어진 세션에 넣는다. 이 실습에서 필요한 플러그인들은 모두 기본 번들 플러그인이다. 3:54에서부터 4:25까지를 반복해서 들리게 하자. 여기에서는 결과를 배우는 것이 아니고, 결과를 만들어내는 과정을 배워야 한다. 이 책에 나오는 dB 값이나 주파수는 대부분 조정을 했더니 그 값으로 나왔다는 이야기이다. 믹싱은 귀와 손으로 하는 작업이지 눈으로 하는 작업이 아니라는 이야기이다.

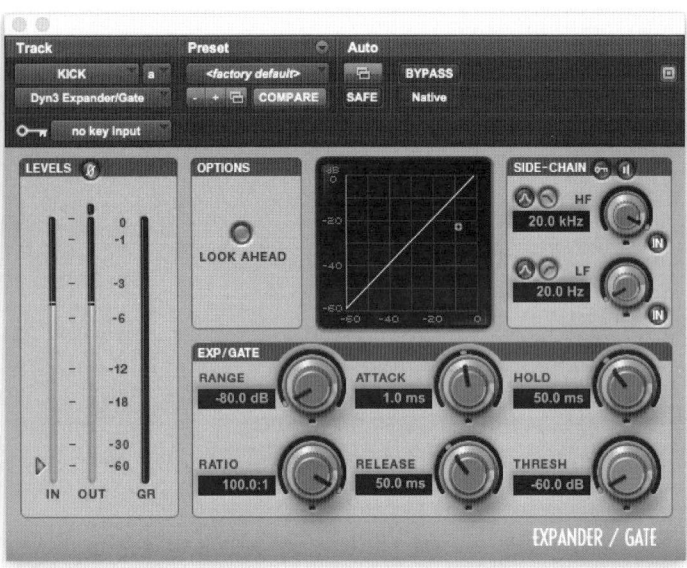

3.2 킥 드럼

먼저 옆 Dyn3 Expander/Gate 와 같은 익스팬더/게이트를 플러그인에 인서트한다. 여기서 중요한 시작점은 일단 레이시오는 100:1. 어택 타임은 1ms, 릴리즈 타임은 50ms, 홀드 타임도 50ms에서 시작한다는 것이다. 모니터에서 충분히 소리를 잘 들을 수 있는 크기, 즉 다른 옆 사람 소리나 다른 소리가 모니터 스피커에서 나오는 소리에 잘 안 들릴 만한 크기로 키운다. 스마트폰에 앱이 있다면 85dB SPL 인근에서 소리가 들리게 한다. 킥 드럼 채널만 솔로로 해서 들어본다.

먼저, 드레솔드 값을 정해보자. 드레솔드는 시계 방향으로 돌려가는 방법과 반시계방향으로 돌려가는 방법 두 가지를 쓸 수 있는데, 대부분 전자를 먼저 택한다. 물론 후자의 방법이 유리한 상황도 있다.

동영상을 재생해보자. 최저값인 가장 왼쪽 -60dB에서 올라가다 -30dB 지점쯤 가면 들리는 소리가 킥과 스네어만 들리기 시작한다. -25dB가 넘어가면서 스네어가 사라지기 시작하고 -17dB에 다다르면 조금씩 들리던 스네어 소리마저 사라진다. 뒤에 아주 조금씩 들릴 수도 있다. 여기에서 킥 드럼의 엔벨로프 모양을 바이패스를 눌러보고 생각을 해보자. 바이패스를 하고 킥 드럼 소리만 들어보면 강한 어택이 있고 그리고 드럼 통의 울림이 따라온다. 연주자의 강약이 당연히 존재하고, 우리가 게이트를 통해서 걸러낼 부분은 쉽게 구분된다. 바이패스를 풀고 홀드 타임을 240ms까지 늘려본다. 그러면 아까 짧았던 킥 엔벨로프의 서스테인 부분이 들리는데 스네어나 탐탐 등의 다른 소리도 들린다. 여기에서 홀드 타임을 150ms로 잡아본다.

바이패스를 걸었다가 풀었다 비교를 해보면, 킥 드럼의 울림이 어느 정도 살아있는 것을 느끼게 된다. 뒤에 새는 다른 소리는 그렇게 고민하지 않아도 된다. 여기서 집중을 해볼 부분은 킥 드럼 소리의 끝부분이다. 다른 소리와 함께 들리게 되는 끝부분이 마치 '읍' 하는 것처럼 짧고 빠르게 끊어지는 것을 느낄 수 있다. 잘 모르겠다면 계속 집중을 해본다. 이렇게 하면서 듣는 훈련도 하는 것이다. 짧고 빠르게 끊어지면서 끝이 딱 소리와 같은 거로 끝나게 되는데 많이 어색하게 들린다. 이 이유는 우리가 앞서 정해놓은 릴리즈 타임이 50ms이기 때문에 문을 빨리 닫아서 엔벨로프 자체와 그 외에 이미 존재하는 큰 소리가 비정상적으로 줄여지기 때문이다. 마치 함께 들리는 심벌을 치고 바로 손으로 뮤트한 것과 같은 소리로 끝난다.

실제 해당 구간에 계속해서 심벌이 연주되고 있다. 다른 곡을 작업할 때도 비슷한 상황은 늘 벌어진다. 다시 홀드 타임을 50ms로 줄이면 따라오던 심벌 소리는 안 들리는 것처럼 바뀐다. 하지만 실제는 심벌의 앞쪽, 다시 말하면 1ms의 어택 타임으로 시작한 신호가 통과한 다음 드레숄드 이하로 내려간 시간부터 50ms의 짧은 시간에 들리는 킥과 심벌이 더해진 소리가 원래 엔벨로프에서 그 머리 부분만 있으므로 그렇게 들리는 것이다. 바로 위에서 뮤트 한 것처럼 들린다는 것이 그 이유이다.

여기서, 한 번 더 하단 그림을 보고 익스팬더/게이트의 동작 부분을 점검해보자. 굵은 선이 음원 소스라 생각하고, 희색으로 된 공간이 익스팬더/게이트가 열려있는 구간이 된다. D가 드레숄드 레벨이다. 신호가 드레숄드 이상인 A 시간 동안의 신호는 당연히 통과되고, 그래서 다시 D이하로 내려간 구간 역시 B는 홀드 타임에 의해 통과된다. 그리고 다시 C로 잡혀진 릴리즈 타임 동안 페이드 아웃이 된다. 그림을 통해 그림 1과 2의 화살표 부분의 신호가 각기 다

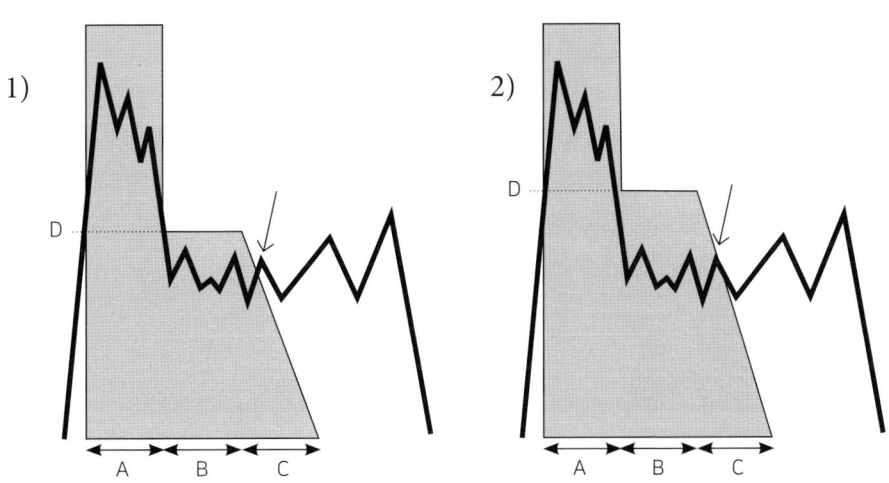

른 드레숄드 값 때문에 그림 1의 드레숄드 값에서는 안 들리고, 그림 2에서는 들린다는 이야기이다.

아까 150ms에서 들렸던 울림을 살리는 것이 킥을 좀 더 자연스럽고 중후하게 만든다. 따라서 150ms와 250ms의 중간 부분의 킥 박자에 안에 들리던 소리의 필요한 부분을 정해야 한다. 그리고 그 부분이 자연스럽게 페이드 아웃하게 릴리즈 타임을 조절한다. 릴리즈 타임을 150ms로 늘여보면 아까 뮤트하는 듯한 심벌과 킥의 소리가 부드럽게 잘려진다. 문제는 이렇게 되면서 드레숄드 이하의 레벨에 관해서 게이트가 레인지에서 잡아놓은 80dB를 줄이는 시간이 총 300ms이 되고, 그렇게 되니까 아까 짧게 잡았을 때는 안 들리던 스네어나 다른 소리가 닫혀지는 문 사이로 들어온다. 이때, 홀드 타임을 100ms로 줄여보자. 훨씬 새어 들어오는 소리가 줄었다. 그런데도 간간히 스네어의 강한 소리가 들어온다. 어떻게 해야 할까? 계속 홀드나 릴리즈 타임을 줄이기 시작하면 잡아놓은 킥 드럼의 울림이 줄어든다. 앞 페이지 그림의 B와 C의 시간 조정으로 변하는 전체 소리의 모양을 머릿속에 늘 그려본다.

여기서 신의 한 수 같은 느낌으로 드레숄드를 7dB 정도 올려서 -10dB로 만들어보자. 그리고 홀드를 다시 150ms로 늘려본다. 반복되는 뒷 부분에서 스네어가 약간씩 새들어올 수 있는데, 그것도 잡아보려면 드레숄드를 더 올려본다. 문제를 발견하실 텐데, 킥 드럼의 정박자외의 당긴 박자의 비트도 스네어와 같이 사라지게 된다. 문제는 워낙 연주자의 스네어 연주가 강해서 그렇다.

바이패스를 하고 만들어진 톤을 비교해보면 많이 풀어진 느낌의 킥 드럼이 상당히 타이트하게 단단해진 느낌으로 바뀌었을 것이다. 여기에서 어택 타임을 5ms까지 천천히 늘려보았다가 다시 줄여보자. 킥 드럼처럼 엔벨로프 상의 어택 부분이 엄청 짧고 강한 음원은 이미 3ms 이상으로 가면 고역대가 먼저 많이 줄어든다. 즉, 배웠던 데로 Z축으로 멀어져간다. 이 부분은 만약 킥 마이크를 너무 킥 드럼 안쪽에 밀어 넣었다거나, 그 외 다른 이유로 고역대가 많이 흡음 되는 상황에 활용할 수 있다. 어택 타임 조정으로 고역대를 중심으로 한 선명도와 Z축을 밀어가며 원하는 음색도 만들 수 있기 때문이다.

아까 스네어 드럼의 새는 부분이 걱정된다면, 여기에서 스네어 드럼도 솔로를 눌러본다. 분명 고민 안 해도 될만큼 가려지는 것을 느낄 수 있다. 솔로를 풀었다가 눌렀다가 하면서 비교를 한다. 만약 나중에 처리될 킥 드럼의 이퀄라이저에서 고역대를 엄청 키워야 한다고 했을 때 그것이 스네어 드럼의 톤에 영향을 안 주어야 한다는 것을 생각해야 한다. 그것이 이렇게 독립(고립)시키는 가장 큰 이유이기 때문이다. 사실 스네어 드럼은 워낙 강해서 따로 바뀔 가능성이 이 곡에서는 없다. QR 동영상에서 확인할 수 있다.

Compressor

자, 이제 컴프레서를 걸어보자. 이미 익스팬더/게이트에서 기본적으로 사용할 직접음을 골라내었기 때문에 여기에서 마이크 위치에 들리는 소리 중에서 킥 드럼 음원으로 사용할 수 있는 보편적 사운드를 만들어내 보자. 대표적인 컴프레서 Dyn3을 인서트하면 옆과 같은 기본 값으로 나온다. 일단 이 세팅에서 소리를 바이패스와 비교해본다.

컴프레스가 걸리면 동영상에서 듣는 것과 같이 이전의 강했던 부분이 줄어들었음을 확인할 수 있다. 많이 줄어든 것으로 느껴지는 부분은 주로 저역대이다. 그 이유는 앞서 언급한 것과 같이 킥 드럼 마이크 위치에서 들리는 대역대와 마이크 자체의 특성 때문에 표현된 소리가 그렇다는 것이다. 동영상을 처음으로 돌려 저역대가 아닌 중음대 이상을 바이패스와 잘 비교해 들어보면 별 차이가 없다는 것을 느낀다. 되려 저역 대역이 컴프레서에서 줄어 버리면서 중고역대역이 커졌다는 느낌도 들 수 있다.

자, 드레솔드를 내려본다. -26.6dB까지 내려놓고, 레이시오도 4.9:1로 키웠다. 바이패스와 비교해보면 훨씬 저역대가 부드러워졌다는, 다르게 말하면 전체적으로 평탄해졌다는 느낌이 들게 된다. 더러 힘이 없어졌다는 느낌으로 말할 수도 있다. 컴프레서를 걸지 않고 사용하는 것이 더 펀치감이 있는 게 사실이다. 하지만, 이렇게 컴프레서를 걸어서 힘이 빠진 톤으로 만들어 놓는 이유는 그다음 이퀄라이저에서 완전하게 원하는 음색을 만들기 위한 작업이니까, 그런 의미에서 이 작업을 제대로 이해해야 한다.

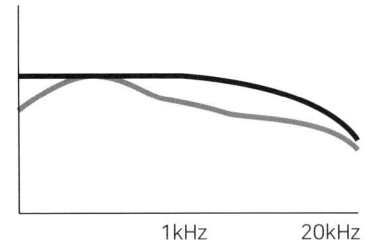

이렇게 최대한 평평하게, 너무 많이 저역대를 줄이는 것보다 옆 그래프의 진한색과 같이 기본적으로 중고역대의 에너지를 증폭하는 의미에서 컴프레서를 사용하게 된다. 회색 선이 바이패스된 대역별 크기이다. 컴프레서 레벨 미터를 보면 입력보다도 컴프레서의 설정 변화에 따라 출력이 변하게 되고, 그것에 반응하는 게인 리덕션 레벨이 표시된다. 자, 드레숄드와 레이시오를 정한 다음 게인을 조정하기 시작한다. 무조건 키우는 것이 아니고, 입력 레벨과 비슷한 출력 레벨이 되게 게인을 올리기 시작한다. 이 부분은 아마 대부분 엔지니어가 생각하지 못 하는 부분일 수도 있다. 정확한 것은 귀로 판단을 해야 하겠지만, 컴프레서의 목적을 톤 쉐이핑의 단계라 정할 때는 레벨 확인을 통해서 안정적인 출력을 만드는 것이 중요하다.

대략 6dB 정도를 키우고, -30dB까지 드레숄드를 약간 더 내려본다. 바이패스와 비교해보면 훨씬 균등한 음색을 확인할 수 있다. 여기에서 어택 타임을 조정해보자. 특징적으로 변하는 부분은 역시 고역대의 양이 된다. 1.3ms까지 줄여보면 고역대가 많이 없어진다. 컴프레서의 동작이 그만큼 빨라져서 원래 엔벨로프의 어택 부분을 건드리기 때문이다. 조정하다 2.1ms 정도로 고정하고 바이패스와 비교해보면 훨씬 부드러운 고역대를 만들었다는 것을 느끼게 된다. 신기하게도 아직 이퀄라이저는 사용하지도 않았는데, 저역에서 고역대까지의 음색을 조정했다.

Equalizer

이퀄라이저를 인서트한다. 앞서 컴프레서를 사용하지 않았다면 위 그래프의 회색 곡선을 가지고 시작을 해야만 한다. 그래서 많은 부분을 줄이고, 적은 부분을 조정하고, 그러면서 원하는 음색을 만지기 시작해서 끝으로 가면 자연스러움보다 여기저기 난도질 된 이큐의 그림을 보게 된다. 배웠던 중요한 부분을 다시 생각해보자. 음색 조정의 중요한 요소는 배음의 조정에 있다. 배음이 깨어지면 당연히 음원이 지니는 성격이 변한다.

90년대 이후 대표적인 킥 드럼의 변화는 중심음을 많이 저역으로 내린다. 서브 대역인 80Hz 이하의 대역이 중심 대역으로 활용하게 된다는 것인데, 그 전의 125Hz 대역 중심의 부분을 그렇게 내려서 더 깊고 단단한 킥 드럼을 만든다. 이 부분은 이퀄라이저 없이는 불가능한 부분이다. 이유는 킥 드럼의 원음 자체가 125Hz 중심의 에너지가 가장 강하기 때문이다. 그러면 어떻게 중심음을 내릴 수 있는가? 다소 역설적이 되겠는데, 125Hz 전후에 있는 원음의 기본 주파수를 밴드위쓰(Q)를 줄여 내리고 저역대를 쉘빙 이퀄라이저로 키우면서 킥 드럼의 음정을 내릴 수 있다.

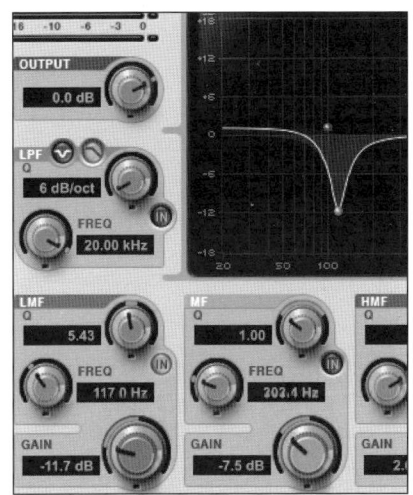

먼저 *LMF*(Low Mid Frequency,중저역)대역을 사용하자. 동영상에서 보는 것 같이 Q 값을 줄이고 게인을 키워서 적당한 주파수를 찾는다. 이때 찾는 주파수의 기준은 얼마나 킥 드럼의 음정을 내릴 수 있느냐에 있다. 그래서 가능한 초저역 위의 중저역대에서 낮은 부분 중에서 고르도록 한다. 주파수를 스윕(Sweep,돌려보는 것)하면 킥의 음정이 변한 것을 느끼게 된다. 그러다 117Hz 정도를 선택해서 게인을 반대로 내렸다. 내려가면서 벌써 킥 드럼의 저역대가 나오기 시작한다. -11.7dB까지 줄이고 바이패스와 비교해본다. 훨씬 저역대의 단단함이 느껴진다. 바이패스된 음색으로는 사용 못 할 느낌까지 들게 된다.

이 상태에서 저역 대역을 그대로 약간만 키워본다. 2.3dB 키우니까 부드럽게 단단한 킥 드럼이 만들어졌다. 여기에서 바로 중음을 조정해보자. 중음을 조정하는 이유는 킥 드럼 자체 내에서 존재하게 되는 공진음을 줄여보는 역할도 하고, 전체 사운드를 아주 부드럽고 기름진 소리로 바꾸게 한다. 303.4Hz를 동영상에서 -7.5dB 내려보니 많이 변했다. 중음만 바이패스했다 풀면서 비교해보면 확실한 차이를 느끼게 한다. 역시 바이패스 상태로는 작업이 안 될 것 같은 상태로 변했다. 여기에서 아까 조정한 중저역 대역도 바이패스해서 비교해본다. 각 플러그인이나 믹서의 부분을 조정할 때 반드시 잊지 말고 확인해야 하는 부분은 바이패스로 처리 안 한 상태와 비교를 해보는 것이다. 그것이 작업하는 시간을 줄일 수 있는 중요한 요소이다.

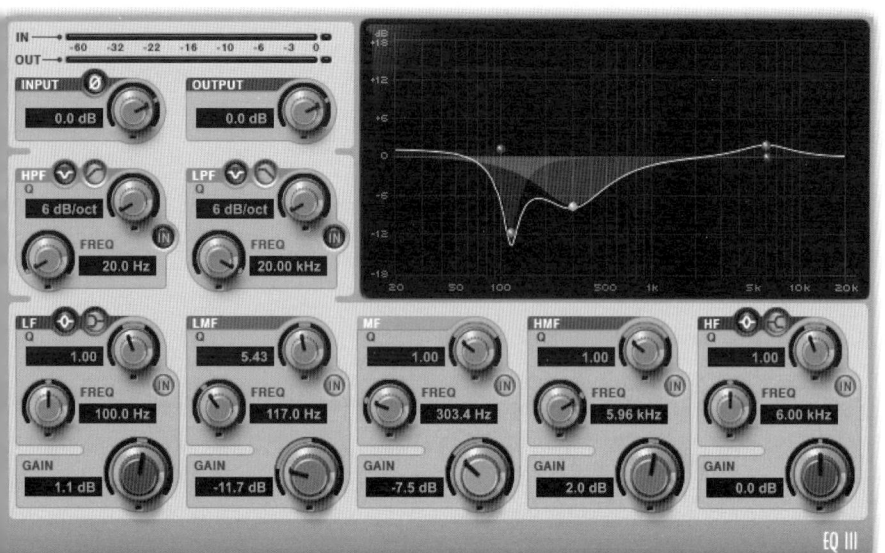

중음 대역으로 골랐던 주파수를 확인해보자. 게인을 반대로 키워서 그 대역의 소리가 어떤지 분명히 확인할 수 있다. 그다음, 고역대를 선택해서 앞에서 부드럽게 만든 킥 드럼의 어택 부분을 조정해본다. 5kHz 주변 부분이 비터 소리이다. 그리고 또 바이패스해서 비교한다. 마무리로 저역대를 1dB 정도 줄여서 과하지 않으면서 단단한 킥 드럼을 완성했다. 물론 전체 믹스를 해가면서 미세 조정을 해야 한다. 다른 음색과의 어울림이 중요한 요소이기 때문이다.

장르가 힙합이라면 100Hz 이하의 저역대를 조금 더 키울 수 있고, 록의 약간 높은 음정의 타이트한 드럼이 필요하다면 줄여놓은 중저역과 저역의 레벨을 조정하고, 필요하면 주파수도 조정하면 원하는 톤에 근접할 것이다. 이렇게 만들어 놓은 킥 드럼의 세부적인 조정을 모범 답안으로 사용하는 것보다는 만들어 가는 방법을 익히는 용도로 사용해야만 한다. 그 이유는, 드럼, 연주자, 마이크, 공간, 음악,,, 등등 많은 변수가 원 소스에 있고, 또 만들어가는 음악에 따라, 고객의 요구에 따라 다양하게 변해야 하기 때문이다.

이렇게 톤 쉐이핑을 한 킥 드럼의 변한 부분을 옆 동영상을 통해서 확인해보자. 원래 소스의 소리와 처리된 소리, 그리고 컴프레서만 바이패스한 소리, 이퀄라이저만 바이패스한 소리 등 각각 소리의 변화를 동영상에서 확인할 수 있다. 여러 번 반복하면서 변한 부분을 인지하는 것도 중요하다. 그리고 처음부터 동영상을 반복해 보면서 이 책의 내용과 함께 쓰여진 기술을 잘 확인한 다음, 반드시 스스로 무한 반복 연습해서 자신의 기술로 만들어야 한다. 이 정도를 숙지하면, 패럴렐 프로세싱이 어쩌니, 킥 아웃 마이크를 써야 하느니 하는 조언은 필요 없을 수 있다.

킥 드럼 설명이 다소 긴 부분은 이제부터 나올 각 악기의 설명에 중복될 중요한 부분들이 있기 때문이다.

3.3 베이스 기타

킥 드럼의 톤 쉐이핑이 끝나면 다음에 스네어, 하이 햇, 탐탐, 오버헤드의 순서로 대부분 공연의 믹싱이 진행된다. 하지만 음악을 만들어가는 전제에서의 믹싱, 특히 레코딩의 믹싱에서는 킥 드럼 다음에 베이스 기타(줄여 베이스)를 시작하는 것이 편하다. 그래서 일단 앞에서 많이 언급한 킥 베이스를 전체 숲의 기둥으로 만들어 놓는 것이 좋다.

소스에 노이즈가 끼어 있을 상황에는 당연히 게이트로부터 시작해서 신호에서 잡음을 분리해야 하겠다. 이 경우 이미 다루었던 레인지나 레이시오를 적절하게 사용하여서 드레숄드 레벨 이하와 이상의 부자연스러울 수 있는 신호의 변화를 줄여보는 것도 좋은 팁이 된다. 아니면 컴프레서의 Soft Knee 기능을 이용해서 드레숄드 경계를 부드럽게 넘기는 것도 방법이겠다.

자, 게이트는 현재 소스에는 필요가 없고, 컴프레서를 연결하자. 먼저 컴프레서를 통해서 무엇을 얻을 수 있는가를 생각해본다. 이 소스의 상황에는 앰프를 사용하지 않고, 다이렉트 박스를 통해서 라인 입력으로 받은 것이다. 소리만 듣고도 쉽게 알 수 있다. 앰프에 마이킹을 했다면 분명 다른 소리도 입력될 것이고, 게이트를 써야 할 수도 있다.

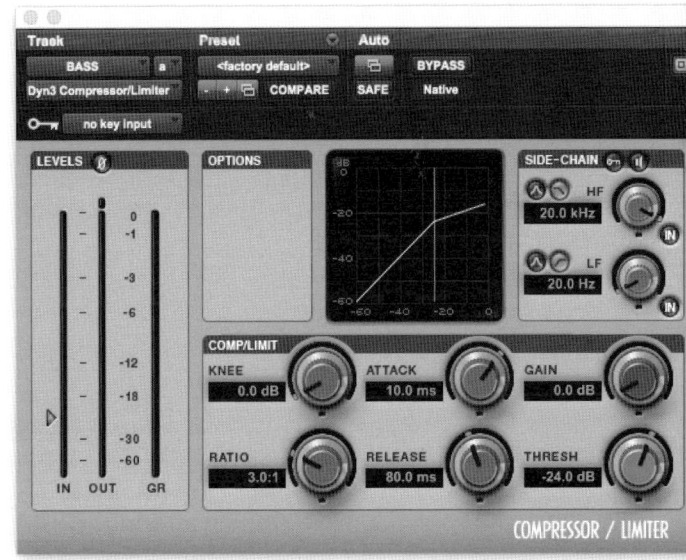

자, 프로툴즈의 기본 컴프레서를 인서트하면 옆 그림과 같다. 왼쪽 QR 코드의 동영상을 보고 들어보자. 오른쪽 컴프레서 기본 세팅을 바이패스 했을 때와 걸었을 때의 소리 비교 영상이다. 차이가 들려야 한다. GR 미터를 통해서 대략 8dB 정도 최대로 줄어들게 되는데, 단순히 레벨의 차이를 느끼는 것이 아니고 음색이 어떻게 변하는지를 확인해야 한다.

컴프레서를 통과한 소리는 당연히 각 주파수 대역의 피크치와 같이 드레숄드 이상의 불필요할 수도 있는 부분들이 줄어든다. 즉 너무 날 소리라 거친 부분들이 많이 줄어들게 된다. 다시 한번 비교해보자. 그렇게 느껴질 것이다.

 여기에서 한 번 변화를 주면서, 가능한 최선의 부드럽고 균등한 주파수 대역을 가질 베이스 음을 만들어 보자. 동영상을 보면, 먼저 바이패스 상태의 소리에서 시작해서 바로 앞에서 본 컴프레서의 기본 세팅을 그대로 들어본다. 그리고 이 상태에서 어택 타임만 줄여본다. 10ms에서 시작한 어택 타임이 1ms로 줄어들면서 소리가 부드러운 것을 느낄 수 있다. 특히 베이스 연주가 강한 첫 박자의 부분에서 차이가 분명하게 느껴진다. 4.4ms 정도로 중간단계의 어택 타임을 정한 다음, 드레숄드를 내리면서 소리의 변화를 만들어 봤다. -24dB에서 -27dB로 줄였는데, 사실 큰 차이를 느낄 수는 없을 것이다. 다만 조금 더 컴프레서 걸리는 부분을 늘려본다는 느낌이다. 그래서 차이는 분명 있다. 그리고 레이시오도 조금 올려본다. 이 부분도 머릿속으로 느껴보는 부분의 의미가 크다. 실제 차이를 느끼긴 어렵다. 차이를 느껴 보려면 강한 음을 비교해보면 된다. 동영상의 시간을 조정하면서, 아니면 직접 DAW에서 조정하면서 차이를 발견해보자. 좋은 믹싱을 하려면 아주 민감한 감각의 훈련이 필요하다.

그리고, 게인을 이용해서 전체 주파수 대역의 레벨을 올린다. 일단 레벨 미터를 보면서 출력 레벨도 입력 레벨과 비슷하게 키운다. 바이패스를 해보면, 같은 레벨에서 구성되는 음색이 상당히 다른 것을 느낄 수 있다. 이미 언급한 대로, 그리고 계속 배울 것처럼, 이것이 컴프레서를 사용해서 톤을 만드는 톤 쉐이핑이다. 아울러 동영상에는 Knee 부분을 조정해보았다. 큰 차이가 없는 이유는, 베이스 엔벨로프 상에서 어택의 부분이 킥과 같은 타악기보다 그렇게 급속한 변화가 있지는 않기 때문이라 생각할 수 있지만, 이미 잡아 놓은 드레숄드의 레벨이 신호보다도 낮기 때문에 Knee가 동작할 부분이 별로 없기 때문이다.

Equalizer

자, 베이스에 이퀄라이저를 걸어보자. 일단 생각해야 하는 중요한 목적은, 개별 톤을 엄청나게 만드는 것이 아니라 음악의 중심이 될 킥과 아주 잘 어울려서 킥 베이스가 만들어져야 하는 것이다.

앞에서 이미 킥 드럼의 톤을 정리해 놓았던 부분을 생각해보자. 이미 저역대에서 고역대까지 분명한 색깔을 만들어 놨다. 킥 베이스에 관해서 다루었던 이야기도 기억해보자. 몇 장르의 음악을 제외한 대부분 팝, 록, R&B,, 등의 음악 중에, 타악기인 킥에 베이스의 음정을 부여해서 전체 음악의 화성적 기둥과 리듬의 기둥 역할을 하게 된다. 그렇다면 어떻게 이퀄라이저를 조정해서 킥하고 잘 어울리게, 또는 붙게 해야 하겠는가?

시작은 일단 두 음색의 밸런스를 맞추는 것부터 시작해본다. 레벨 믹스의 부분인데, 동영상을 참조하자. 현재 반복되는 부분에서 두 악기의 비트가 동시에 연주되는 부분은 뒤쪽 몇개의 음 뿐이다. 그래서 사실 정확한 레벨을 맞추기는 어렵지만, 잘 듣고 어디에서 붙는지 확인하자. 이 부분은 웬만한 전문가가 아니면 동영상에서 보는 것처럼 몇 번에 뚝딱 레벨을 맞추기는 어렵다. 자, 많이 애매할 수 있지만 반복 연습만이 정답이다.

일단 잡아 놓은 -16dB 정도 위치의 페이더에서 이퀄라이저의 저역 필터를 켜놓고 보는 것처럼 60.8Hz까지 제거를 해놓으니까 두 음색 가운데 중첩이 되는 한 부분이 줄어들었다 그 주파수 이하 같은 대역에 두 악기의 울림이 중복되기 때문에 하나를 없애버리니까 자연스럽게 베이스를 킥 위에 올려놓을 수 있게 되었다. 그리고 계속 반복되는 베이스 음색 가운데 중저음 부분을 대략 433Hz 대역 지점에서 줄여 놓으니까 더더욱 두 음색이 잘 어울리게 된다. 동영상에서 보는 것처럼 반대로 해당 대역을 키워보면 어떤 소리가 있었는지 확인할 수 있다. 그리고 이미 필터로 잘려진 부분이지만, 그 대역을 포함한 저역 대역을 조금 키우고, 다시 킥 드럼과의 레벨 밸런스를 맞춰본다. 옆 그림이 정리된 레벨과 음색이다.

Tone Shaping

3.4 스네어 드럼

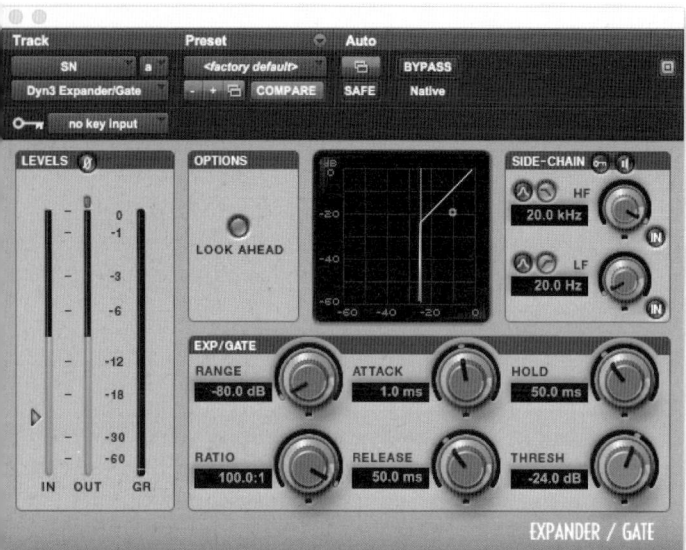

역시 게이트부터 시작하자. 무조건 플러그인을 걸어보는 것보다 일단 원음에 어떤 것들이 있는지 확인한다. 당연히 모든 드럼 소리가 다 들린다. 여기에서 일단 스네어 드럼에 관련된 부분이 무엇이 있나 확인한다. 듣고 있는 소스에는 스네어의 기본 타격음과 스네어의 잔 리듬인 고스트 노트들이 들린다. 다른 음악에는 스네어 드럼 쉘을 때리는 림샷(Rim Shot)이 포함될 수도 있다.

고스트 노트는 음악을 더 생동감 있게 만들어 놓는다. 이 부분이 없어지면 연주가 재미가 없다. 하지만, 얼마나 어떻게 포함해 놓을 것인가가 중요한 관건이 된다. 아울러 스네어에 익스팬더 게이트를 사용하는 또 하나의 중요한 이유는 스네어 드럼에서 발생하는 지속적인 공진음을 제거하기 위해서다. 프로툴즈에서 Shift-C를 누르면 다이내믹 계열 플러그인을 바이패스 할 수 있다.

자, 옆의 QR 동영상을 보면서 위에 언급된 내용을 확인하자. 세팅은 위 그림과 같다. 많은 엔지니어가 자연스러운 소리를 처리한다는 생각으로 게이트 사용을 꺼려한다. 하지만, 우리는 이미 왜 게이트를 써야 하고, 어떻게 써야 할지를 충분히 알아보았기 때문에, 더 자연스럽게, 그리고 마음대로 다른 채널의 영향을 고려하지 않고 스네어 소리를 요리하기 위해서 독립을 시켜야 한다. 안 그러면 스네어의 고역대를 만지면 탐탐이나 오버헤드도 변하게 된다.

드레숄드를 조정하기 시작하자. 일단 레인지를 위 그림처럼 -80dB로 했으니까, 고스트 노트는 생략하고 오로지 스네어의 이쁜 소리만 뽑아내는 것에 집중한다. 탐탐이나 다른 악기들이 제거되어야 한다. 드레숄드를 올리기 시작한다. 여기서 '딱' 하고 들려야 하는 스네어 소리가 실제는 '딱ㄸ'로 들리는 부분이 있는데, 그것은 연주 자체가 그렇기 때문이다. 바이패스를 해보면 알 수 있다. 계속 드레숄드가 올라가다 탐탐 필인 부분도 통과 안 하게 되는 지점을 정한다. -11.4dB까지 올렸다가 -12.8dB로 내렸고, 다시 -13.2dB로 조정했다. 이미 언급된 부분과 같이 드레숄드의 조정은 홀드와 릴리즈에서 정리할 원래 엔벨로프 파형을 고려해야 하기 때문에, 무조건 크게 해서 트리거로만 쓰겠다고 하면 나중에 다시 수정을 해야 할 필요가 생긴다. 그래서 적절한 크기를 잡아보는 연습을 하자.

정해진 드레숄드 레벨을 기준으로 홀드를 조정한다. 172ms까지 조정하다 보니 뒤에 들리는 심벌과 탐탐까지 들어온다. 그래서 다시 줄여서 94.7ms 정도로 조정했다. 이렇게 되니 스네어의 몸통이 약간 늘어 덩치가 생긴다. 그리고 릴리즈로 몸통의 끝을 조정한다. 132ms 정도로 릴리즈를 약간 길게 해서 홀드와 릴리즈를 포함한 시간이 충분하면서도 다른 소리가 새는 것을 막게 세팅을 했다. 나중에 탐탐이 약간 새는 부분은 일단 통과한다. 스네어 음색 조정으로 새어 나온 탐탐의 음색이 변할 가능성도 적기도 하다. 물론, 완벽주의자나 초보자의 경우 대부분 이 부분까지 잘라내는데 너무 시간을 많이 들이기도 한다.

그리고 바로 레인지를 조절해서 고스트 노트를 얼마나 쓸 것인지 정해본다. -20dB 정도로 레인지를 정하니까 훨씬 연주가 자연스러워진다. 혹시 열심히 게이트를 사용해서 스네어만 분리시켜 놓고, 그래서 스네어 음색을 만져도 그 안에 포함되는 다른 음색의 변화가 없게 한다고 했는데, 다시 이렇게 다른 소리를 추가하는 것에 의문을 가질 수도 있지만, 다른 소리들의 20dB 감쇄하는 것을 생각해보면 별다른 큰 문제가 안 된다는 것을 알 것이다. 다른 트랙의 소리가 20dB는 최소한 더 클 것이기 때문에 문제가 안된다.

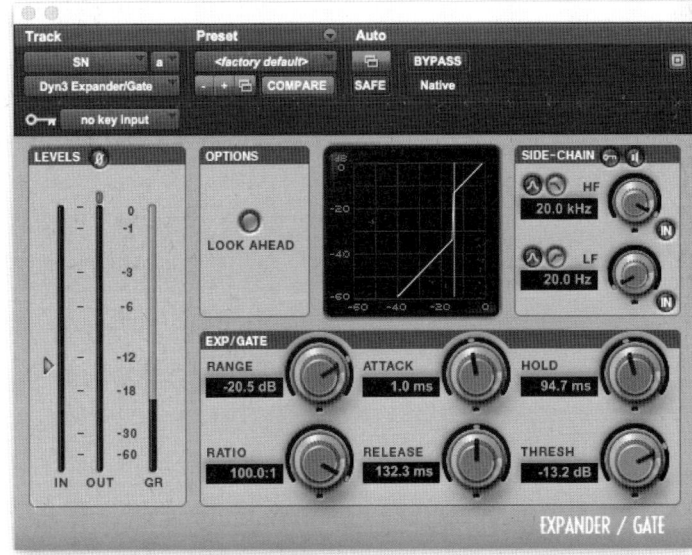

바이패스를 해서 비교해본다. 레인지를 -20dB 올려놓았을 때와 -80dB로 했을 때도 같이 비교해 본다. 동영상과 같이 바이패스를 해서 -20dB로 레인지를 올린 후, 바이패스를 풀어 비교해보면 더 정확해진다.

동영상을 설명과 함께 반복해서 보고 정확하게 작업의 순서와 방법을 익히자.

Tone Shaping

Compressor

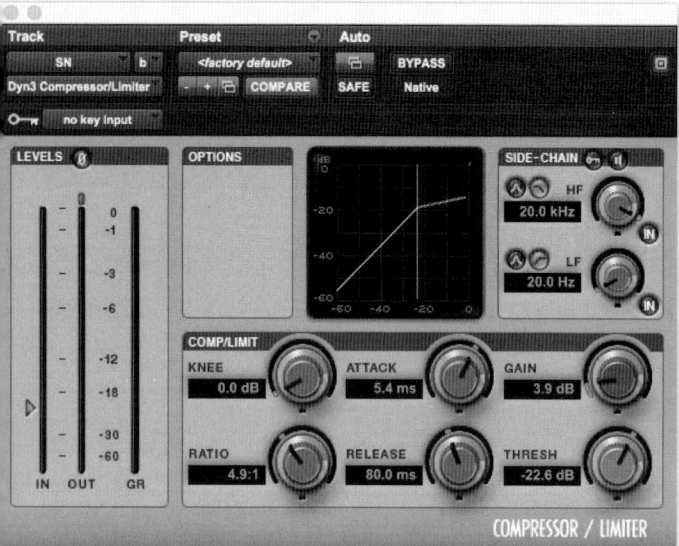

컴프레서를 걸어보자. 킥 드럼에서 알아본 목적과 같다. 물론 기본적인 음압 조절의 목적도 포함한다. 동영상을 먼저 듣고 보자. 시작은 바이패스로 해본다. 원음을 잘 들어보자는 이야기다. 우선되어야 할 부분은 역시 드레숄드를 어느 위치에 두느냐에 있다. 원음 자체의 강한 부분을 줄이자는 것이 목적이므로, 그 부분이 줄어드는 크기를 고민해본다. -29dB까지 내려보는데, 역시 너무 많이 줄어드는 느낌이다.

-22dB 정도의 위치에서 레이시오를 높여본다. 그리고 어택 타임을 줄여 보면서 적절한 음색을 조정해본다. 타임이 줄어가면 소리가 멀어진다. 5.4ms 정도로 정해보았다. 그리고 게인으로 줄어든 출력 레벨을 올려본다. 레벨 미터 상의 피크 표시가 안 나오는 만큼 키우는 것이 안전하다. 바이패스를 사용해서 처리 전/후의 차이를 확인한다. 역시 훨씬 부드럽고 단단해졌다는 것을 느낄 수 있다.

자, 여기에서 사용한 Dyn3 컴프레스를 바이패스하고, 옆의 dbx 160을 사용해보자. 어느 것이 좋은지는 독자의 견해에 따른다.

기본 세팅만 사용해도 훨씬 부드러워진 스네어 사운드를 듣게 된다. 드레숄드를 조금 줄여본다. 그리고 출력 게인을 키워본다. 5dB 정도 키워보고 비교해보니 괜찮은 것 같다. 여기서 레이시오를 6:1로 바꿔보니까 더 좋아졌다. 계속 들어보면서 바이패스한 상태와 비교해보고, 또 입력/출력의 레벨 차이도 비교해봤다. 컴프레서 때문에 변하는 민감한 음색 차이를 지속해서 연습하면서 익혀보자.

Equalizer

자, 스네어에 이퀄라이저를 걸어보자. 이 부분에서 정할 수 있는 상당히 많은 선택이 있는데, 일단 그 선택이 가능한 이유는 아무래도 앞단의 컴프레서에서 이미 소스가 지니는 강한 캐릭터를 배제했기 때문에 엔지니어의 방향, 또는 클라이언트의 요구에 따라 마음대로 스네어를 만들어갈 수 있다. 연주자가 스네어 드럼을 많게는 5~6개 가지고 다니며 선택을 하는 음색의 변화를 실제 엔지니어는 아주 쉽게 만들어낸다.

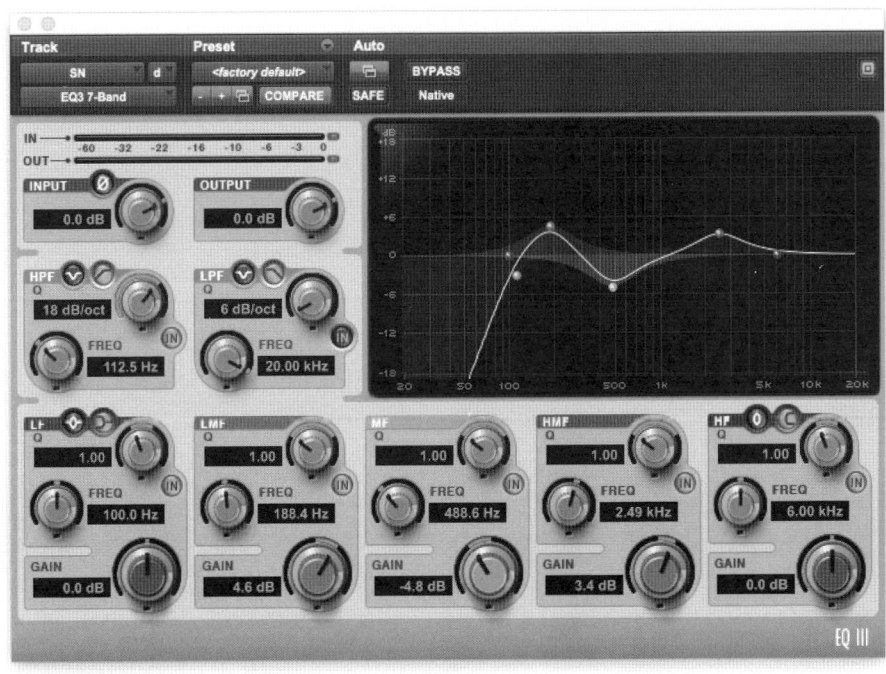

자, 저역대가 있는 두툼한 스네어 톤을 만들어 보자. 동영상에선, 일단 중저역 주파수를 선택한다. 기본 주파수를 선택하는 작업이 된다. 200Hz 대역에서 1kHz까지 돌려보는 가운데, 선택된 대역이 208Hz이었고, 6dB 정도 증폭이 되었다. 돌려서 발견된 제거된 대역, 즉 귀에 거슬리는 대역이 500Hz 인근이었고, 그걸 중음으로 잡아보니 488Hz 대역이어서 -7dB 감쇄를 시켰다. 그리고 중저역대를 조정해서 원하는만큼으로 키웠다.

이 부분에서 많은 분들이 스네어의 저역대를 로우 컷 하시는데, 그 이유는 킥 드럼의 분리를 위해서라 말하기도 한다. 사실 킥과 스네어가 동시에 나오는 부분이 음악에서 그렇게 많지 않기도 하고, 동영상에서 보는 것처럼, 저역을 컷한 것과 안 한 것의 차이가 그렇게 크지 않다. 되려 로우 컷을 안 한 것이 저음이 더 단단해지는 것을 들을 수 있다. 어쨌건 그렇게 큰 차이가 나지 않는다는 것을 확인했다. 그리고 고역대에서 필요한 선명도를 결정했다.

바이패스를 하고 안 하고의 차이가 상당하다는 것을 느낄 것이다. 들어가면서 세부 조정도 하게 된다.

 이번에는 음악이 퓨전 재즈쪽이니까, 아예 고역대에 강한 음색을 만들어 보자. 나중에 세션 파일로 제공되기에 이 퀄라이저를 하나 더 걸어본다. 두꺼운 것은 뮤트했다.

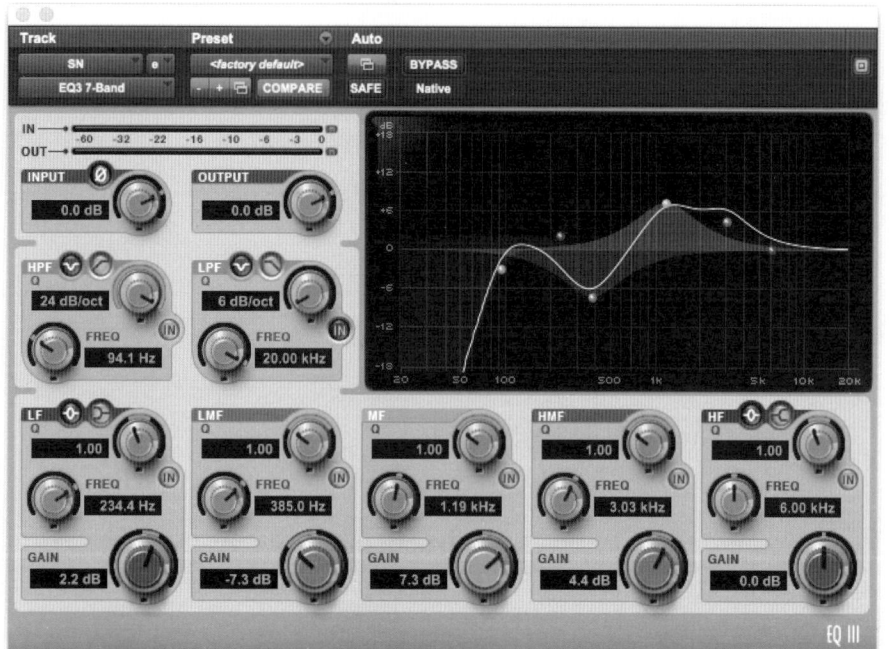

중음에서 시작했다. 참고로, 이미 눈치 채신 분들도 있겠지만, 악기별 주파수 대역, 또는 애널라이저로 분석하는 것은 시도도 안 했다. 음색을 만들어 가는 과정은 전체 대역에서 어떤 방향으로 만들어갈 것인가를 생각하고, 시도하고, 수정하는 과정을 계속 반복해야 한다. 귀>손>뇌, 이 세 가지의 반복이다. 눈은 그냥 도움일 뿐이다. 조정할 중음 대역을 골라본다. 골라보면서 아울러 제거할 부분도 확인된다. 1.22kHz 대역을 중심 주파수로 선정하고, 그리고 중저역에서 골라놓은 중저역의 제거할 울림을 정리한다.

그리고 선명도 향상을 위한 고역대의 주파수를 3kHz 정도로 정하고, 양을 조정했다. 역시 로우 컷을 시도해 본다. 저역대에서 같이 밀려 들어가는 저음이 정리된다. 바이패스하고 비교해보니까 역시 깔끔해졌다. 약간 아쉬운 저역대를 저역 이큐로 보강해서 전체 사운드를 정리했다. 저역 조정하다 변경된 로우 컷 필터의 각도를 수정했다.

3.5 하이 햇

하이 햇의 톤 쉐이핑은 대부분 이퀄라이저에서 로우 컷을 700~1kHz 대역으로 하고, 고역대를 조정하는 정도로 끝내는 것이 대부분 엔지니어의 작업이다. 하지만, 상당 부분 마이킹 또는 연주에 따라서 그냥 로우 컷 하는 정도로 끝나지 않는 경우가 발생하게 되는데, 따라서 적절한 프로세스가 필요해진다.

이 책에서 언급되는 믹싱은 간접음이 중요시되는 클래식 레코딩과는 다른 관점에서 진행이 되고 있다. 따라서 모든 소스를 가능한 직접음 위주로 남겨서 믹스하게 하고 있으므로, 하이 햇의 상황에도 직접음 위주의 컨트롤이 요구될 수 있다. 위에 언급한 로우 컷 정도의 처리에서는 드럼이 녹음/연주되는 공간에서의 간접음이 제거되기 어렵다.

Gate

옆 QR 코드의 동영상을 참조하자. 재생하면 바로 하이 햇 소리만 마치 시퀀싱한 것처럼 들린다. 하지만, 곧 바이패스를 한 상태의 소리를 들어보면, 그 차이가 많은 것을 느낄 수 있다. 특히 오버헤드 심벌의 소리처럼 여운이 긴 소리들의 처리에 분명한 효과를 보게 된다.

하이 햇을 게이트로 처리할 경우 고려해야 할 부분은 연주 형태를 잘 확인해야 한다는 부분이다. 8비트 곡이라고 해도, 하이 햇 연주 자체가 16비트 또는 그 이상으로 분할된 연주 형태가 있기 때문이다. 잘못하면 시퀀싱에서 이야기하는 Quantize 같은 현상이 발생할 수도 있기 때문이다. 그런데, 이 부분은 홀드와 릴리즈의 조합으로 자연스럽게 해결될 수 있다.

예를 들어, BPM이 60인 곡의 예를 들어보자. 한 박자가 1/60 분이니까 1초가 되고, 1초는 1000ms이다. 따라서

1/4 음표 한 박자의 길이가 되는 1000ms의 절반인 500ms가 1/8분 음표, 1/16분 음표는 250ms에서 해결된다. 이렇다면, 드레숄드 레벨을 1/8비트의 강도를 유지하면서도 그보다 작은 레벨의 1/8분 음표 이하의 연주를 게이트 동작 범위 안에 넣을 수 있다. 이 이야기는 곧, 게이트가 열리고 250ms 조금 더 되는(게이트를 통과한 신호의 길이가 더해진다) 시간만 통과를 하니까, 그 이후 다음 신호까지 게이트를 잠그게 된다는 것이다. 이 부분은 홀드와 릴리즈의 적절한 활용이 필요하게 된다.

드레숄드에 얼마만큼 자연스럽게 들어가겠느냐의 부분은 Knee, 레인지, 또는 레이시오를 사용할 수 있다.

설명된 것을 적용해보자. 바이패스한 상태의 하이 햇 소리 가운데 집중해야 할 부분은 하이 햇을 제외한 나머지 소리이다. 계속 반복되는 구간이기에 탐탐의 필인을 비롯한 여러 소리가 연속적으로 들린다. 바이패스를 풀어보면 끊어지는 부분이 들리기 시작한다. 이 부분을 정확하게 구분해보는 작업이 계속된다.

드레숄드를 조정하면서 하이 햇 레벨이 어느 정도인지를 확인한다. 하이 햇 연주의 기본 비트는 스틱에 의한 것이 아니고, 페달에 의한 것임을 선수는 파악할 수 있다. 그리고 스틱이 몇 차례 연주된다. 루프 걸리는 부분말고, 앞 쪽에서 어떻게 연주되는지 확인할 필요는 있다. 다만, 페달 연주가 스틱보다도 적은 레벨이기 때문에, 이것을 기준으로 해도 된다. -17dB를 넘어가니까 하이 햇 소리가 사라진다. 따라서 다시 내려보며 적절한 레벨을 찾아본 것이 약간의 여유를 둔 -22.8dB 정도이다. 게이트 때문에 훨씬 음악적으로 연주된다는 느낌도 들게 된다.

자, 홀드를 조정해본다. 275ms까지 가니까, 게이트 걸어놓은 부분이 없어졌다. 바이패스와 같은 효과가 나왔다는 이야기인데, 즉, 275ms에 릴리즈 50ms까지 더하니까 다음 하이 햇 연주까지 포함이 되어 버렸다는 것이다. 위에 설명된 부분을 참조한다. 그래서 홀드를 줄여가면서 적절한 부분을 찾기 시작한다. 160ms이하로 홀드 타임이 줄어드니까, 소리가 잘려지기 시작한다. 릴리즈 타임까지 고려해서 88ms 정도로 홀드 타임을 잡아놓고, 릴리즈 타임 조정을 시작한다.

일단 최소한의 시간으로 줄여서 올려보자. 그 이유는 릴리즈 타임의 역할인 자연스러움을 찾기 위함이다. 대략 77ms의 값으로 한 다음, 바이패스 해서 전후를 비교했다.

하이 햇에 게이트를 걸어 사용한다는 부분은 어쩌면 누구도 안 해본 작업일 수도 있다고 본다. 필자의 30년 경력에도 이 작업을 생각해 본 것이 불과 몇 달전인 2016년 여름이기 때문에, 이전의 거의 모든 시간에는 고려조차도 안 해봤기 때문이다. 대부분 엔지니어가 고려할 생각을 하지 않는다. 그 이유는 하이 햇의 비중 자체가 그렇게 크지 않은 부분도 있고, 또 그냥 '왜?'라는 한 마디로 자연스럽지 않은 행동이라 생각할 수도 있기 때문이다. 즉, 장단점이 존재할 수도 있다. 제대로 공부하는 관점에서 음악의 형태상 필요한 이유가 분명히 있다는 점을 이야기한다.

게이트를 사용하는 최대의 장점은, 드럼 룸 자체의 앰비언스 마이크 역할까지도 하는 하이 햇 채널을 악기만으로 분리할 수 있다는 점이다. 그리고 또, 설명된 오버헤드 심벌이나, 스네어의 공진 같이 지속해서 들어가 있는 소리를 정리할 수도 있다. 이 두 가지 장점을 이해한다면, 분명히 자주 사용하는 방법이 될 것이다. 단점으로는, 앞에 언급된 시간적인 요소와 레벨적인 부분이 고려되지 않으면 아무래도 연주에 따라 하이 햇 연주가 망가질 염려가 있다.

소스에 따라 컴프레서를 걸어서 조금 더 부드럽게 해야 할 필요도 있다. 참조하자.

Equalizer

하이 햇의 이퀄라이저 조정을 해보자. 동영상을 참조하면, 일단 로우 컷을 24dB/Oct로 해서 670Hz까지 컷 해버렸다. 그리고 중고역대 지나친 날카로운 부분을 2.25kHz의 -2dB 정도로 줄여놓고, 약간 고역대를 1.3dB 정도 키웠다. 이 부분은 앞서 게이트 작업을 안 했을 때도 같게 적용할 수 있다. 동영상 후반부에 이퀄라이저 바이패스 부분이 지나고 난 다음, 앞서 작업한 게이트를 바이패스한 소리와도 비교된다. 00:51~00:54초 그리고 그 뒤에 한 번 더 비교된다. 차이를 실감하실 수 있으실 것이다.

3.6 탐탐

점점 어려운 주제가 등장한다. 탐탐도 대표적으로 어려운 악기인데, 대부분 킥과 스네어 정도는 소리를 이래저래 만들긴 해도 탐탐으로 들어가면 그냥 적당한 수준에서 타협해버리는 경우가 많다.

일단 게이트 먼저 들어가 보자. 게이트의 상황에는 기본이라 말할 수 있는 3개의 탐을 비슷하게 작업할 수 있다. 물론 가장 낮은 음이 되는 플로어 탐의 필수 요소인 여음의 처리가 다른 두 탐보다 길겠지만, 항상 세트 개념에서 작업해야 하는 탐탐의 특성을 잘 이해해 보면서 공부하자.

3.6.1 하이 탐

하이 탐만 나오는 부분을 반복 재생이 되게 해놓았다. 들리는 것처럼 기본적으로 공진도 존재하고, 다른 소리의 유입, 영어로 Leakage라고 하는 부분을 정리해야 하고, 아울러 톤 쉐이핑의 기본일 악기 모양을 정리해야 한다. 옆 그림만 봐도 선택된 구간에 스네어를 비롯한 여러 가지 악기가 있는 것을 볼 수 있다. 일단 소리를 들어보면서 정리할 부분을 살펴보자.

동영상을 보면, Dyn3 게이트 기본 세팅에서 미리 레이시오와 레인지를 각각 최대로 먼저 해놓았다. 옆 그림에서 보는 것과 같이 하이 탐은 한 번 연주가 되었다. 어택 타임을 먼저 1ms로 조정을 한다. 소리가 당연히 Z축의 앞쪽으로 나오는 것을 느낄 수 있다. 그리고 난 다음, 드레숄드를 어느 지점에 해놓을까를 설정한다. 이렇게 복잡하고 비트가 빠른 곡에서는 비슷한 레벨의 다른 악기, 특히 하이 햇이나 크래쉬 심벌의 유입이 문제가 된다. 가능한 하이 탐만 뽑아내야 나중에 하이 탐의 음색만 조정할 수 있고, 레벨도 마음대로 독립적으로 작업할 수 있다. 하이 탐의 고역을 키웠더니, 심벌의 고

Gate

역도 키워지는 경우를 예방할 수 있다는 이야기이다.

동영상에서 드레숄드를 계속 올렸다가 -5dB까지 갔더니 소스 엔벨로프의 거의 정상쯤에 다다른 소리가 난다. 즉, 엔벨로프 상의 어택 부분이 많이 잘려진 소리가 통과된다. 그래서 다시 내려가면서 적절한 하이 탐의 소리만 중점적으로 통과되는 레벨을 정한다. 킥 드럼에서 보았던 것처럼 뒤에 나올 소리를 최소화하기 위해서는 가능한 드레숄드 레벨이 다른 소리보다 멀리, 다시 말하면 레벨 차이가 크게 잡아야 홀드와 릴리즈 타임의 설정을 통해 적절한 독립을 시킬 수 있다. 그렇게 해서 설정한 드레숄드 값이 -9.4dB 정도이다. 참고로 이렇게 소수점으로 나오는 크기는 치밀하게 계산된 값이 아니다. 필자의 경우 하드웨어 컨트롤 서페이스를 사용하기 때문에 놉을 돌려보며 소리를 들으면서 잡아 놓은 값인 거고, 그것이 DAW에서 -9.4dB라는 위치에 있다는 것이다.

그다음 홀드 타임을 조정하기 시작한다. 여기서 집중해야 할 부분은 역시 언급된 끝자락에 끌려오는 다른 소리이다. 동영상에서 171ms, 141ms에서도 심벌 소리가 따라온다. 실제 하이 햇의 소리이다. 88ms까지 줄여보니 많이 줄었다. 여기에 릴리즈 타임을 늘려가면서 자연스러움을 더해본다. 300ms까지 해봤다가 다시 줄여보았다. 차이가 느껴지게 반복해서 들어본다. 이 시점에서 반드시 바이패스를 통해 원음을 확인한다. 확인 안 하고 계속 시간을 보내는 경우가 많다. 깔끔하게 하이 탐만 뽑아낸 것을 확인할 수 있다. 혹시, 아직도 끝에 따라오는 고역대의 심벌 소리가 귀에 거슬린다면, 더 시간을 들여서 완벽하게 잘라낼 수도 있겠지만, 가만히 하이 햇이나 오버헤드 심벌의 페이더를 올려보면 어느 정도 선에서 마무리해야 할지를 확인할 수 있다.

한 가지 확인을 더 해야 할 부분은, 곡의 다른 부분에서 세팅해 놓은 게이트가 제대로 작동하는 지를 확인해야 한다. 예제 곡 같은 경우는 그래도 탐탐의 레벨이 일정한 편이지만, 발라드 곡과 같이 연주에 따라 전혀 다른 레벨로 연주가 되어서 정해놓은 드레숄드 이하의 연주라서 다 잘려버리는 경우도 있기 때문이다. 레코딩된 음원이라면 오토메이션이나 레벨 조정, 아니면 아예 컴프레서를 먼저 걸어서 전체적으로 같은 음색을 만들고 처리한 다음, 레벨 조정하면 되지만, 라이브 공연의 상황에는 설명된 후자의 방법, 즉 컴프레서를 게이트 앞에 걸어서 일정한 레벨을 만드는

Compressor

컴프레서를 걸어보자. 바이패스 되어있는 소스의 소리에는 부담감 같이 드는 중저역의 소리가 포함되어 있다. 약간 모니터 레벨을 키우면 분명하게 들린다. 컴프레서 사용의 방향은 그 부분을 줄이는 쪽으로 간다. 기본 프리셋의 값으로 들리는 소리는 역시 부담스러운 부분이 많이 줄어들어 부드럽다. 고역대의 에너지를 어택 타임을 줄여서 조금 더 줄여본다. 2.6ms까지 줄였다. 그리고난 다음 드레숄드를 조정하면서 얼마만큼 균등한 레벨을 만들어낼지 그 기준을 정해본다. 원래 값인 -25dB가 더 좋은 것 같아 다시 조정하고 바이패스를 눌러본다. 이때 확인하는 것은 얼마만큼 게인을 증폭할 것이냐의 부분이다. 모니터 하면서 게인을 키우다보니 6.8dB 정도에서 머물렀다.

모니터 환경에 따라 이렇게 컴프레서 작업을 한 전후의 비교가 잘 안 될 수도 있다. 하지만 분명한 것은 언급된 부담감 같이 드는 부분보다 그 위/아래의 적은 레벨이 증폭되어 있다. 사실, 안 걸린 것처럼 걸어놓는 것이 컴프레서의 중요한 목적 가운데 하나이다.

Equalizer

이퀄라이저를 걸어보자. 당연히 엔지니어가 생각하는 음색의 방향에 따라 전혀 다르게 만들어갈 수 있다. 먼저, 로우 컷을 걸어본다. 일단 불 필요할 저역대의 유입을 막는 것이 목적이다. 중저역대에서 공진을 잡아본다. 아예 중역대를 활용해보기로 하고, 중저역에서 선택한 부분을 정리한다. 600Hz 대역을 줄였다. 그리고 저역에서 약간의 몸통을 더해본다. 일단 이렇게 마무리하고, 미들 탐으로 넘어가자. 뒤에 세부적인 조정을 하게 될 것이다.

한 가지 추가해보면, 믹싱시 자꾸 고역대에 민감할 수 있다. 타악기의 비터 소리가 지니는 선명도에 집중하게 되는데, 사실 나중 오버헤드에도 포함되는 부분이 있다는 것을 고려해보면, 어떨 때는 탐탐의 고역대가 하이 컷으로 갈 경우도 있을 수 있다. 옆 동영상의 예를 보면 알 수 있다. 실제 이 믹스에는 전혀 게이트와 컴프레서가 사용 안 되었

다. 소스 자체를 충분히 활용할 수 있다고 판단이 되었기 때문인데, 어쨌건 바이패스를 했을 때 들리는 고역대의 소리는 없는 것이 당연히 좋다. 나중에 전체 믹스에 함께 되었을 때도 전혀 문제가 되지 않는다. 그 중요한 이유는 레벨이다.

3.6.2 미들 탐

팁이라고 말하긴 어렵지만, 먼저 시작했던 하이 탐의 게이트와 컴프레서를 그대로 미들 탐과 플로어 탐에 적용하면 시간을 줄일 수 있다. 믹싱에서 가장 중요한 요소 중의 하나가 시간이라는 부분을 생각하자. 10일 걸려서 믹싱해서 30만 원 받는 것은 직업이 아니라야 한다. 3시간 반 믹싱해서 그 금액 이상을 받아야 한다.

하이 탐에서 만들어 놓은 게이트, 컴프레서 그리고 이퀄라이저를 그대로 복사했다. 아무래도 하이탐과 미들 탐은 많이 비슷하다. 동영상은 컴프레서와 이퀄라이저는 그대로 하고 게이트만 세부 조정하였다. 하이 탐 보다 타점의 레벨이 낮아서 소리가 불분명한 느낌이 있다. -14.5dB까지 드레숄르를 내려보니 소리가 분명해진다  드레숄드가 내려갔다는 것은 엔벨로프 상에 더 많은 어택과 디케이 부분이 포함된다는 이야기이다. 그리고 하이 탐보다 조금 더 엔벨로프 상의 서스테인이 필요해서 릴리즈 타임을 늘렸다.

3.6.3 플로어 탐

미들 탐하고는 이야기가 조금 달라진다. 게이트에서 엔벨로프 상에 나타나는 서스테인 부분이 플로어 탐의 성격을 규정하는 중요한 요소가 되는 부분도 있겠고, 또 바로 위에 설치되는 라이드 또는 크래쉬 심벌과의 독립과 같은 부분도 조금 더 고민해야 하는 상황이 벌어진다. 아울러, 킥의 음역대와의 조화 또한 고려되어야 할 부분이다.

Gate

역시 하이 탐에서 만들어 놓은 게이트와 컴프레서를 그대로 복사한 동영상을 보자. 들어보니까, 3번의 타점이 있는데, 마지막 타점의 레벨이 낮아서 소리가 뭉그러지는 느낌이 있다. 분명 드레숄드가 해당 레벨의 피크쪽에 가깝게 있어서 불분명해진 것이기 때문에, 드레숄르를 내려봤다. 소리가 분명해진다. 드레숄드 레벨이 내려가면 소스의 엔벨로프 상에서 정해진 시간 동안 통과되는 양이 조금 늘어난다. 이유는 믹싱 도구편의 게이트에서 보았던 그림과 같이 홀드의 시작점이 드레숄드 이하로 내려가는 시점이라서, 드레숄드가 높을 때보다 낮을 때가 시차적으로 조금 뒤가 되기 때문이다. 그래서 그만큼 아주 미세하겠지만, 게이트 작동 시간이 늘어난다. 이 미묘한 차이가 신기하게도 귀에는 들린다. 노력해보자.

Compressor

컴프레서는 그대로 사용하면 되겠다. 하이 탐과는 조금 다르게 로우 탐에서는 바이패스 했을 때보다 컴프레서를 걸어 놓은 소리가 훨씬 깔끔하다. 해상도가 높아진 고역대가 느껴진다.

Equalizer

이퀄라이저도 그대로 복사한 소리가 나쁘지는 않다. 대부분 드러머는 음계만 다르게 하고, 기본 음색은 비슷하게 탐탐을 세팅한다. 드럼 자체가 같은 재료로 만들어지고 같은 연주자가 사용하기 때문에, 탐탐은 대체로 비슷하다. 동영상을 보면, 저역대에서의 울림을 줄이기 위해서 하이 탐에서 올려놓았던 240Hz 대역을 내렸고, 또 중음의 주파수를 조금 내린 400Hz, 레벨은 -10dB 정도로 정해보니 괜찮은 소리가 되었다.

3.7 오버헤드

기본적으로는 하이 햇의 이퀄라이저와 비슷한 세팅으로 대부분 작업을 한다. 게이트를 사용하는 경우는 하이 햇과 마찬가지로 전혀 상상도 못 해본 경우가 많겠지만, 시도해볼 만한 부분이다.

오버헤드에 게이트를 사용한다면, 심벌의 사이즈가 큰 경우 발생하는 긴 서스테인과 릴리즈를 원하는 만큼 줄일 수 있다. 자, 동영상을 한 번 보면서 이해해보자. 컴프레서는 강한 심벌 소리를 부드럽게 해주는 역할하고, 이퀄라이저는 대부분 특별히 다르게 하지 않기 때문에 어렵지 않게 이해가 될 거라 본다.

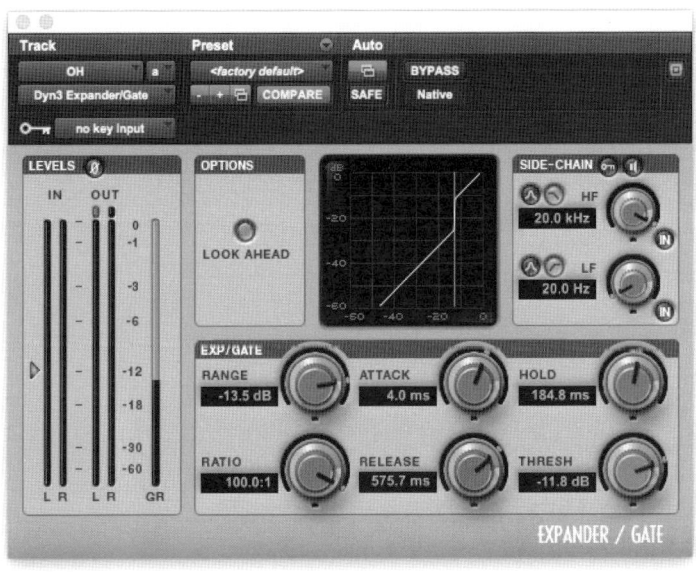

동영상의 게이트는 옆과 같이 세팅이 되었다. 다른 동영상과 같이 작업하는 내용이 아닌 이미 세팅해 놓은 것을 동영상에서 보는 이유는, 연주와 곡에 따라 다를 수 있고, 조금 민감하게 시간을 들여서 세팅을 해야 하기 때문에 생략했다.

동영상이 시작되면, 컴프레서와 이퀄라이저는 이미 세팅된 상태로 게이트만 바이패스되어서 소리가 나오게 된다. 게이트 바이패스가 풀리면 바로 느낄 수 있는 것은 심벌 소리에 게이트가 아주 약하게 걸려 홀드와 릴리즈 타임 이후에 옆 그림과 같은 세팅으로 변경해야 하는 것이다. -11.8dB의 드레숄드는 직접 세션을 열어서 파일을 확인해보면 아시겠지만, 크래쉬 심벌과 라이드 심벌의 경계에 있는 레벨이 된다. 이 부분은 세팅의 레인지를 -80dB로 줄여버리면 확실히 구분된다. 라이드 심벌 연주의 강박자 이상만 통과하게 된다. 그래서 그것을 레인지를 -13dB 정도로 줄여서 라이드 심벌을 살리면서 오버헤드 전체의 엔벨로프의 서스테인 후반부와 릴리즈를 게이트의 홀드와 릴리즈 타임으로 컨트롤 하게 만들었다. 그리고 어택 타임을 4ms 정도로 약간 밀어 조금 부드러운 소리가 만들어지게 게이트단에서 처리한 것이다. 나중에 리버브가 포함된 사운드를 듣게 되면, 즉 그동안 어쩔 수 없이 두어야만 했던 오버헤드 채널의 간접음을 이 방법으로 조정할 수 있게 된다.

사실, 이렇게 빠른 템포에 화려한 오버헤드 연주에는 이 게이트를 사용하는 방법이 그렇게 중요하게 여겨지지는 않겠지만, 발라드 같은 곡에서는 충분히 오버헤드를 직접음 위주로, 그래서 마치 잘 다듬어진 각 심벌 소리가 믹스된 것처럼 활용할 수 있다.

동영상에는 컴프레서와 이퀄라이저의 바이패스 비교, 전체 믹스와의 대략적인 믹스 등이 같이 포함되어 있다.

3.8 피아노

오버헤드와 마찬가지로, 피아노 역시 게이트를 사용하는 경우가 전혀 없다고까지 말할 수 있는 악기이다. 게이트의 제대로 된 역할을 모른다면 당연히 그렇게 말하고 사용하지 않아야 할 것이다. 그러나 게이트를 사용하면서 가질 수 있는 장점은 대부분 어쿠스틱 피아노 녹음에서 발생하는 고정된 공간성(간접음)의 조절이 불가능했던 것을 가능하게 한다는 것, 그리고 불필요한 잡음을 제거 하는 부분에 있다. 다른 악기들하고 다 믹스되면 당연히 들리지 않게 마스킹 되겠지만, 식재료는 언제나 깔끔하게 정리하는 것이 기본이라고 이야기하는 이 책의 성격상, 게이트를 걸어서 처리를 해보자.

게이트를 걸어보는 또 하나의 이유는 이 곡의 특성이 다이내믹 레인지의 폭이 좁기 때문이다. 거의 포르테급의 연주이기 때문에 쉽게 활용할 수 있기도 하다. 아울러 게이트를 사용한다면, 게이트로 Z축이 조절된다. 자, 동영상을 보자. 중간에 펀치로 녹음하면서 약간씩 씹히거나 변형된 톤이 있지만, 그다지 중요한 요소는 되지 않는다. 동영상을 재생하면 일단 바이패스된 소리가 들린다. 잘 들어보면 노이즈도 있고, 연주자가 껌을 씹는 소리도 들린다. 그리고 중요한, 레코딩되는 부쓰의 공간감이 포함되어 있다. 자, 게이트를 통해서 노이즈도 없애고, 직접음만 남겨보자. 그러면, 나중에 마음대로 내가 원하는 100% 공간을 만들어 낼 수 있다. 그렇다고 반드시 사용하라고 하는 것은 아니다.

앞에서 다루었던 것과 같이 어택 타임은 1ms, 레인지는 -80dB, 레이시오는 최대에서 시작한다. 바이패스가 풀리면 먼저 드레숄드 레벨을 정하기 시작하는 데, 노이즈의 기준점이 낮으니까 드레숄드 레벨이 내려간다. -35dB 인근에 드레숄드를 정했다. 이제부터 중요한 부분인데, 게이트가 닫히는 부분을 얼마나 원하는만큼 자연스럽게 만드냐가 관건이 된다. 홀드와 릴리즈 타임을 계속 조정하면서 엔벨로프의 서스테인 부분을 얼마만큼 가질 것인지를 정한다. 원래 엔벨로프의 릴리즈 구간은 게이트에 의해서 정해진다.

홀드 타임을 120ms즈음에 놓고 릴리즈 타임을 정한다. 아무래도 소리의 꼬리 부분을 민감하게 들어보자. 홀드 타임을 더 길게 해야 할 것 같아서, 그렇게 해서 피아노의 서스테인 울림을 조금 더 통과할 수 있게 했더니 300ms 인근까지 늘어났다. 그리고 릴리즈 타임을 0.5초 정도까지 만들어서 아주 작은 공간 분위기를 연출해본다. 드레숄드를 더 내려봤다. 그렇게 되면 당연히 홀드와 릴리즈의 시간도 밀리게 된다. 드레숄드를 -37dB까지, 홀드와 릴리즈 타임을 각각 315ms, 538ms 징도로 하고, 바이패스와 비교해본디. 원음에 포함된 거의 2초 정도의 공간성이 완전히 제어되고 있는 것을 느낄 수 있다. 나중에 리버브로 마음대로 공간을 만들게 된다.

Compressor

컴프레서를 피아노에 사용하는 이유 두 가지만 생각해보자. 첫째는 피아노 자체에서는 발생하지 않는데, 신호 흐름 상 강한 터치의 연주에 발생한 피크 디스토션 같은 부분을 제거해서 같은 음색을 강약의 변화에 관계없이 동일하게 하는 것이다. 두 번째는 계속 언급해 온 톤 쉐이핑 단계에서 그다음 단계인 이퀄라이저에 조금 더 성격이 안 나타나는 음색을 전달하게 하는 것이다. 전자의 부분은 주로 찌그러짐이 나타나기 전의 레벨을 드레숄드로 정해서 그 이후 볼륨을 내리게끔, 그렇게 해서 자연스럽게 만드는 방법이 사용되고, 후자는 찌그러짐 이전의 강한 캐릭터를 찾아 드레숄드를 정하게 된다.

자, 전자에 해당하는 부분을 동영상을 통해서 확인해보자. 아무리 듣고 들어도 변화가 안 느껴지실 분들이 많으실 거라 본다. 아주 미묘한 차이이지만, 피아노는 전체 음색을 놓고 보면 많은 차이가 나게 된다. 노력해도 잘 안 들린다면 후자를 위한 방법을 먼저 익히자.

 바이패스한 상태에서 시작한 동영상은 먼저 드레숄드 레벨을 조정하기 시작한다. 바이패스를 풀면서, -20dB 즈음을 지나가면 컴프레서 걸렸다는 느낌이 많이 드는 소리로 변한다. 계속 드레숄드를 올려가본다. -11.6dB로 표시된 부분까지 올라가니까, 소스의 최대값을 표시하는 빨간색 원이 드레숄드 선 바로 위에 올라가게 된다. 여기에서 레이시오를 올리니까, GR에 줄어드는 레벨이 표시되기 시작한다. 잘 귀를 기울여본다. 분명히 강한 피아노 소리에서 들리는 타격음 같은 부분이 없어진 게 느껴질 수 있을 것이다.

사실 이 부분은 고급과정에 속한 부분이다. 다른 곡을 들어보자. 동영상의 피아노 소리 중 가장 큰 소리, 땅땅 거리는 소리를 잘 들어보면 차이가 느껴진다. 바이패스 되었을 때는 많이 거칠고 공격적으로 들리게 되는데, 그래서 작은 레벨에서의 피아노 음색과 달라지게 된다. 그러나 컴프레서로 처리가 되면 부드럽고 거의 같은 음색으로 들리게 된다. 중간의 작은 레벨의 음색과 강한 고음의 소리를 비교해보자.

Equalizer

 이퀄라이저를 사용해보자. 믹스 마스터 클래스를 하면서 가장 많은 변화의 차이를 경험하는 부분 중의 하나가 이 피아노 음색의 조정에 대한 부분이다. 이퀄라이저가 플랫한 상태에서 동영상이 시작한다. 팁이라 말할 수도 있는데, 우선 무조건 1kHz 대역을 내려본다. 그 상태로 들어보다가 바이패스를 하고나면, 신기하게도 앞서 게이트와 컴프레서를 공부하면서 아무 이상없이 들었던 피아노 음색인데, 절대 못 들어줄 음색으로 변한다. 아마 누구도 돌아가지 않을 강을 건너버린 것과 같은 상태가 된다. 그러면서 피아노는 업라이트에서 그랜드 피아노로 변한다.

중저음에서의 울림을 찾아보자. 필자의 오랜 경험에 일단 잡아본 대역이 400Hz인근 385Hz 이고 바로 그 부분이 어떤 소리인지를 확인할 수 있다. 그래서 그 대역을 내린다. 역시 바이패스해보면 다시는 바이패스 안해야 하는 음색으로 소스가 변해있다. 변한 건 이퀄라이저를 지난 소리인데, 마치 원음이 변한 것처럼 느껴진다. 다소 심리 음향적인 요소가 등장한다.

그리고 저역대를 키운다. 그러면 피아노는 다시 컨서트 그랜드 피아노로 바뀐다. 그 후, 고역대를 음악의 형태에 맞춰서 잘 들리게 만들면 옆 그림과 같은 세팅이 된다. 자, 다른 악기와 같이 들어본다. 중간에 들리는 솔로 기타는 아직 작업 안한 것이니까 무시하자.

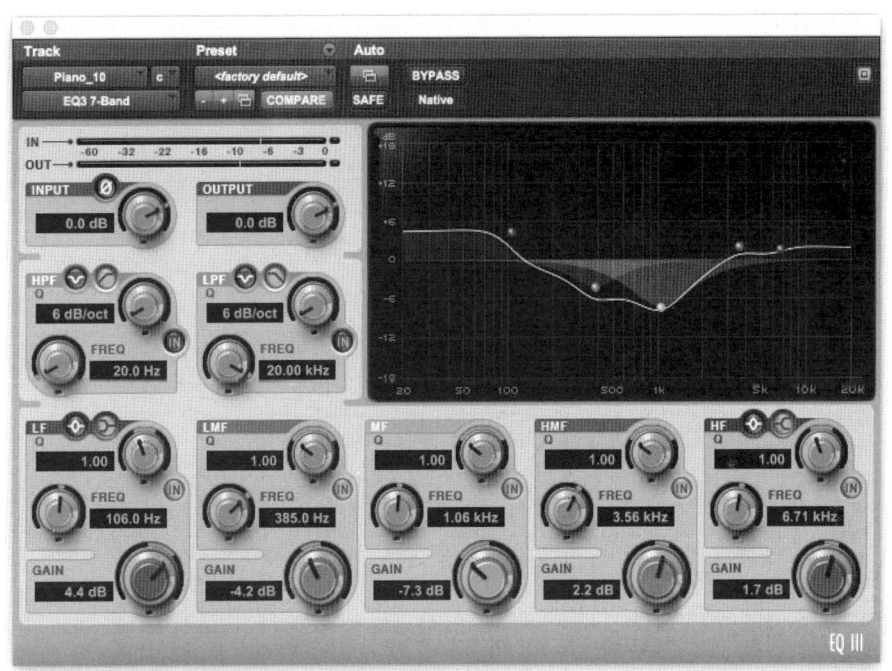

필자가 시범을 보이는 부분에서 배워야 할 부분은 각 주파수와 레벨을 외우는 것이 아니고, 각각 성격이 어떻게 처리되는지를 알아야 한다. 당연히 악기마다, 연주자마다, 그리고 음악의 형태에 따라 맞게 바꾸어야 하기 때문이다. 절대 공식화하지는 말자. 하지만, 일단 모방은 학습의 기본이다. 각자 접하게 될 피아노 트랙을 공부한 것과 비슷하게 만져보면, 대강 어떻게 음색을 만져야 할지를 공부하게 될 것이다.

3.9 일렉 피아노

Chorus

이 곡에 나오는 일렉 피아노는 게이트나 컴프는 사용안 해도 될 것 같다. 다만 밋밋하게 느껴질 사운드를 코러스를 추가해서 빈티지스럽게 만들어보자. 플러그인은 무료로 제공되는 Blue Cat's사(QR 코드)의 제품을 써본다.

코러스는 원 소스를 하나 사용하고, 복제된 다른 하나를 딜레이를 시킨 후, 두 신호를 더해서 풍성하게 만드는 장치이다. 딜레이 값은 두 신호의 시간적 차이, Depth와 Rate은 오른쪽 끝 Shape로 선택된 파형의 발진에 대한 조절부인데 음정을 변하게 한다.

소리의 변화 부분은 동영상을 참조하자. 많이 쓰는 프로세서라 설명은 생략한다.

3.10 오르간

Auto Pan

오르간에는 오토 팬을 사용해서 빈티지 Roto방식을 비슷하게 구현해보자. 오토 팬은 발진 소자를 사용해서 일정한 시간을 두고 좌우 패닝을 자동으로 하게 만드는 장치이다. 동영상을 참조하자.

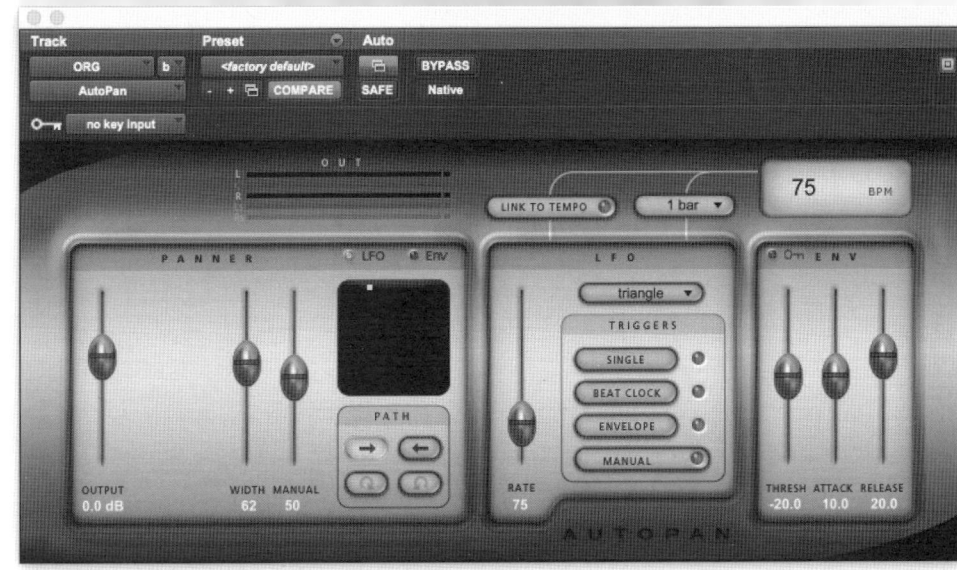

주로 사용할 부분은 LFO의 Rate, 넓이를 말하는 Width 정도이다. 넓이는 너무 넓은 것보다는 일정한 폭을 가지게 하는 것이 좋고, 빠르기를 정하는 Rate도 너무 복잡하지 않고, 단순화하는 것이 좋다.

반드시, 옆 그림과 같은 플러그인의 각 파라미터를 변경하면서 각각 기능을 익혀본다.

3.11 기타 솔로

Equalizer

이 음악의 마지막 남은 트랙인 기타 솔로 부분을 살펴보자. 일단 이퀄라이저를 걸어본다.

먼저 해야 할 부분은 당연히 귀에 거슬리는 부분을 정리하는 것부터 한다. 1차 목표는 1kHz. 증폭해서 정확하게 확인을 한 후 줄였다. 중저역대도 300Hz 정도에서 줄이고, 몸통을 조금 키우기 위해 저역대를 키웠다. 중고음을 증폭해서 선명도를 키우고, 그리고 7kHz 이상을 키워서 Air라고 말하는 존재감을 키웠다. 바이패스를 하고 비교하거나, 각각 부분을 바이패스해 비교하면서 어떻게 음색이 변해갔는지, 또 왜 그런 작업을 한 것인지 이해해 보자. 물론, 당연히 스스로 여러 가지 대역을 건드려 보면서 확실한 방법을 배우는 것이 목표가 된다.

Tone Shaping

Delay

자, 다소 심심한 기타 솔로에 비타민을 투입해보자. SuperTap 2 Taps는 모노>스테레오 딜레이를 걸었는데, 탭이 의미하는 데로 박자에 맞춰서 음악적인 딜레이를 구현할 수 있다. 기본적으로 곡이 빠르면 1마디 또는 2박자마다 탭을 눌러서 자동으로 해당 탭 간격만큼 딜레이를 설정하게 만드는 데, 2박자와 1마디를 다 동영상에서 해보았다.

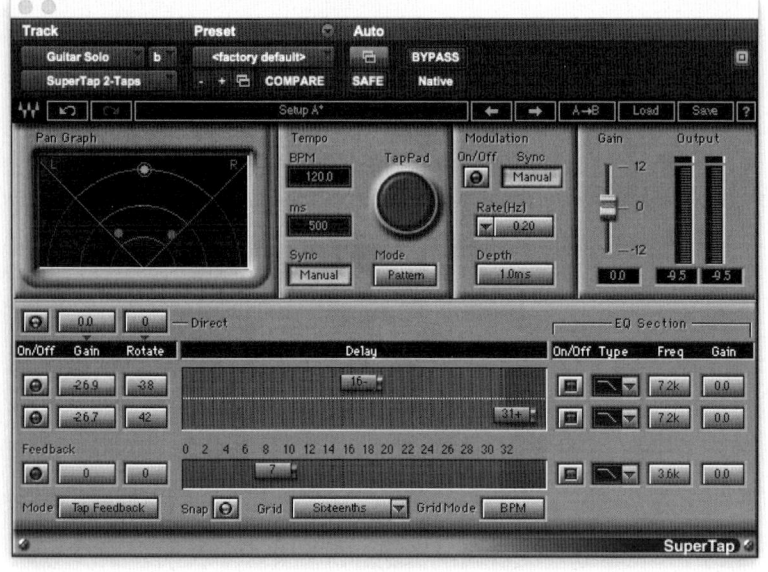

먼저 딜레이되는 두 채널 스위치를 켠다. 그래프의 두 점을 아래쪽으로 내리면 레벨이 되고, 좌우로 벌리면 위치가 되는데, 동영상과 같이 약하게 들릴 정도로 설정한다. 피드백은 0으로 해서 반복 횟수를 1번만 나오게 한다. 킥 드럼 솔로를 켜 놓은 이유는 비트를 확인하기 위해서이다.

처음에는 2박자마다 나오게 했는데, 효과가 1마디로 가는 게 조금 더 단순하게 들려서 그렇게 설정했다. 대강의 러프 믹스와 함께 들어보자. 최종 세팅은 왼쪽 그림과 같다.

3.12 리버브

Reverb

빠져서는 안 되는 리버브를 프로툴즈 번들인 DVerb로 정하고 옆 그림과 같이 세팅을 했다. 곡이 빠르고 연주가 복잡한 부분이 많기 때문에 리버브는 다소 정갈하게 풀칠 위주로 사용하는 게 좋다.

3.13 보컬

빠져서는 안 되는 부분이 보컬에 대한 부분이기 때문에, 지금까지 작업한 연주곡에는 포함되어 있지 않은 다른 곡의 보컬 일부를 사용해서 톤 쉐이핑을 해보자. 남성보컬을 기준으로 했지만, 여성보컬도 방법론적으로 다를 부분은 없다. 다음 링크에서 해당 파일을 다운 받아보자. https://goo.gl/xlJ7Vn

이미 이론적으로 프로세싱에 대한 부분을 다루었었다. 참조하자. 먼저, 그냥 믹서에 마이크 입력해서 이퀄라이저에서 약간 만지고 그대로 출력해내는 것은 엔지니어로서 예의가 아니라는 점을 알아야 한다. 그것은 보컬 입 바로 앞에 모든 관객 또는 청취자의 귀를 두게 하는 것이기 때문이다.

동영상을 보자. 팝핑이 우선 귀에 걸리고, 정리되지 않은 거친 음색이 들려야 한다. 상당수의 엔지니어가 팝핑이라고 하면 무조건 이퀄라이저의 로우 컷을 사용해서 정리해버리고 시작한다. 그렇게 해서 깔끔하게 소리가 처리되는 것 같지만, 실세는 팝핑때문에 모든 저역대의 에너지를 제거해버리는 걸과기 니온디. 저역은 몸둥의 역할을 해야 하는 데, 미리 제거해버리니까 힘이 없어지게 된다. 레코딩의 상황에는 윈드 스크린과 같은 팝 필터를 사용해서 팝핑의 근원인 바람을 제거하긴 하지만, 믹싱을 하는 부분에 포함되어 들어온 소스는 당연히 컴프레서로 처리를 해야만 하는 부분이 된다.

Compressor

자, 컴프레서를 걸어 디폴트 세팅만 통과해도 뭔가 정리된 것 같다. 조정을 해보자. 이번에는 게인으로 먼저 약간 출력 레벨을 키워보았다. 이렇게 되면 컴프레서 걸린 상태를 조금 더 분명하게 확인하며 조정하게 된다. 드레숄드 레벨을 조정하면서 기본 음색을 최소한 건드리면서 원하는 거친 부분을 정리해본다. 일단 팝핑에 초점을 두어 정리해본다. 그리고 어택 타임도 줄여서 컴프레서의 동작이 빨리 이루어지게 해본다. 드레숄드를 -29dB, 레이시오가 4.6:1인 상태에서 어택 타임이 10ms이었을 때 들리던 팝핑이 2.6ms로 줄였더니 많이 줄어들었다. 엔벨로프의 변화를 머릿속에서 생각해보자. 기술은 근거와 방법이 명확해야만 한다. 안 그러면 경험치 더하기 운일 뿐이겠다.

바이패스와 비교해보면 조리가 된 요리 같은 느낌이 들기 시작한다. 아직 이퀄라이저는 사용을 안 했는데도 고역대와 저역대가 정리되었다.

Equalizer

이퀄라이저를 걸어본다. 로우 컷을 걸어서 180Hz 대역까지 가보니 역시 힘이 많이 빠진다. 다시 80Hz 대역으로 내려서 불필요한 유입을 방지한다. 중저역의 울림을 조정해보니까 400Hz 대역이 걸린다. 줄이고나서 중음 대역도 정리해본다. 소리가 756Hz 대역에서 문제가 있다 생각되어 줄였다. 그리고 고역대 존재감(Air)를 약간 더했다. 바이패스와 비교하면 훨씬 부드러워졌다.

Desser

자, 뭔가 허전하다. 디에서를 대부분 맨 처음 걸어서 사용한다. 문제가 될 부분은 먼저 해결하는 것이 좋기 때문이다. 그런데, 사실 뒤에 걸어도 문제가 되지는 않는다. 이미 컴프레서와 이퀄라이저를 통과해서 처리된 소리에서 남아 있는 시빌런스를 처리해보자. 동영상을 보면 디폴트 상태인 5,506Hz 대역을 디에서 처리하는 것도 괜찮아 보인다. 그런데, 해당 대역의 음색도 같이 줄어들어 버리는 것이라 아예 실제 ㅊ 부분의 고역대를 찾아본다. 9.7kHz 대역을 건드려보니까 원음의 고음도 살리면서 시빌런스도 해결이 되었다. 두 방법 중에서 어느 것이 좋은지는 스스로 판단해 보자.

총 12가지 부분에 관해서 톤 쉐이핑 시범과 설명, 그리고 필요한 추가 내용을 같이 다루어 보았다. 반복해서 이 내용을 실습하다 보면, 일정한 규칙을 스스로 만들 수 있다. 물론 규칙이 표준이 되면 안 된다. 어쨌건, 생전 처음 들어보는 악기건, 완전 프로 뮤지션이건, 음악 장르가 어떤 것이건 간에 방법적인 면에서 차이는 전혀 없다.

4장. 믹싱 실습

4.1 믹싱 실습 1

4.1.1 믹싱 개요

앞서 3장 톤 쉐이핑에서 정리했던 트랙을 43분 정도 레벨 믹싱과 디테일 수정 작업을 했던 동영상이 옆 QR 코드에 있다. 동영상과 캡쳐 화면을 통해서 공부해가자. 동영상의 가장 마지막 장면에 만들어진 세션 파일도 아래 링크에서 다운받아 공부할 수 있다. Groove_toneshaping.ptx는 3장의 톤 쉐이핑만 끝낸 세션, Groove_levelmixing.ptx는 동영상 레벨 믹스 세션이다.

https://goo.gl/n9hg6M

Mixing Examples

앞 페이지 그림처럼 킥 채널 하나만 0dB 포지션에 페이더가 올라가 있고, 나머지는 다 내려가 있다. 이미 앞에서 공부한 것과 같이 직렬식 방법으로 하나씩 만들어가자. 개별 음색은 3장에서 공부한 부분에서 조금씩 변동이 있을 수 있다. 모든 믹싱은 톤 쉐이핑과 레벨 믹싱을 같이 가는 것이 정상이다. 개별적으로 톤을 다 만들어 놓고, 그리고 믹싱을 따로 해가는 것은 공부와 숙련의 기간에 사용하는 방법으로만 이해하자. 실무에서는 그럴 시간이 없다.

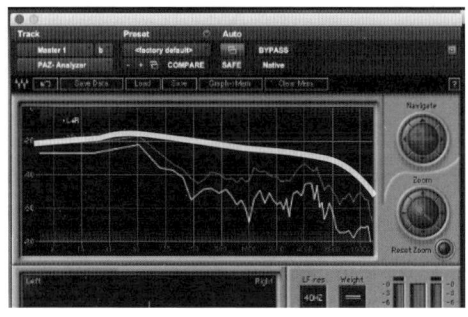

레벨 믹싱을 해나가면서 당연히 귀와 손 그리고 뇌로 만들어가는 것이 정답이지만, 눈의 도움을 받을 필요가 있다. 옆과 같은 애널라이저를 통해서 대략적인 주파수 대역의 그림을 확인해보자. 애널라이저에 그려 넣은 하얀색 선의 모양을 잘 확인한다. 대부분 좋은 믹스는 이 곡선을 유지한다. 왜냐하면, 등청감곡선의 기준으로 우리의 귀가 반응을 하기 때문이다. 이 부분은 언제나 중요한 요소이다. 현재 옆 그림은 킥만 재생되고 있는 상태의 애널라이저이고, 하얀색과 그 아래 그래프 사이의 공간이 앞으로 채워야 할 소리가 들어가야 할 공간이다. 일정한 레벨 이상의 모니터 환경을 유지하자. 그래야 제대로 들린다. 앞서 85dB SPL의 의미도 설명되었다. 자, 재생을 시작하면 킥 소리만 한동안 나온다. 듣고 있는 환경이 애널라이저에서 표시되는 음색 밸런스에 가깝게 모니터링이 되길 바란다. 헤드폰도 저역대가 과도하지 않은, 가능한 평탄한 특성의 제품을 사용하면서 공부를 시작한다. 계속 양파를 다듬으라고 설명했는데, 그걸 대파라고 알아듣고 다듬고 있으면 안 된다. 너무 후다닥 지나가는 영상에서 어떻게 공부를 할지 걱정이 되실까 봐, 시간대를 기록했으니 따라가 보자. 책을 펴놓고, 옆에 타블렛이나 전화기를 놓고 동영상을 보며 같이 따라가 보자. 반복은 필수다.

믹스 예제는 실제 상업 믹스를 목적으로 한 것은 아니고, 믹싱 공부에 좀 더 초점을 두고 작업한 내용이다. 믹싱의 시작부터 진행 과정의 첫 1시간 남짓한 시간 가운데 벌어지는 부분들을 경험하는 것이다. 뭘 해야 할지 몰라서 시간 보내는 경우가 많을 초보나 중급자들에게 실제적 도움이 될 것이다. 필자의 믹싱이 정답이라고 하지는 않는다. 방법을 배워가는 데 목적을 두자. 실제 상업 믹스의 경우에는 동영상의 시간보나는 80%성도 시간이 줄어들어 전체 믹스가 3-4시간에 끝나게 된다.

4.1.2 믹싱의 실제

[00:00] 킥만 듣고 있는데, 잘 들어보면 리버브가 들어가 있다. 톤 쉐이핑에서 이미 직접음만 걸러내서 처리했었다. 따라서 아주 정확하게 디자인된 엔벨로프의 킥이 들어오는데, 일부러 리버브를 아주 조금 오른쪽 그림처럼 넣었다. 리버브는 풀 역할을 한다고 했다. 잠시 후 베이스가 들어온다. 믹서의 베이스 채널이 가려져서 안보이는데, 보는 것보다 일단 소리가 어떻게 킥과 붙어서 킥 베이스가 되는지에 귀를 기울인다. 그리고 스네어부터 하나씩 페이더를 올리면서 소리가 섞인다. 책의 앞부분에 설명된 레벨 믹싱에 대한 이론적 부분을 잘 기억하자. 어떻게 소리를 섞고, 어떻게 전체 그림을 만들어갈지가 중요한 요소라고 했다.

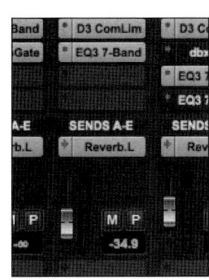

[01:53] 베이스가 앞서 킥만 들리던 공간을 같이 채운다. 킥은 리버브가 약간 들어가 있다고 했다. 하지만 베이스는 리버브를 넣지 않는다. 이유는 킥과 달리 베이스는 이어지는 음들이 많다. 그래서 리버브를 넣으면 지저분해진다. 동영상 하단에는 베이스의 이퀄라이저가 보인다. 킥 베이스가 뭔가 여기서 확인하자. 서로 다른 두 악기가 분명 중저음대에 같이 붙는 부분이 있다. 그러면서 킥에 음정이 더해진 킥 베이스가 만들어졌다. 베이스의 컴프레서에서, 톤 쉐이핑 단계에서 조정했던 게인을 줄여서 킥 베이스가 형성되는 레벨이 유니티 게인 인근에 페이더가 놓이게 했다. 이유는 그 부근에서의 영역이 가장 넓다.

[02:15] 조금 더 잘 붙는 킥 베이스를 만들기 위해서 베이스의 중저역대를 옮겨본다. 430Hz 대역에 있던 중저역의 감쇄 포인트를 더 내려봤다. 튀는 부분을 좀 더 줄여보자. 310Hz 대역을 -4dB 정도 감쇄시켰다. 반드시 무조건 내리지 말고, 증폭해서 해당 소리가 작업할 소리 대역인지를 확인한다.

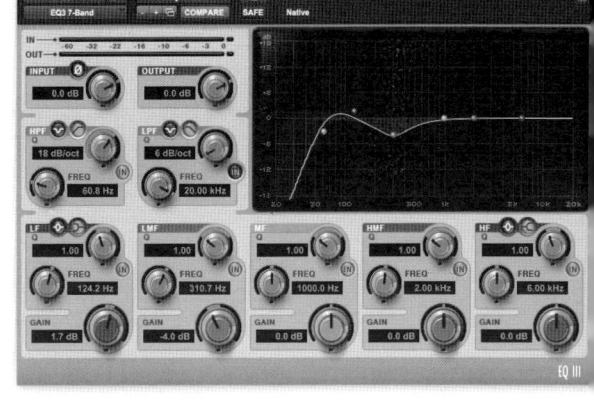

[02:28] 스네어를 추가시킨다. 페이더를 적당한 크기에 올려놓으면서 스네어 소리가 이미 만든 킥 베이스에 어울리는지도 확인한다. 이때 애널라이저의 도움도 받자. 옆 그림의 원으로 표시된 애널라이저의 200Hz 대역이 스네어가

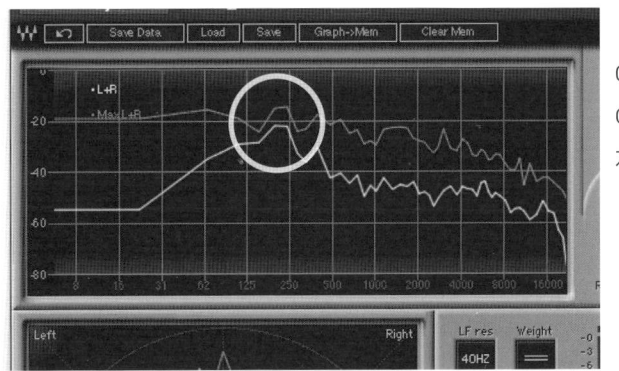

들어오면서 툭 튀어나온다. 이 레벨이 킥의 최대 레벨인 62Hz의 값을 넘지 않도록 한다. 나중에 분명히 이 스네어는 조금 내려온다. 아울러 하이 햇과 탐탐, 그리고 오버헤드까지 페이더를 올려놓는다. 각각 페이더 위치와 소리 크기를 잘 확인해두자.

[02:56] 피아노를 투입한다. 믹싱이 이루어지는 공간은 여러분 머릿속의 가상 공간이다. 스피커나 헤드폰으로 나온 소리 에너지는 이미 소멸되고 있다. [02:48] 지점에서 들렸던 어색한 탐탐의 필인을 기억하는가? [03:06] 지점에서는 같은 음색과 페이더 위치를 가지는 탐탐인데, 어색하지 않다. 신기하게도 이미 믹싱을 주관하는 뇌의 정보 분석에서는 탐탐의 등장을 알고, 기대하고 있기 때문이다. [03:17] 지점에서 오르간이 들어오고, [03:40] 지점에서 노이즈가 들린다. 베이스에서 나오는 노이즈이다. 나중에 게이트 처리를 할 예정이다.

[03:41] 일렉 피아노가 투입된다. 음악적으로 어떤 역할을 해야 하는지 알아야 한다. 주법을 참조하면 리듬 파트라는 것을 알 수 있다. 이 곡에서 기본 화성적 진행은 피아노가 맡는다. 일렉 피아노의 팬 위치를 확인한다. 10시 방향으로 되어있다. 이유는 피아노의 패닝이 오른쪽에 고음, 왼쪽에 저음이기 때문에, 상대적으로 반대 방향이 될 수 있는 약간 왼쪽으로 일렉 피아노 위치를 정했다. 좌/우 음색적인 밸런스도 놓치면 안 된다. 퍼커션에 쉐이커가 있다면 언제나 하이 햇의 반대 방향에 위치를 정한다. 드럼 연주의 상황에도 하이 햇과 반대쪽의 위치에 라이드 심벌이 비슷한 역할을 담당한다.

[03:57] 피아노 솔로 부분이 이어지는데, 전체 리버브의 레벨을 점검한다. 맨 오른쪽 AUX 1 트랙이 리버브 리턴이다. 약간 키웠다. [04:21] 일렉 기타 솔로 페이더를 올려놓는다. 대강 키보드 정도의 위치에 놓는다. 이것은 이미 세팅한 게인 스트럭쳐 때문에 짐작으로 어떤 크기일지 알 수 있기 때문이다. 음악은 드럼 솔로 파트로 들어가게 되는데, 리듬 파트의 밸런스를 잘 확인해본다.

[04:57] 탐탐 소리가 답답한 느낌이라서 각 탐탐의 고음 부분을 키워본다. [05:14] 탐탐 연주 부분으로 돌아가서

확인했다. [05:34] 하이 탐의 저음이 많아서 로우 컷 주파수를 올려봤다. [05:46] 플로어 탐의 저역대가 적어서 저음을 올린다. 중간에 음악이 끊어지는 부분은 필요한 위치로 이동하기 때문이다. [05:56] 풍성해진 플로어 탐이 확인된다. 이 시점에서 탐탐의 패닝과 오버헤드의 패닝 위치도 확인하자. 과도한 패닝은 부자연스러운 믹스의 원인이 된다.

[06:10] 탐탐의 음색이 마음에 안 들어 수정을 시작한다. 각 탐탐의 중고역대를 키워본다. 그리고 앞서 키웠던 고음을 다시 줄인다. 톤 쉐이핑 단계에서 탐탐 트랙에는 오로지 탐탐만 들어가 있게 만들었기 때문에 여기서 조정하는 고음은 오버헤드의 소리에 영향을 끼치지 않는다. 되려, 오버헤드에 포함된 탐탐의 고음 대역이 중첩되겠지만, 이 역시 직접음 뿐인 탐탐 트랙 때문에 가려진다.

[07:07] 플로어 탐의 저역대를 조금 줄여봤다. 그리고 미들 탐의 로우 컷을 조금 더 저역대로 내려서 중후함을 더해본다.

[07:44] 자, 이 시점에서 다시 전체 레벨 믹스의 상황을 점검한다. 뮤트를 하기 시작하면서 얼마나 자연스럽게 각각 음색의 레벨이 정해졌는지를 확인한다. [07:50] 이번에는 피아노만 남기고 다시 뮤트를 풀어가면서 하나씩 더해본다. 이미 머릿속에는 정해진 밸런스의 그림이 단단하게 그려져 있어야 한다. 피아노만 들리는 전체 주파수 대역대의 밸런스가 다른 악기들이 다 나왔을 때의 전체 주파수 대역의 밸런스와 같게 유지한다. 이렇게 하는 것은 아주 중요한 의미가 있다. 이 부분이 다르게 되면, 계속 소리가 애매한 위치에 있게 된다. 즉, 음색적 블렌딩에 문제가 있다. 모든 음색은 다 20Hz~20kHz의 틀 안에서 분석해야만 한다.

[07:54] 오르간부터 하나씩 추가된다. 추가하면서 당연히 확인해야 할 부분은 바로 위에 설명했던 자연스러운 레벨 믹싱의 부분이다. 더하는 소리를 들으며 이미 공부했던 1+1의 의미를 생각해보면 좋다.

Mixing Examples

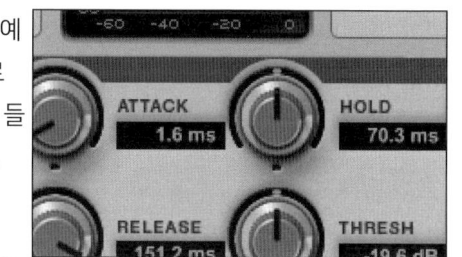

[08:50] 킥 드럼의 고역대 비터 소리 부분이 너무 튀는 것 같다. 이퀄라이저를 살펴보고, 아예 게이트에서 조절해보기로 한다. [09:04] 게이트의 어택 타임을 뒤로 약간 밀어본다. 1.6ms로 밀어 넣었으니까, 사실 그냥 플라시보 효과와 같은 느낌이라고만 말할 수도 있다. 그리고 계속 들어보면서 미세 조정 작업을 한다. 귀를 열어놓고, 머릿속으로 솔로 버튼을 다양하게 눌러본다.

[10.08] 킥 베이스를 다시 점검해본다. 약간 안 맞는 느낌이 드는 것은, 연주의 특성상 리듬을 끌고 가는 것이 베이스일 경우 또는 드럼일 상황에 킥과 베이스의 정확한 합이 어려울 수 있다. 먼저 킥의 저역 주파수를 내려본다. 그리고 베이스의 저역대를 아주 약간 키워봤다. 중간의 기타 솔로가 커진 부분도 기억한다. [10:30] 1.4초 정도의 디케이 타임을 가지는 리버브를 1.8초까지 늘려본다. 조금 더 길어진 리버브 끝부분의 공간감이 느껴진다. 그런데, 약간 많다는 느낌이 있어 다시 1.6초로 줄인다. 믹싱은 엄청나게 민감해야 하는 작업이다. 훈련만이 정답이다. [11:46] 오버헤드 심벌의 연속적인 연주에 작동하는 게이트를 집중해본다. 게이트가 작동하기 때문에 산만하지 않게 들린다.

[12:00] 자, 처음 부분부터 들어보자. [12:10] 인트로의 탐탐 필인이 끝나고 시작되는 첫 마디에 뭔가 불협화음 같은 부분이 들렸다. 계속 그것이 무엇인지 찾고 있다. [12:15] 마디의 첫 박자에 끌리는 음이 이상하다. 편집 윈도에서 일단 어떤 트랙이 연주되는지 확인을 해본다. 믹싱 엔지니어의 임무 가운데 하나가 음악적인 문제를 찾는 부분도 포함된다. [12:36] 일렉 피아노인지 확인을 해본다. 오르간도 아니다. 건반 악기를 다 같이 들어봤는데도 전혀 문제가 없다. [13:24] 베이스에서 들리는 것 같다. [13:26] 베이스 첫 번째 음 뒤에 다른 개방현 음 같은 음의 노이즈가 들린다. 오른쪽 그림의 사각 박스 부분이다. [13:40] 다시 확인된다. [14:19] 편집 윈도에서 아예 해당 구간을 하단 그림과 같이 삭제하고 페이드 처리하니 깔끔해졌다. 계속 삭제 취소와 삭제를 반복하면서 정확하게 확인을 한다. [14:44] 깔끔해진 첫 박자를 다른 악기들과 확인한다.

[14:50] 다시, 처음부터 들어보기 시작한다. [15:20] 오버헤드 오른쪽 팬의 위치를 수정해본다. [16:38] 플로어 탐의 서스테인이 조금 더 길었으면 좋겠다. 게이트를 열어서 홀드 타임을 옆 그림처럼 126ms로 늘려본다. [16:58] 스네어를 조금 무겁게 해야 할 것 같다는 생각이 든다. 중저역을 키우고, 중고역대도 수정을 한다. 한층 다이내믹해진 스네어가 들린다.

[17:39] 한 번 더 처음부터 들어본다. 믹싱은 반복의 연속이다. [18:36] 일렉 키보드의 존재감이 약해졌다. 이미 정해놓은 레벨이라고 해도 다른 소리의 레벨 변화 때문에 바뀐다. 보라색을 잘 만들었는데, 파란색을 조정했더니, 빨간색을 다시 조정해야 하는 것 같은 개념이다. 중요한 것은 보라색 자체를 변경하지 말아야 한다.

[19:24] 다시, 베이스와 킥을 제외한 전 채널을 다 뮤트하고 하나씩 확인해본다. 킥 베이스의 조합도 확인한다. [20:44] 탐탐이 맘에 안 든다. 계속 생각했던 부분을 수정하기 시작한다. 하이 탐의 저역 주파수를 조금 더 올려본다. 그리고, 깎았던 중음 대역을 수정해본다. 미들 탐의 중음도 수정한다. 약간 게인을 올렸다. 차이가 무엇인지 확인해본다. 물론 이렇게 탐탐을 수정하려고 할 경우에는 해당 부분만 반복 재생해서 수정하는 것이 좋다고 생각할 수 있지만, 그 단계는 개별적인 음색 조성이 너무 중요한 초기 상황에서 유용한 것이고, 지금처럼 전체 그림의 밸런스를 확인해가면서 작업할 상황에는 계속 흐름을 유지하는 것이 좋다.

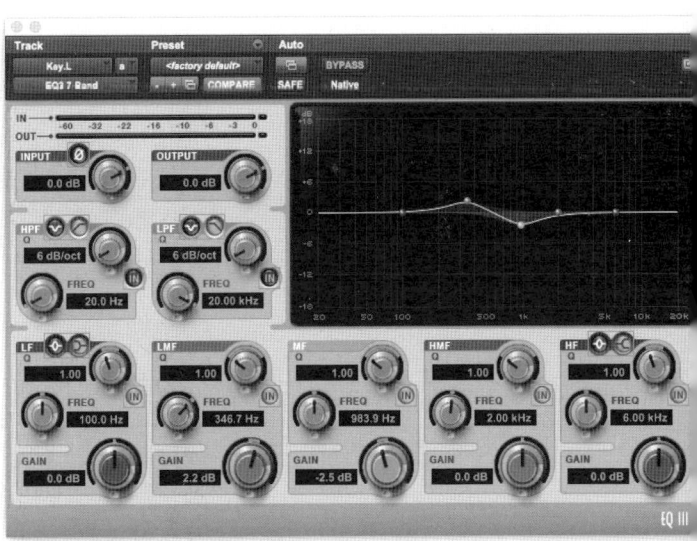

[21:53] 플로어 탐 저역 주파수를 키워본다. 2.5dB 키웠다. 주파수도 160Hz인근까지 올렸다. 많이 두꺼워지고 기름진 사운드가 나온다. [22:08] 조금 많은 것 같아서 1dB 정도 줄였다. [22:44] 일렉 키보드 중음이 계속 귀에 걸린다. 오른쪽 그림과 같이 1kHz를 그대로 2.5dB 줄이니까 편해진다. 그리고 만지는 김에 중저역대를 조금 증폭해서 두껍게 한다. 오버헤드가 신경 쓰이기 시작했다.

[23:00] 모니터링을 계속하다 솔로로 확인해본다. 플러그인을 다 바이패스한 상태와 비교도 해본다. [23:25] 생각난 김에, 베이스도 확인을 해본다. 바이패스한 상태와 비교해보면 엄청난 차이를 보인다. 킥도 한 번 솔로로 해서 바이패스와의 비교를 해본다. 믹싱하면서 계속해 봐야 하는 것은 원래 톤이 어떤지를 확인해야 한다는 것이다. 어떤 때는 원음이 더 좋을 수도 있다. 스네어와 하이 햇까지 같이 솔로로 들어본다. 머릿속으로 솔로를 눌러보는 것과 비교도 한다.

[24:08] 하이 햇에서 이상한 부분이 발견된다. [24:19] 하이 햇 게이트의 드레숄드를 내리니 사라졌던 소리가 들리기 시작한다. 톤 쉐이핑에서 반복 재생하면서 들었던 부분에서는 하이 햇이 페달로 만드는 소리였었다. 옆 그림과 같이 드레숄드를 더 내렸다. 이런 부분도 놓치면 안 된다.

[24:40] 리듬 파트만 점검한다. 중간에 오버헤드의 플러그인을 바이패스도 해본다. 그러면서 실제 어떻게 변한 것인지도 확인한다. [25:10] 피아노를 머릿속으로 솔로로 듣고 있다. 중고음과 저음을 조금씩 만져본다. 중고음은 날카로움이라 말할 수도 있지만, 선명도에 대한 부분이고, 저음은 풍만감을 고려하고 있다. [25:36] 기타 솔로가 등장한다. 아까 생각했던 크던 레벨을 조금 내려본다. [25:52] 마스터 페이더를 조금 올려서 전체 레벨을 키워본다. 마스터 페이더는 0dB에 고정하라고 있는 것이 아니다. 일단 피크 레벨이 점멸하지 않는 것을 확인한다.

[26:10] 잠깐 쉬고 다시 처음부터 들어본다. 킥의 저역대가 약간 많다는 느낌이 들어 수정을 한다. [26:45] 다시 처음부터 들어본다. [27:30] 하이 햇 레벨을 머릿 속으로 솔로로 들어보자. 약간 커서 줄였다.

[28:05] 잠깐 쉬고 다시 처음부터 들어본다. 계속 반복되는 작업이다. 영화처럼 음악도 인트로가 중요하다. [28:20] 오르간에 귀를 기울여 본다. 오토 팬의 패닝 회전수가 음악보다 늦은 것 같다. 약간 빠르게 해본다. BPM을

75에서 85로 수정했다. 오버헤드 중 왼쪽의 크래쉬 심벌이 조금 귀에 걸린다. [29:00] 처음부터 다시 들어보면서 확인한다. [29:17] 마스터 레벨의 확인을 위해 Dorrough 미터를 마스터 단에 인서트한다. 마스터 레벨 모니터링 역시 믹싱의 중요한 부분이다. 옆 그림의 HOFA 4U Meter 같은 무료 플러그인도 상당수 있다.

[29:50] 다시 처음부터 모니터해본다. [30:18] 기타 솔로에 무게감을 주기 위해서 중저역을 키워본다. 들어보면서 레벨과 음색이 어떤지 계속 확인하며 수정한다. 다시 솔로 앞 부분부터 재생하면, 일단 머릿속에 어느 정도의 레벨이 있어야 할지를 예상해본다. 그리고 그 레벨에 실제 솔로 레벨이 맞는지 확인을 해본다. 아예 뮤트를 써가는 것도 설명한 대로 좋은 방법이다. 그래서 오래 들어온 음악의 기타 솔로 크기처럼 맞아야 한다.

[32:19] 다시 하나씩 뮤트하면서, 뮤트를 해도 사운드적으로 영향이 없는지 확인한다. 숲에서 나무를 1/3 잘랐다고 해도 숲은 숲인 것이다. 다 잘라서 나무 한 그루 남았다고 해도, 나무 자체가 보여야 한다. [32:45] 킥 베이스의 조합을 다시 점검한다. 주관적인 관점을 얼마나 객관적으로 만드냐를 계속해서 들어보며 점검하는 것이다. 베이스 기타의 로우 컷 주파수도 조금 올려본다. [33:25] 중음도 조성을 해본다. 820Hz 대역을 -6dB 해보니 훨씬 부드러워졌다. 자. 여기서 노이즈를 없애보자. [32:52] 게이트를 인서트해서 조정을 한다. 옆 그림과 같은 세팅으로 깔리는 노이즈만 제거한다.

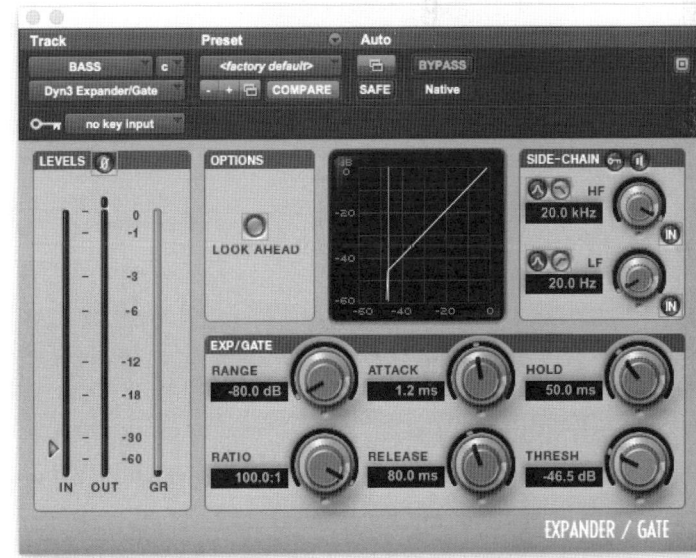

[34:38] 다른 소리와 함께 들어보다가 바로 아예 다시 처음부터 재생해본다. [34:57] 오르간 소리가 약간 커서 줄여본다. 그리고 바로 피아노 음색을 다시 수정하기 시작한다. 4kHz 대역의 선명도 부분을 부각시켜 본다. [35:30] 오르간의 리버브를 조금 더 준다. 아울러 키보드도 리버브를 조금 더 넣었다. 어떤 변화가 있는지 확인해보자.

[36:00] 다시 처음부터 들어본다. 오버헤드 레벨을 수정했다. 피아노 레벨도 수정해본다. [36:54] 다시 처음부터

들어본다. [37:37] 베이스의 중저음을 수정했다. 몸통이 너무 빠져버린 것 같아서 조금 키워본다. 단단해진 것이 들린다. [37:54] 수정한 베이스를 기준으로 다시 처음부터 들어본다.

믹싱은 어쨌든 음악이 주인공이고, 음악이 전달해야 하는 메시지가 뭔지가 나와야 한다. 믹스된 사운드가 믹싱 엔지니어로서는 가장 중요한 요소지만, 그것 때문에 음악이 가려지면 안 된다는 이야기이다. 수정되어야 하는 부분은 반드시 수정하고, 음악의 레벨 변화에 따라 다이내믹한 레벨 변화를 가져야 하는 악기가 있다면 오토메이션을 통해서 작업이 되어야 한다.

3장에서 있었던 톤 쉐이핑 과정을 제외하고, 43분 정도 끊임없이 실시간으로 촬영된 동영상의 레벨 믹싱과 수정의 예제를 보고 많은 공부가 되었으면 좋겠다. 특히 귀 기울이고 눈여겨보아야 할 부분은, 43분 내내 집중의 시간이 반복되어야 한다. 재생 버튼 누르고 뭘 할지 몰라 우왕좌왕하다가 시간을 보내는 케이스가 대부분 수련생들의 공통된 문제점이다. 문제라기보다 당연한 시간들이다. 이 동영상을 통해서 어떤 것에 선수들이 집중하는지, 어떻게 문제를 발견하고 수정하고, 또 점검하는지 확인해보자.

설명의 글을 써가면서 마지막 단계에 다시 느낀 것은, 하이 햇 레벨이 약간 작다. 인트로의 하이 탐 톤이 맘에 안 드는데, 그건 연주에서 발생한 부분이라 생각된다. 나중에 나오는 부분은 전혀 문제가 안 된다고 본다. 상업 믹스로 간다면, 아마 조금 더 이퀄라이저에서 손을 봤거나, 아니면 뒤에 나오는 탐을 복사를 했을 것이다. 피아노도 한 2dB 정도 줄였으면 하는 생각도 있다.

멀티 트랙이 따로 없으시다면, 이 멀티 트랙을 매일 1번 이상씩 시간을 내서 믹싱 연습을 해야만 한다. 프로 연주자가 되려면 심하게는 하루 10시간씩 연습을 한다. 프로가 되서도 그 정도까지는 못해도 항상 연습을 한다. 당연히, 믹싱 연습도 그정도로 해야한다고 생각한다. 훈련만이 답이다.

4.2 믹싱 실습 2

4.2.1 믹싱 개요

이 곡은 음향시스템 핸드북 부록에 있는 인사이드 스토리로 첫번째 글로 소개된 2003년 Zino Park 세션 중 1곡으로, 일부만 잘라서 1시간 9분 정도 실시간 믹스를 QR코드 동영상과 같이 진행해 본다. 앞 예제와는 다르게 톤 쉐이핑부터 레벨 믹싱을 같이 시작했다. 잘 보면서 또 실제 세션을 만들어 같이 실습해보아야만 한다. 해당 곡의 일부 부분만 선택해서 공부하게 했으며, 실제 음원은 여기에 여러가지 더빙된 악기와 보컬, 코러스가 추가되어서 마무리되었다. 물론 여기 나오는 믹싱이 실제 마스터 믹스는 아니다. 교육에 목적을 두고 실기 과제로 믹스되었다.

4.2.2 믹싱의 실제

[00:00] 킥에서부터 플로어 탐까지 선택하고 일괄적으로 기본 플러그인을 적용한다. Command+Shift 키를 누른 상태에서 플러그인 하나를 선택하면, 이미 선택된 채널에 다 같이 걸리게 된다. 참고로 필자는 프로툴즈 단축키와 빠른 작업에 능숙하지 않은 올드 스쿨 엔지니어이다. [00:30] 킥을 제외한 모든 채널의 페이더를 내린다. 솔로로 해도 되겠지만, 일단 시작단계를 이렇게 하는 습관을 가지자. 억스로 연결된 리버브와 마스터 페이더는 그대로 둔다.

[01:18] 킥 드럼에 걸려진 플러그인 중에서 게이트만 활성화한 상태에서 재생을 하기 시작한다. 프로툴즈의 기본 게이트 세팅은 이미 앞에서 본 적이 있다. 어택 타임이 10ms로 되어 있다는 것을 항상 고려한다. 이 디폴트 값을 필요하면 바꿔도 좋겠다. 일단 레인지는 최대한도(-80dB가 최대값이다), 레이시오 역시 최대값으로 해서 게이트가 바로 동작하게 한다. 그 후, 드레숄드를 올려서 적절한 레벨을 정한다. 자, 여기서 반드시 고려해야 하는 부분은 잡음의 레벨이 아닌, 익스팬더의 입장에서 통과되는 신호의 엔벨로프 모양이다. 어택과 디케이 같은 앞쪽의 부분만 고려하는 것이 아니라, 엔벨로프 상의 서스테인과 릴리즈의 모양도 고려되어야만 한다. 이 점을 절대 생각 못하는 분들이

대부분이겠지만, 이미 이 책의 앞 부분에서 설명이 되었다. [01:30] 어택 타임을 1ms 정도로 정한다. 조금씩 수치가 다를 수 있는 것은 큰 문제 아니다.

[01:57] 드레숄드를 -14.5dB 정도로 정했다. 그 중요한 이유는 서스테인을 얼마만큼 다른 소리(노이즈로 볼 수 있는 모든 소리)와의 분리할 수 있겠는가와 해당 음색의 활용도를 고려한 값이다. 소리를 들어보면 뚜웅하는 몸통이 어택 중심의 앞 부분과 구분이 된다. 구체적인 몸통을 홀드 타임과 릴리즈 타임을 조정해서 만든다. 홀드 타임을 101ms로 하고 릴리즈 타임을 조정하는데 100ms 가까이 가니까, 노이즈라고 구분할 킥 드럼외의 소리가 들어오기 시작한다. 즉, 드레숄드로 설정한 레벨 자체가 절대적인 노이즈와 신호의 경계가 아니라는 이야기도 된다. 그래서 드레숄드 레벨을 조금 더 올려본다. 몸통이 되는 엔벨로프 상의 서스테인을 어떻게 디자인하냐의 문제를 고려한다.

[02:24] 게이트를 바이패스한 상태와 비교해본다. 꼭 해야만 하는 부분이다. 원 소스의 모양을 확인하고, 어떻게 그걸 재단했는지, 해야 하는지의 답을 구해본다. [02:37] 컴프레서를 활성화해서 작업을 시작한다. 목표는 소스 특유의 개성이 안 나타나게 가능한 최대로 평평하게 하는 것이 목표이다. 중간에 플러그인 윈도가 사라진 것은 컨트롤러에서 다른 부분의 선택 때문이다. 바이패스한 소리와 비교해본다. 많이 부드러워졌다. 어택 타임이 5.1ms로 만든 부분도 고려해본다. [03:25] 드레숄드의 변화에 의해 소리가 당연히 변한다. 그리고 정해진 결과물의 출력을 입력과 같은 상태로 키운다. Make-up 게인은 그렇게 사용한다.

[03:40] 릴리즈 타임을 생각해본다. 엔벨로프의 서스테인 부분에서 뒷북치는 것처럼 '우<욱' 레벨이 커지는 부분을 확인해본다. 릴리즈 타임의 설정 때문이다. 드레숄드 이하로 내려가는 상황에서 컴프레스되었던 레벨이 풀리면서 발생하는 너울 현상이다. 앞에 설명되어 있다. 동영상처럼 릴리즈 타임이 400ms 이상으로 되었을 때의 소리는 역시 그냥 자연스럽게 페이드

아웃되게 된다. [04:30] 컴프레서 세팅을 옆 그림과 같이 마무리 한다.

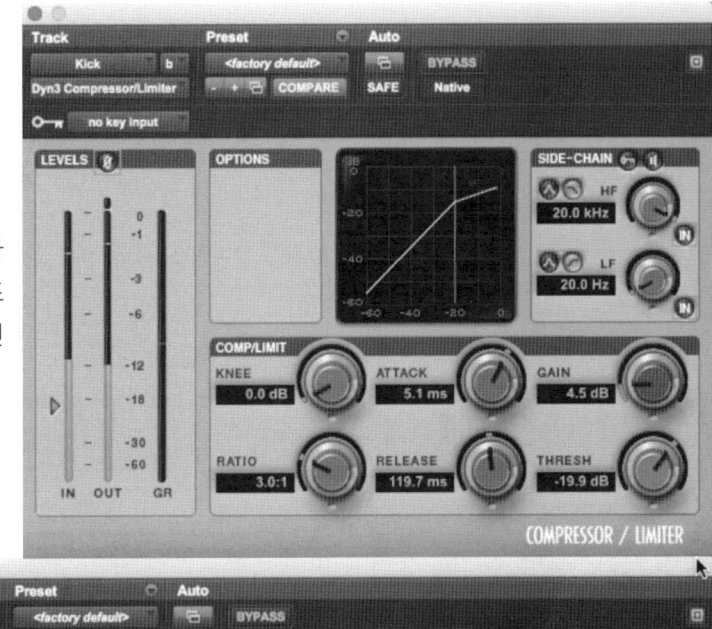

[04:45] 필자의 킥 드럼 이퀄라이저 조정은 거의 고정적이다. 공식화된 것이라기 보다는 원칙이라 생각하면 좋겠다. 더욱이, 앞에서 컴프레서로 소스의 강한 특성을 제거한 최대로 평평한 음색의 소스를 입력을 다루는 상태라면 참조해도 비슷한 결과를 가질 수 있다고 본다. 그럼에도 공식이라 말하지 않는 것은, 당연히 소스에 따라, 장비의 특성에 따라 조금씩 다를 수 있기 때문이다. 어쨌건 작업되는 이퀄라이저의 세팅을 동영상을 통해서 확인한다. 어떤 이유로 각각의 대역대가 조정되는지 이미 앞에서 언급을 하기도 했고, 실제 소리로 확인을 해보면 알 수 있을것이다. [06:19] 아래 그림과 같이 세팅이 되었다.

[06:27] 일단 완성된 킥 드럼에 베이스를 추가해보자. 여러차례 언급한 킥베이스의 모습을 만든다. [06:36] 컴프레서를 통해서 부드럽게 처리를 한다. [07:03] 그 후, 이퀄라이저를 걸고 로우 컷을 통해 킥과 중복이 될 초저역 대역을 조정한다. 부담가는 중저역대도 조정한다. [07:50] 조정된 베이스 음을 사용해서 다시 킥베이스 제조 작업을 한다.

[08:00] 스네어 드럼을 추가해보자. 일단 이미 걸어놓은 게이트, 컴프레서, 이퀄라이저를 다 비활성화 한다. 하는김에 나머지 드럼도 다 비활성화 했다. 계속 재생을 하고 있는 이유는, 무의식적으로도 소리를 듣자라는 이야기이다. [08:30] 게이트 설정을 시작했다. [08:58] 드레숄드 레벨의 상승에 따라 변하는 스네어 드럼의 서스테인 부분을 확인하자. 홀드나 릴리즈 타임을 조정하지도 않았는데, 소스 엔벨로프의 서스테인 부분이 변한다는 것이 확인되어야 한다. 즉, 게이트 작

동에는 소스의 엔벨로프 이해가 우선이 되어야 한다. -18dB 전후해서 '따악'하는 꼬리가 들리는 부분이 -10dB 인근에 가면 '딱' 소리만 통과하게 된다. 홀드와 릴리즈 타임의 설정에 앞서서 어떤 소리만 통과하게 해야 하는지를 정하는 것이 중요하다. 도구를 배울 때 언급했던, 다른 소리가 없이 해당 소리만 들리는 레벨을 설정하는 것에서 한 단계 더 나가는 방법이 된다. 홀드와 릴리즈 타임으로 설정할 부분을 먼저 드레숄드 레벨을 조정하면서 머리에 그려보라는 것이다.

[09:14] 홀드, 릴리즈 타임 그리고 레인지를 통해서 필요한 스네어 음색을 정했다. [09:45] 컴프레서 설정을 시작한다. 강한 타격의 소리 가운데, 숨겨진 좋은 소리를 찾아내는 작업이 이 작업이다. [10:44] 게이트로 다시 넘어와서 세부 조정을 시작했다. 컴프레서의 동작에서 변하는 소리를 그 앞단에서 다시 재조정해보면서 최적의 소리를 만들어내는 작업이 된다. 레인지를 최대로 해야 기준점을 제대로 잡을 수 있다. 그 후, 줄여서 필요한 고스트 노트 같은 부분을 처리하게 한다. [11:20] 드레숄드가 -20dB 근처까지 내려가니 서스테인 부분의 소리가 길어진다. 그러면서 고역대에서 딸려 나오는 다른 소리가 있다. 실제 소스에 있는 소리 일 수도 있고, 걸어놓은 컴프레서의 릴리즈 타임에 의해서 나올 수도 있는 게인의 증가인것 같기도 하다. 다시 -8.5dB까지 드레숄드 레벨을 올려보니 서스테인 부분이 깔끔하게 정리되었다. 잘 듣고 비교해보자. [11:42] 다시 컴프레서로 돌아가서 수정된 게이트 출력에 맞게 재 조정을 했다. 어택 타임과 릴리즈 타임의 변화에 따라 변하는 소리를 잘 구분해 본다.

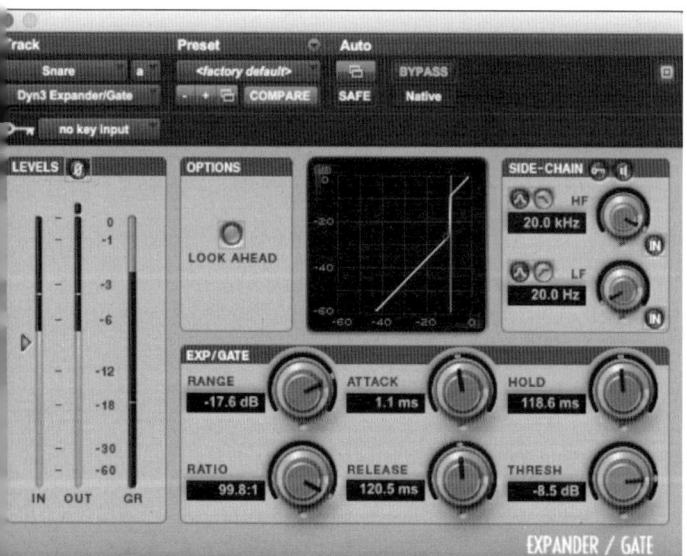

[12:08] 컴프레서를 걸기 전후를 비교해 본다. 이 부분은 출력 레벨의 설정에도 필요한 작업이다. 아울러, 당연히 프로세싱의 상태를 확인해야 한다. 오른쪽 그림의 원에 표시된 큰 출력의 부분이 컴프레서를 통해 적어지면서 다른 대역을 그만큼 키워 평탄하게 한 것을 확인할 수 있다. 그림 상단 미터의 오른쪽에 피크 레벨이 표시된다. 아직 이퀄라이저를 사용하지도 않았지만, 어느정도 단단한 스네어 사운드가 나오기 시작했다.

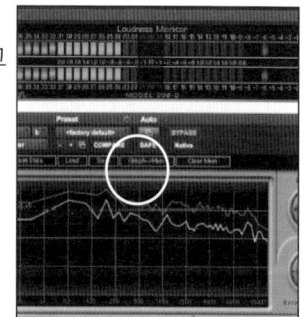

[12:26] 이퀄라이저 작업을 시작했다. 중음의 주파수를 이동할때 바뀌는 소리

를 잘 기억하자. 좋은 소리가 어떤 것이고, 줄여야 할 소리가 어떤 소리인지 파악해야 한다. [13:16] 중음과 중저음의 조절이 끝난 후, 역시 중고음도 조정을 했는데, 뭔가 아쉽다. [12:25] 컴프레서로 돌아가서 어택 타임을 줄여보니 이 퀄라이저에서 조정한 고역대가 부드러워졌다. 계속해서 들리던 엔벨로프 서스테인의 어색함을 조정해보려고 게이트를 다시 열어 홀드 타임을 조정해본다. 20ms 정도 늘리고, 어택 타임도 약간 늘려서 부드러운 고역대를 만들어 봤다.

[14:20] 하이 햇 조정을 시작한다. [14:25] 여기까지 하이 햇 소리가 불분명한 것은 스네어에서 좁혀놓은 게이트의 레인지에 의해 들어오는 소리도 있겠지만, 일단은 하이 햇 패닝의 위치 때문에 잘 구분이 안되는 이유도 있다. [14:26] 팬을 돌려놓으니까, 하이 햇 채널에서의 소리가 구분이 되기 시작한다. 기본 비트처럼 계속 치는 것이 아니고, 라이드가 메인 비트로 연주가 된다. 오버헤드를 올린다는 것이 플로어 탐을 올렸다. 이런 경우가 많다. [14:43] 제대로 오버헤드 레벨을 올려본다. 여기서 확인해야할 부분은 드럼 세팅과 패닝이 맞는가? 소스의 음색이 어떤지? 오버헤드 좌우의 밸런스가 어떤지? 이런 부분을 최소한 확인해야만 한다. 더러 오버헤드의 패닝이 반대로 되어 있을 경우도 많이 있다. 연주자 기준으로 패닝하는 경우, 거의 대부분의 드러머가 연주하는 라이드 롤은 오른쪽에 있게 된다. 동영상의 연주가 그렇다. 또 오버헤드에 들어온 심벌 외의 다른 사운드가 어떤지를 확인해야 한다. 그리고 마지막으로 좌우 밸런스가 안맞는 경우가 많다. 잘 확인하자.

[15:04] 탐탐의 조정을 시작한다. 일단 해당 지역을 찾아 반복하게 해놓고, 먼저 하이 탐(탐 1) 부터 게이트 작업을 시작했다. [15:30] 옆 그림과 같은 세팅을 만들어 간다. [16:17] 하이 탐의 게이트 세팅을 로우 탐과 플로어 탐에 복사한다. 바이패스를 해제하고 각각 사운드를 들어보면서 수정을 시작했다. 같은 세팅이지만, 플로어 탐에서는 조금 더 다르게 작동하게 된다. 그 이유는 소스의 엔벨로프가 다르고, 또 같이 포함되는 심벌의 사운드가 따라 나오게 되기 때문이다. [16:42] 따라서 세부 조절이 필요하다. 홀드나 릴리즈를 조정하는 것보다 영상에서 나오는 것과 같이 드레솔드 레벨을 조정해서 다른 엔벨로프에 맞는 레벨을 잡는게 우선이 되어야 한다. 플로어 탐의 게이트 작업에서 우선해야할 결정은 소

Mixing Examples

스 자체에 있는 서스테인을 얼마까지 살릴 수 있느냐가 된다. 따라나오는 심벌이나 스네어와 같은 소리를 자연스럽게 분리시켜 통과 못하게 해야 하는 임무가 있기 때문이다. 이미 여러차례 언급한 것과 같이 이 부분은 드레숄드, 홀드 타임, 릴리즈 타임의 아주 적절한 조화가 이루어져야 원하는 소리만 뽑아낼 수 있다. 그리고 한 부분에서 완전하게 뽑아낸 소리가 다른 필인 파트에서도 똑같이 나온다는 보장은 없다. 필인의 패턴이 다를 수도 있고, 연주자의 강약(벨로시티)이 다를 경우도 있기 때문이다.

[17:31] 이 부분의 플로어 탐 소리에는 다른 드럼 소리가 따라나온다. 앞서 여러차례 설명된 바와 같이 이렇게 따라나오는 다른 소리를 완전하게 없애면서도 플로어 탐의 울림을 원하는 만큼 뽑아내는 것은 결코 쉬운 일이 아니다. 적절한 타협점이 필요하게 되는데, 동영상에서 바로 등장하는 방법처럼 해당 드럼소리를 확인해서 같이 재생을 해보면 답이 나오게 된다. [17:45] 스네어 소리가 같이 섞이게 되면서 아주 미세하게 조정하던 부분이 반드시 필요한 부분이 되지는 않는다는 것을 확인할 수 있다. 교육을 하다보면, 2~30분 이상, 심하게는 한 시간까지 이 서스테인에 포함되는 다른 소리를 제거할려고 엄청나게 집중하는 경우를 자주 본다. 아니, 대부분 그렇게 하게 한다. 일단 그 상황을 같이 경험해보도록 하자. 그렇게 집중하면서 스스로 도구에 대한 정확한 이해와 자신감을 가지게 된다. 그 다음에 일종의 팁과 같이 다른 소리와의 믹스에서 나타나는 마스킹 효과의 잇점을 활용하도록 하는 것이 좋다.

[18:07] 로우 탐 미세 조정을 시작한다. [18:30] 하이 탐에 파워가 안 느껴져서 컴프레서로 음색 조정을 시작한다. 정작 만지는 것이 이퀄라이저가 아니라는 부분을 집중해서 살펴보자. 나머지 탐탐과 비슷한 음색으로 출력되게 세팅을 수정해서 만들었다. [19:56] 로우 탐의 컴프레서 조정도 시작했다. 아울러 플로어 탐의 컴프레서 조정도 이어진다. 다른 부분에서도 같은 작동이 되는지 계속 확인한다.

[21:40] 전체 드럼 소리와 같이 들어본다. 레벨 조정을 같이 진행한다. 오버헤드를 더해서 자연스럽게 섞이는지도 확인한디. [22:33] 스니어 소리가 자꾸 귀에 걸려서 살펴보고 있다. [23:26] 오버헤드 소정을 시삭한다. 게이트를 먼저 사용하지 않고, 컴프레서를 통해 타격음이 강한 부분을 부드럽게 만들어 본다. 구체적인 방법은 계속 설명을 했

다. 설명된 이론을 통해서 변하는 소리를 이해해보자. [24:40] 이퀄라이저에서 로우 컷으로 중음 이하 대역을 자르고, 컴프레서에서 부드럽게 만들어 놓은 중고음 대역을 정리해 본다. 중고음 대역을 바이패스한 것, 그리고 이퀄라이저 자체를 바이패스한 것과 비교해보면서 소리의 변화를 직접 확인한다. [25:22] 반대쪽 오버헤드에 그대로 복사한 후 드럼 전체 사운드와 같이 들어본다.

[25:40] 정리해 놓은 드럼 세트의 각 채널에 리버브를 추가한다. 한층 더 자연스럽게 섞인다는 것을 확인할 수 있다. [26:20] 드디어 탐탐의 이퀄라이저 조정을 시작하게 된다. 리버브가 포함이 되니까 조금 더 현실적인 드럼 소리로 바뀌는 것을 확인할 수 있다. 게이트에서 잘라 놓은 소스의 엔벨로프가 자연스럽게 들리게 된다는 이야기이다. [26:33] 하이 탐(탐 1)의 고역대를 줄여났다. 오버헤드에서 중첩될 부분을 미리 계산한다는 의미도 있겠고, 역설적으로 들리는 소리 가운데 조금 더 중역대와 저역대에 촛점을 두기 위한 방법이기도 하다. 3-6장에 기술된 구체적인 이퀄라이저 세팅을 확인하고 동영상을 통해 공부하자.

[28:01] 두번째 탐도 같은 방법으로 이퀄라이저 조정을 한다. [29:00] 예민하신 분들은 이미 뭔가 이상하다는 것을 느끼셨을 수도 있는데, 하이 탐 오디오 파일이 탐 2라 기록되어 있다. 로우 탐이 탐 1로 되어 있어서 탐탐 조정의 처음부터 놓은 음정의 탐 소리가 중앙에 중간 음의 탐 소리가 왼쪽으로 들리고 있었다. 가끔 이런 오류를 발견한다. 그래서 트랙을 바꾸고 패닝도 바꾸었다. [29:20] 패닝 정리가 된 상태에서 플로어 탐의 이퀄라이저도 비슷한 방법으로 조정을 한다. 고음의 조정을 이퀄라이저에서 어느정도 한 다음, 다시 게이트로 가서 어택 타임 조정을 통해 조금 더 세밀하게 조정을 할 수 있다. 이퀄라이저의 조정은 정해진 비율의 배음과 오버톤이 함께 변하게 되고, 게이트의 어택 타임은 그렇지 않게 된다. 물론 리니어 이퀄라이저와 같이 위상 변화를 안가지는 이퀄라이저를 쓸 수도 있지만, 배음도 같이 변하는게 더 자연스럽다. 게이트의 어택 타임을 0.8ms정도 추가했다. 어떤 변화가 있는지 동영상을 통해, 그리고 실제 세션을 통해서 확인해 보자. 그렇게 표시나는 변화는 없을 것이다. 왜냐면, 게이트 보다는 다음의 컴프레서를 이용하기로 생각했기 때문이다. 타악기가 가지는 짧은 어택과 디케이의 엔벨로프에서 게이트의 어택 타임만으로 아주 세밀한 조정을 하기는 쉽지 않다.

Mixing Examples

[30:18] 플로어 탐의 컴프레서에서 어택 타임을 줄여본다. 조금더 하드하게 컴프레서가 작동할 것이고, 그 이야기는 역시 세밀한 고역대의 차이를 느낄 수 있게 된다. 4.8ms 정도로 절반을 줄여놓고, 이퀄라이저로 넘어간다. [30:25] 줄였던 고역대를 조금 키워서 컴프레서와 이퀄라이저의 중간 타협점을 만들어 놓고, 중저음 조정에 들어간다. 탐탐 3개를 다 켜놓고 이퀄라이저를 조정하는 이유는, 각각의 음색이 같은 **색상 계통**을 지녀야 한다고 이해할 수 있다. 음정이 다르고, 기능이 약간씩 다르지만, 같은 색상 계열 안에서 드러나게 한다. [31:20] 나머지 드럼과 같이 들어보자.

[31:40] 오버헤드의 레벨을 키워보고 음색도 다시 확인해본다. [32:00] 동영상에는 오른쪽 오버헤드 이퀄라이저가 보이지만 실제 소리는 하이 햇 솔로 소리가 들린다. 하이 햇에 게이트를 걸어보자. 이유는 앞에서 설명이 이미 되었다. 하이 햇의 게이트 설정에서 가장 귀 기울여야 하는 부분은 역시 하이 햇 소리이다. 왠만큼 정해지면, 스네어를 같이 솔로로 해서 들어보면서 왼쪽 하이 햇 위치에서 어떤 소리가 얼마나 자연스럽게 들리는지 확인해본다. 마치 시퀀싱된 하이 햇 채널에서 하이 햇만 듣는 느낌이 나는지 확인해보자. 어느정도 자연스럽게 하이 햇에 게이트가 걸려진다. [33:45] 게이트의 레이시오를 수정해서 너무 딱딱 끊어지지 않게 해봤다. 그러다가 스네어를 뮤트하고 하이 햇만 모니터해본다. 조금 더 자연스럽게 끊어지게 하기 위해서 여러가지 방법을 시도한다. 드레숄드 레벨을 올려보고, 릴리즈를 짧게 해서 게이트 통과한 소리 자체가 비트가 되게도 해본다. [34:20] 게이트가 괜찮게 작동한다.

[34:55] 하이 햇에 컴프레서까지는 적용할 필요가 없어서 바로 이퀄라이저 조정으로 들어간다. 당연할 만큼 로우컷을 사용해서 중음까지 커트를 한다. 계속 들어보는데, 왼쪽에 들리는 하이 햇을 게이트로 깔끔하게 여운을 잘라내는게 효과적이 되었다. [35:25] 게이트의 드레숄드를 조절하면서 최적의 포인트를 찾아본다.

[35:57] 자, 피아노로 가보자. 각자 다른 방법들이 있겠지만, 필자는 좌/우 두 채널을 묶는 방식을 사용한다. 스테레오 채널로 만들어서 쉽게 가는 방법도 있겠지만, 그것보다는 동영상과 같이 바로 버스를 만들어서 처리하는 방식이 더 좋다고 본다. 이렇게 되면 나중에 좌/우 페이더의 변화로 원하는 패닝 위치 또는 좌우의 레벨 발란스를 잡을 수

도 있다. 단순히 스테레오 채널의 패닝을 이용하는 것과 결과론적으로는 같겠지만, 이 방법이 편하다.

[36:40] Aux 2라 자동으로 이름 지어진 채널에 버스 출력이 되게 지정을 한다. 버스로 묶여진 이 채널에 컴프레서와 이퀄라이저를 인서트 한다. 먼저 컴프레서를 조정해본다. 피아노는 3장 톤 쉐이핑에서 이야기된 부분을 참조해야 한다. 그래야 컴프레서를 걸게되는 목적을 확실하게 할 수 있다. 컴프레서는 어쩌면 최대한 자연스러운 악기 소리를 만드는 방법이라 새로 정의되어야 할 것 같다. [37:50] 컴프레서가 많이 걸려있는 소리가 들린다. 이 상태에서 일단 게인을 사용해서 전체 해상도를 높여본다. [38:05] 드레숄드를 올려보면서 자연스러움을 찾아본다. [38:12] 바이패스 상태와 컴프레서 걸린 상태를 아주 세심하게 들어보시면 컴프레서를 걸어놓은 소리가 더 풍부하게 들리게 된다. 그동안 알아온 기준 자체가 변하는 독자도 있으시리라 본다. 조금씩 더 조정을 해가면서 엔지니어의 조정 범위내에 피아노를 고정시켜 놓는다.

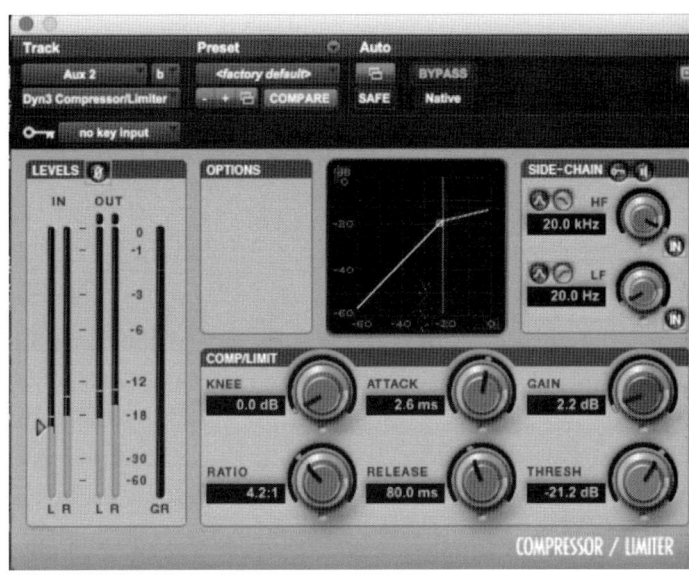

[38:25] 자, 본격적으로 주파수 축을 건느려 본나. [38:36] 일단 이퀄라이저 1kHz를 -7.2dB까지 줄여놓은 다음에는 절대로 이퀄라이저 적용 전의 사운드로 돌아갈 수 없다. 조금전까지 2분 30초 이상을 문제 없이 들어온 피아노 소리인데도 불구하고, 절대 들을 수 없는 소리가 되어 버린다. [38:43] 중음을 조금 올려서 그래도 중음대의 색상을 아주 잃어버리지 않게 조정한 다음, 로우 컷을 걸어본다. 로우 컷을 생각한 이유는, 피아노 룸의 바로 옆이 메인 부쓰였고, 거기에 드럼이 설치되어서, 들리는 것과 같이 드럼이 새기 때문에 그걸 한번 정리해보고자 하는 것이다. 물론 그냥 두는 것도 문제가 안될것이다. 거기에 초저역대의 울림 부분도 정리하는 목적을 가진다. [38:38] 조정된 소리를 확인해보자. 이퀄라이저는 소리를 만들어가는 작업이 아니라 디자인하는 작업이라 생각이 될 것이다. [40:16] 피아노에 리버브를, 아니 리버브에 피아노를 넣는 작업을 시작한다. 개별 채널에서 억스로 보내는 것보다, 버스로 묶어놓은 채널에서 보내도록 하자. 그래야 버스의 출력 레벨에 영향을 받는다. 아울러, 리버브의 세팅도 조정해본다. 프리딜레이를 주면, 깔끔해진다. [40:42] 다른 트랙과 같이 들어본다. 물론 레벨 믹스를 진행하기 위한 목적과 음색의 관계성을 확인하기 위해서이다.

Mixing Examples

[41:07] 오버헤드 레벨을 수정해본다. [41:22] 기타 레벨을 키우면서 믹스되게 한다. 기타는 녹음할 때 기타 세션의 이펙터랙과 앰프를 통과하여 나온 소리를 스테레오로 마이킹한 채널 2개와 라인으로 녹음한 1개 채널을 사용했다. [42:15] 하이 햇 소리가 자꾸 신경 쓰여 그 쪽 레벨을 수정해본다. 오버헤드는 줄였다. 레벨을 키우고 줄이고의 부분은, 해당 소리의 정체성을 어떻게 할 것인가에 목적을 두고 정해야 한다. 급기야 게이트를 다시 손대기 시작했다. 얼마나 조금 더 자연스럽게 동작하게 할 것인가가 믹싱 끝까지 당면한 과제가 된다. [43:00] 부드럽고 자연스러운 소리를 위해 컴프레서가 사용된다.

[43:20] 현재까지 마무리되어 있는 전체 사운드를 모니터해 본다. 기타 소리도 리버브에 넣었다. 스테레오로 되어있는 기타의 팬 위치를 확인해보자. 들어보면, 피아노, 기타, 그리고 드럼이 딱 알맞은 비율처럼 들리는 것이 느껴질 것이다. 스네어가 약간 큰 느낌인데, 직접 확인을 해본다. [44:16] 커지고 분명해진 하이 햇의 레벨을 적정한 수준으로 조정한다. 레벨 믹싱의 중요성을 잊지 말자.

[44:38] 트랙에 포함이 되어 있는 엠비언스 트랙을 살펴본다. 믹싱하면서 레코딩된 모든 소스를 다 사용할 필요는 없다. 또, 프로듀서나 편곡, 작곡자 또는 가수와 관계자들이 동의한다면, 리듬이나 몇 가지 소스들을 추가할 수도 있다. 동의 안한다면 당연히 안 해야 할 것이다. 엠비언스 트랙은 지금까지 작업해 놓은 드럼 트랙에 별 도움이 안된다는 결론으로 페이더를 아래로 완전히 내려놓았다.

[45:08] 라인으로 입력된 기타 소리는 역시 마이크 입력보다 더 깔끔하고 선명하다. 물론 마이크 입력의 단단한 음색이 전체 음악의 허리 역할을 잘 하고 있다. [45:23] 라인 입력 기타의 이퀄라이저를 조정해 본다. [45:38] 여기에서 기타 소리가 줄어드는 것은 솔로로 눌러놓았던 3개의 채널 중에 라인 입력 하나만 듣기 시작했기 때문이다. 중음과 고음, 그리고 저음을 조정해서 역할을 정확하게 만들어 놓았다. [46:00] 솔로를 해제해서 전체 사운드와 같이 들어본다. 확실히 기타가 정확한 그림을 가진다는 것을 느낄 수 있다.

[46:28] 자꾸 귀에 걸리던 스네어를 다시 수정해보자. 끌리던 서스테인을 절반 이하의 홀드 타임으로, 마치 드러머가 스네어를 뮤트하면서 연주하는 것처럼 만들었다. 이렇게 엔지니어는 드러머의 연주 형태도 바꿀 수 있다. 그리고 잠시 후, 어택 타임도 줄여보면서 전체 믹스 중에 레벨로 드러나는 것이 아닌, 음색으로 위치가 정해지게 조정을 한다. [47:20] 수정된 엔벨로프에 맞게 스네어의 음색을 다시 수정해본다. 어떤 스네어로 만들 것인가를 정할 수 있다. [47:55] 어느새 맘에 드는 단단하면서도 깔끔한 스네어로 바뀌어 있다.

[48:45] 다소 파열음이 많다고 느껴지는 오버헤드를 조금 더 부드럽게 만들어 본다. 컴프레서의 레이시오와 드레숄드 위치를 정해가면서 조정하고 있다. 오버헤드에 들려오는 많은 소리 중에서 하이 햇이 아닌 오버헤드 심벌 소리에 기준을 잡고 컴프레서를 조정하고 있다. [49:55] 심벌이 연주 안 될 때 들리는 다른 드럼의 자연스러운 소리가 제어된 강한 심벌 소리에서도 비슷하게 들리기 시작한다. 컴프레서는 자연스러움이 생명이다. 계속해서 전체 사운드와 같이 들어본다.

[51:00] 독자들이 인지 했을 수도 있는 작은 플로어 탐의 소리를 키워보자. [51:21] 역시 레벨보다는 게이트를 통과하고 나온 엔벨로프의 문제가 우선이다. [51:39] 홀드와 딜리즈 타임을 늘려보니 억시 색깔이 나온다. 빨간색을 넣어야 하는데, 넣은 것이 핑크색이었다면 원하는 보라색이 안나온다. 그리고 이퀄라이저에서 고역을 조금 내렸다. 저음을 키운것이 아니라는 점에 집중해보자. 다른 부분도 마찬가지로 계속 확인을 한다.

[52:33] 드러머가 양념 역할로 만들어 놓은 루프를 투입해본다. 만들어 가는 전체 믹스에 향신료 기능을 하는 것이 목적이다. [53:07] 억스 버스를 하나 만들어서 그 억스 출력에 향신료를 넣어보자. 기본 리듬 트랙은 전체 사운드의 두께를 담당하게 한다. [53:34] 만들어진 억스 채널로 신호를 보낸다. [53:59] 플렌저를 걸어보자. 기본 세팅만으로도 뭔가 효과가 나오기 시작한다. 그리고 이퀄라이저를 추가해서 주로 저역대에서 효과가 나오게 해본다. 전체 사운드와 같이 들어보자. [55:25] 베이스를 한번 확인했다. 그리고 바로 스네어를 1dB정도 내렸다. 소리가 달라졌다. 약간씩 하이 햇, 오버헤드 등 세밀한 조절을 한다. [55:59] 기타 앰프 출력의 밸런스를 약간 오른쪽으로 할려다 왼쪽

으로 했다. 이렇게 되면 오른쪽에 놓이는 피아노의 고역대와 균형을 어느정도 잡아주게 된다.

[56:27] 사용했던 플렌저가 그렇게 효과적이지 않아서 차라리 패닝의 방법을 써보려고 한다. 일단 오르간 스피커에서 출발한 로토 스피커를 인서트해봤다. 역시 그다지 효과가 없어서 오토 팬으로 바꾸었다. 기본 루프가 좌우를 돌아다니기 시작한다. [57:34] 베이스 레벨을 조절했다. 저역대역의 사운드가 늘어나면서 한번 더 고민해본다. [58:20] 라인 입력된 기타에 리버브를 추가했다. [58:53] 리버브를 다시 정리해 본다. 프리 딜레이를 조금 더 길게 해보면서 변화를 주어본다. 직접음이 깔끔해진다. 그리고 레벨을 조정한다. 리버브의 양이 어느 정도 들리는지를 기억하자.

[59:30] 리버브가 정리되니까, 같은 레벨의 도입부 탐탐 필인이 아주 자연스럽게 들린다. 앞서 들렸던 소리와 비교해보자. [59:40] 기타에 스테레오 딜레이를 걸어보자. 그다지 효과적으로 들리지 않는 이유를 찾아보니, 앰프 출력 왼쪽 채널에 걸렸다. 저음 중심의 소리이기 때문에 별효과가 없는 것 같다. [1:00:21] 딜레이 소리가 조정을 해도 안들린다. 이유는 솔로로 듣는 채널은 기타 라인 채널이고, 딜레이가 걸려있는 채널은 기타 앰프 왼쪽 채널이다. 탭을 통해서 시간을 변경해도 안들리는 이유는 다른 채널이었기 때문이다. [1:00:58] 제대로 솔로로 듣고 있던 기타 라인 채널로 옮기니 잘 들린다. 좌우를 돌아다니는 루프 효과와 함께 향신료 기능을 톡톡히 한다.

[1:02:20] 반복해 들어보다가, 스네어 음색을 바꿔보기로 한다. 아주 조금씩의 변화가 완전히 다른 스네어 톤을 만드는 것을 확인할 수 있다. 바이패스와 비교해보면 완전히 다른 소리가 된다.

[1:03:30] 바운싱을 해보자. 물론 계속 모니터링을 한다. 수정이 필요한 심각한 부분이 있다면, 아니면 기대에 못 미치는 부분이 있다면 다시 수정하고 바운싱 한다. 1분정도 남기고 오버헤드, 피아노, 등등 아주 세밀한 부분을 한번 더 확인하고자 다시 수정 작업을 한다. 엠비언스도 한번 더 확인해보는데, 역시 빼는것이 좋겠다. [1:06:40] 마무리 된 믹스를 바운싱 한다. 바운싱된 음원을 전화기, 차, 거실 등 각기 다른 모니터 환경에서 확인해보자.

4.3 믹싱 실습 3

4.3.1 믹싱 개요

3장의 톤 쉐이핑과 4.1에서 믹스를 했던 같은 곡을 베린져 X32 디지털 믹서를 사용해서 믹스를 해보자. 이 믹스의 목적은 초보 탈출이다. 이 실습을 통해서 짧은 시간에 어떻게 음색을 만들어서 믹스를 하는지를 배워볼 수 있으면 좋겠다. 옆 QR코드에서 믹스 과정을 동영상으로 보실 수 있으며, 아래 링크에 컴퓨터의 X32 Edit 프로그램을 통해 저장된 씬 데이터가 있다. 컴퓨터에서 X32 Edit으로 로딩하고 믹서로 보내면 세팅을 그대로 볼 수 있다. 이 정도 믹스가 숙달되면 분명히 작은 공연, 교회 예배, 직장인 밴드 녹음 등의 상황에 아주 효과적으로 깔끔한 사운드의 믹싱이 가능하리라 본다.

https://goo.gl/ODQbv4

세팅은 윈도 기반에서 Studio One을 이용해서 멀티 트랙을 재생한 다음, USB로 연결된 X32에 멀티 트랙으로 입력되어 믹스된 후, 삽입된 USB 메모리에 레코딩되었다. X32는 무선 네트워크를 통해서 인도PC에 연결되어 조작이 되었고, X32 Edit 화면을 그대로 캡쳐한 것이다. 화면이 약간씩 느릴 수도 있다. 소리와 화면의 파라미터 변화에 집중해서 설명과 함께 보자. X32가 아닌 다른 믹서에서도 동일한 작업이 당연히 가능하다. X32 V3.07은 기본적으로 게이트>이퀄라이저>컴프레서의 순서로 세팅이 되었고, 원하면 컴프레서를 이퀄라이저 앞으로 옮길 수도 있다. 이번에는 이퀄라이저 뒷단에 세팅되는 컴프레서 순서로 작업을 해본다. 대부분 이렇게 믹싱을 할 것이라 생각되기 때문이다. 이렇게 되면, 컴프레서는 일반적으로 레벨 중심으로 작동을 한다고 볼 수 있겠지만, 어쨌건 이퀄라이저를 통과해 변형된 엔벨로프 파형을 컴프레서로 다시 조정을 할 수 있기 때문에 또 다른 이퀄라이저가 걸린 효과도 가능하겠다.

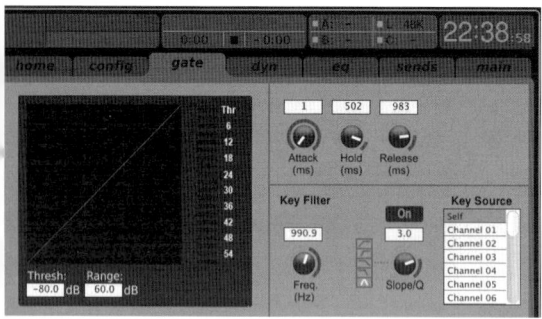

4.3.2 믹싱 실습

[00:00] 킥 부터 시작하자. 게이트를 먼저 걸어보는데, 옆 그림과 같이 홀드와 릴리즈 타임이 길게 기본으로 잡혀져 있다. 따라서 드레숄드를 올려가면서 동시에 홀드와 릴리즈를 50ms 즈음으로 줄여놓는다. 이 둘의 시간이 길면 게이트 작동 자체를 구분하기 어렵다. 계속 비트가 이어지기 때문이다. [00:19] 옆 그림과 같은 홀드, 릴리즈, 그리고 드레숄드가 정해지니 킥 드럼 소리가 상당히 타이트해진다. 여러번 강조한, 소스의 엔벨로프 가운데 있는 서스테인이라는 몸통을 얼마만큼 통과하게 해서 새로운 엔벨로프의 소리로 만들 것인지를 홀드와 릴리즈 타임, 그리고 적절한 드레숄드 레벨 등으로 정한다.

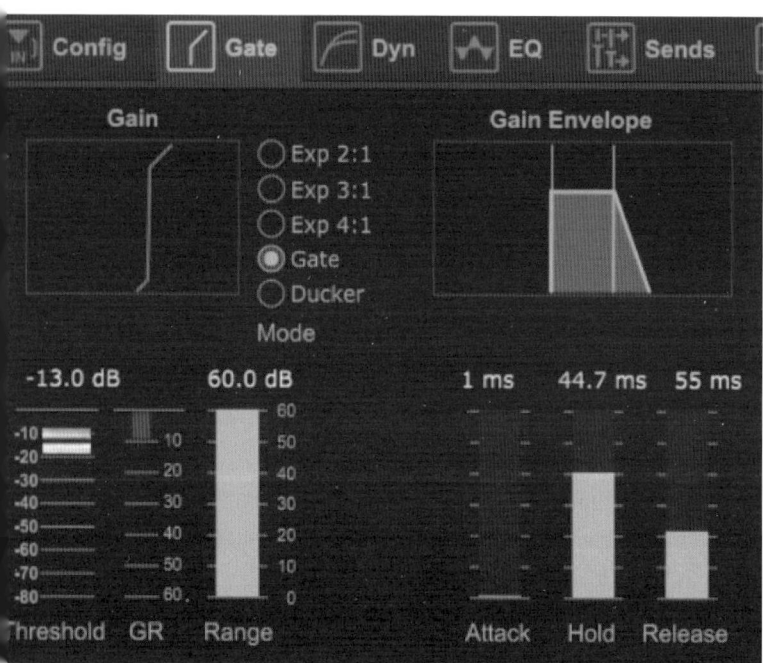

[00:50] 괜찮은 형태의 새로운 엔벨로프를 가지고 게이트를 통과한 소스의 컴프레서 작동을 시도한다. 이퀄라이저 뒷단에 있다는 점을 기억해본다. 이 이야기는 원래 순수한 악기 소스는 악기의 형태, 장소, 마이크와 마이크의 위치, 프리앰프를 비롯한 장비에 의해서 변화가 만들어진다는 것이고, 그 변화를 최소화하게 만들어서 컨트롤하기 편하게 만든다는 것이 컴프레서의 목적이라 이해를 했기 때문에, 이퀄라이저가 앞단에 있다면, 그 부분도 장비의 변화로 생각할 수 있다는 이야기가 된다. 따라서 이 순서의 변경이 불가능한 장비라고 해서 어려워할 부분은 아니다.

[1:03] 간단하게 정해진 기본 비율을 활용해서 드레숄드를 이용해 원하는 부드러움을 먼저 만들어 놓은 다음, 이퀄라이저 조정으로 들어간다. 여러차례 이야기한 것과 같이 중저음의 골짜기를 먼저 찾아서 만들었다. 그리고 저역대를 추가해서 단단함을 정의해본다. 중고역부를 내려서 400~600Hz에 분포하게되는 드럼 통안의 공진을 잡아본다. [2:00] 변경된 이퀄라이저 세팅을 어떻게 정리할 것인가 다시 컴프레서로 가서 살펴본다. 고역대가 조금 많은 것 같아서, 컴프레서 어택 타임을 줄여본다. 그만큼 빨리 컴프레서가 작동하게 된다. 게인도 약간 조정했다.

[2:17] 스네어로 넘어간다. 역시 홀드와 릴리즈 타임을 줄이면서 드레숄드를 올려보자. 각각 35ms, 55ms으로 줄여보니 아주 타이트해진다. 그 후, 드레숄드 레벨을 조정하면서 정확하게 원하는 스네어 소리의 엔벨로프가 만들어질 레벨을 정한다. 다른 소리가 포함이 되면 안되겠다. [2:50] 홀드와 릴리즈 타임을 늘여가면서 소리의 엔벨로프를 마무리 해보자. 게이트는 그냥 문이 아니다. 신디사이저의 내부 기능과 같은 부분이 있다. 스네어의 롤 연주와 같은 부분이 있기 때문에 레인지를 줄여서 적절한 드레숄드 이하의 소리를 포함한다. 그러면서 같이 들려오는 탐탐이나 다른 소리는 고민할 필요까지는 없다. 그 이유는 여기서 레인지로 정해진 22dB가 탐탐 트랙에 들어올 탐탐보다는 어쨌건 최대 22dB 작은 소리가 되기 때문이다.

[03:23] 이퀄라이저를 먼저 작업해보자. 아주 강한 중음을 먼저 처리한다. 그리고 중저역대를 추가해서 무게를 더했다. 이퀄라이저는 아주 많이 작업해야만 하는 장비는 아니다. 원하는 목적을 먼저 정리하는 방법을 습득해보도록 한다. 많은 레퍼런스 음악이 교과서가 된다. [3:44] 컴프레서 처리를 시작하는데, 음량보다는 음색의 변화에 집중해서 들어본다.

[04:13] 하이 햇을 조절해보자. 레벨 설정은 조금 전까지 들었던 스네어에 기준을 두었다. 물론 나중에 다시 정리가 될 것이다. 솔로로 하이 햇만 들어보자. [04:20] 이퀄라이저를 이용해서 1kHz 이하의 대역을 컷한다. 로우컷으로 가능하기도 하겠지만, X32 프리의 로우 컷은 400Hz까지만 가능하다. [04:30] 게이트를 걸어본다. 역시 같은 방법으로 홀드와 릴리즈 타임을 줄이면서, 드레숄드 레벨을 올려 정상적으로 작동을 하게 한다. [04:48] 드레숄드 레벨을 -15dB 정도까지 올려보니 적용이 잘 된다. 그리고 스네어와 함께 들어보면서 하이 햇의 팬 위치를 왼쪽 9시와 10시 중앙부분에 자리하게 한다. [05:00] 킥, 스네어와 함께 레벨을 다시 조정해본다. 역시 게이트를 걸어놓은 소리가 훨씬 깔끔하다. [05:17] 하이 햇에 컴프레서를 걸어보자. 역시 음색적으로 조금 부드럽게 해볼 계획이다. 느낌만 그럴 수도 있겠지만, 느낌도 작업의 일부가 된다.

[05:42] 하이 탐으로 넘어간다. 게이트를 같은 방법으로 걸어본다. 탐 소리만 뽑아내고, 그 뽑아낸 탐 소리의 엔벨로프를 재 창조 한다. 바이패스한 상태에서 들리는 소리와 같거나 더 좋은 소리가 만들어져야 한다. [06:30] 이퀄라이저를 조정하기 시작하는데, 진짜 아무것도 모르겠다고 하면 그대로 흉내를 내보는 것도 좋을 수 있다. 공식화하는 부분은 반대하지만, 대강의 음색 구성요소는 비슷하게 시작한다. 물론, 마이킹, 드럼의 상태, 연주자의 연주에 따라 다르다. 그래서 필요한 주파수를 선택하는 방법부터 눈여겨, 귀 기울여 본다. 부스트 해서 주파수 대역을 찾다가 정한 부분이 500Hz 인근 대역이다. 줄여보니 소리가 부드러워지면서 탐탐의 이상적 소리에 가깝다. 거기에 저음을 더해서 풍성함을 더해본다. 바이패스 상태와 비교도 해보고, RTA도 켜서 파형을 잠깐 확인했다. [07:08] 애널라이저를 켜서 작업을 하는 경우가 자주 있는데, 눈보다는 귀로 조정하는 버릇을 기르자. 저역대의 레벨을 약간 줄이고 다음 탐으로 넘어간다.

[07:22] 미들 탐도 하이 탐과 같은 순서로 조정을 한다. 믹서에 포함된 복사 기능을 활용해도 좋다. 실제 공연에는 복사한 후 조정하는 방법이 더 유용하다. 게이트를 통과하는 소리는 반드시 해당 악기만 통과하게 한다. 그 후, 하이 탐과 같이 들어보면서 음색이 비슷하게 만든다. 컴프레서를 걸어봤다. 자연스러움을 만드는 부분이라 여러번 말했다. 강한 소리가 필요한 것보다는 정리되어 확실한 음색과 음량이 나오는게 더 중요하다. [09:07] 하이 탐의 팬을 조정한다. 너무 과감하게 벌리는 것보다는 대략 9시와 3시 정도의 위치 이하에서 탐탐의 패닝을 정하는게 자연스럽다.

[09:10] 이제는 독자들이 게이트를 안 걸어놓는 탐은 죄를 짓는 것 같은 느낌도 들게 될 것 같다. 플로어 탐의 경우에는 플로어 탐의 불필요한 울림도 그렇지만, 다른 소리들이 너무도 많다. 게이트를 앞과 같은 방법으로 설정해본다. 다만, 플로어 탐의 핵심은 울림이다. 그리고, 심벌 소리가 덫이 된다. 충분한 울림을 포함하는 엔벨로프를 만든다. [10:33] 이퀄라이저 조정에 들어간다. 앞서 다룬 다른 탐과 비슷한 방법으로 주파수를 설정한다. [11:15] 패닝도 설정을 한다. 그리고 컴프레서로 부드러움을 추가한다.

[11:30] 탐탐만 들어보다가 킥, 스네어, 하이 햇을 더했다. 공간의 울림이 거의 완전하게 배제된 직접음만의 소리

가 들린다. [11:43] 오버헤드 왼쪽 채널을 조정해보자. 솔로로 해서 들어본다. 당연히 먼저 하이 햇과 마찬가지로 이퀄라이저의 저역대역을 조정해서 1kHz 인근에서 로우 컷을 한다. 그리고 컴프레서를 사용해서 부드럽게 만든다. 오버헤드는 깨지는 소리 보다는 퍼지는 소리가 더 유용해진다. 오른쪽 오버헤드도 같은 방법으로 조정을 한다. 채널 복사를 하는 것이 원칙이지만, 교육 목적상 비교를 하면서, 그리고 들어보면서 조정한다. 좌우의 밸런스가 다를 수도 있으니까 꼭 확인한다. 여기서 오른쪽 오버헤드의 패닝 위치가 어떻게 되어 있는지 소리로 확인하자. 의식과 무의식을 다 활용하는 믹싱에서 놓치는 부분은 꼭 있을 수 있다. 이 패닝은 나중 27분대가 넘어가서 수정된다. 책의 글을 보고 알아차렸다면, 한번 더 20초 정도 앞으로 돌려서 다시 확인해보자. 사실 리듬이 복잡해지니까 그렇게 인지하지 못하고 넘어갈 수 있다. 헤드폰으로 작업을 했다면 바로 확인되었을 것이다.

   [13:37] 전체 드럼 소리를 확인해보다가 스네어부터 리버브를 추가하기 시작한다. 점점 자연스러워지기 시작한다. 채널의 리버브용 억스의 출력 레벨부터, 리버브 리턴 레벨까지 우선적으로 설정을 한다. 라이브 믹스에 익숙한 독자들은 늘 이 리버브의 양이 많다. 적절한 리버브의 양이 어떤지 계속 레퍼런스 음악을 통해서 확인해보자. [13:50] 리버브 리턴의 레벨을 줄여본다.

   [14:40] 이어지는 순서로 다음 채널을 올려보는데 일렉 피아노 채널이다. 일단 적절한 레벨을 설정한다. [14:50] DAW로 돌아가서 좀더 넓은 다른 부분을 반복하게 한다. [15:06] 역시 베이스가 빠지니까 재미없다. 베이스 조정을 시작해보자. 레벨은 어느 정도 맞는 것 같은데, 베이스의 저역대가 부담스럽다. 하이패스 필터를 사용해서 저역을 잘라본다. [15:50] 베이스 중역대의 걸걸한 소리를 찾아서 정리했다. 베이스가 단단한 소리로 바뀐다. 저역대를 조정해서 색깔을 정리한 다음, 컴프레서를 걸어서 자연스럽게 만든다. 킥베이스의 완성을 두 채널만 들어보면서 정한다.

   [17:00] 피아노 두 채널의 레벨 믹스를 시작해본다. 일단 좌우에 채널 패닝이 맞는지 확인한다. 거의 정해진 원칙은 저음이 왼쪽, 고음이 오른쪽이다. 마이킹에 따라서 불분명할 수 있지만, 잘 들어보면 확인이 된다. [17:54] 피아노 채널만 듣는 상태에서 연주 안 하고 있는 상태의 소리를 집중해보면, 공간내 울림 정도만 들린다. 유추해보면, 아

주 완벽하게 독립된 녹음실이거나 나중에 더빙된 것이라는 결론이 날 수도 있다. 실제로는 더빙된 피아노 녹음이다. 패닝을 정한 다음 좌우 밸런스를 정한다. 템포가 빠르고, 비트가 강한 곡이기에 사실 피아노의 특성은 고역에 집중될 수 밖에 없다. 그래서 패닝이 오른쪽 레벨을 조금 더 키우는 방향으로 정해진다. 팬 폿은 좌우 끝까지 벌렸다.

[18:25] 이퀄라이저를 적용해보자. 스테레오 채널로 작업된 앞의 믹싱 실습과는 달리 모노 채널 두 개로 진행이 되니까 각각 이퀄라이저로 필요한 음색을 만들어야 한다. [18:33] 이상한 노이즈가 들린다. 연주자가 껌을 씹는 소리가 들리는데, 그래서 게이트를 적용해야할 필요가 생겼다. 일단 계속 이퀄라이저를 조절한다. [19:12] 저음을 담당하는 채널에서 피아노 내부 공진이 되는 부분을 줄이니 많이 개운해진다. 이퀄라이저의 조정에 반드시 필요한 느낌은 이 개운함이다. 자꾸 껌 씹는 소리가 귀에 걸린다. 고역대의 Air부분인 8kHz 이상을 약간 키우니 시원해진다.

[19:40] 오른쪽 피아노부터 게이트를 걸어보자. 분명한 드레숄드 지점을 어렵지 않게 찾을 수 있다. 문제는 아주 다양한 연주가 곡 안에 연주된다. 전체적으로 잘 걸려야만 한다. [21:15] 게이트를 완벽하게 처리하지 않은 듯 끊어지는 부분의 소리가 들리는데, 무시하고 전체 사운드와 같이 들어봤다. 무시될 부분은 무시하는 것이 중요한 원칙이다. 마스킹 된다. 적절한 레벨을 조정한다. 전체 사운드 이미지에 피아노 스테레오 이미지가 그대로 잘 포함되는 것을 느껴보자. [21:47] 아까 올려봤던 일렉 피아노를 추가한다. 계속 들어본다.

[22:28] 약간 짧아서 아쉬운 플로어 탐의 서스테인 부분을 늘려보자. [22:40] 리버브를 조정해보자. 플레이트로 설정을 이미 했고, 프리 딜레이와 디케이 타임을 조정한다. 믹싱에 집중하느라, 컴퓨터의 Edit에서 채널 페이더 부분이 Aux/FX로 되어있는 것을 확인 못했다. 10번 채널의 이퀄라이저를 조정하고 있다. 10번 채널이 뭔지 소리의 변화를 들어가면서 확인해보자. 컴프레서도 걸었다. 일렉 피아노가 정답이다.

[22:40] 일렉 기타를 투입했다. [22:55] 피아노의 고역대 채널인 14번 채널의 중고음을 정리한다. 너무 땡땡거리는 소리를 부드럽게 했다. 전체 사운드를 계속 모니터링 해본다. 오르간 채널까지 추가하니까 점점 믹스가 들을만

해진다. [25:26] 일렉 기타의 음색을 조정해보자. 강한 솔로라인 보다는 중량감이 들어가는 것이 좋다. 이퀄라이저 조정을 하고, 컴프레서를 걸어 부드럽고 자연스러운 음색으로 만든다. [26:05] 리버브 리턴의 양을 조금 더 추가해 본다. [27:30] 드디어 오버헤드 오른쪽 채널의 팬을 오른쪽으로 돌렸다. 좌우 밸런스가 맞는 느낌이다. 계속 들어보면서 전체적으로 레벨 믹스를 확인한다. [28:10] 자, 드디어 처음으로 맨 앞부터 들어본다.

좋은 믹스란 연주자들이 만들어내는 음악을, 더 좋은 모습의 음악으로 완성시키는 엄청난 작업을 통해서 만들어진다. 독자가 이렇게 34분 정도의 실시간에 정리된 음악을 만들어내기를 바란다. 비슷하게만 된다고 하면, 라이브 공연의 경우에도 사운드 체크하면서 개별적인 톤 정리하고, 밴드 리허설 30분 정도에 믹스를 만들어낼 수 있게 된다. 불가능은 없다. 오로지 꾸준한 연습, 그리고 그 연습을 끌어간 정리되고 정확한 기술의 습득이 정답이라 생각한다.

themixschool.com은 필자가 운영 중인 유료 온라인 강좌 코스로 이 책의 내용을 기본으로 동영상 강좌를 통해 믹싱에 필요한 많은 강좌를 진행한다. 이 책에 나온 다양한 동영상 과정과는 또 다른 접근 방법도 소개하고, 구체적인 기술을 필자의 강의를 통해서 같이 공부할 수 있다.

Mix Master Class는 2014년 1월 클래스 1과정을 1기 6명의 참가자로 시작해서 2023년 1월까지 총 34기 수 80여명의 수료생을 배출한 합숙 믹싱 훈련 과정이다. 기본 과정인 클래스 1, 고급 과정인 클래스 2, 그리고 상업믹스 과정을 다루는 클래스 3으로 구성된다. 총 6일 최대 70시간 이상의 합숙 과정 동안 개인 레슨 방법에 의한 믹싱 기술의 습득, 구체적인 이론, 팀 믹싱을 통한 객관화의 확립과 같은 중요한 부분을 공부한다. 2023년 부터는 서울로 옮겨서 양재동 필자의 BLUESONO Recording Studio에서 열리고 있다.